国家社科基金青年项目"数据要素的确权、流通和收益分配

研发要素优化配置
与加快建设科技强国

王 钺 ◎ 著

中国财经出版传媒集团
经济科学出版社
Economic Science Press
·北 京·

图书在版编目（CIP）数据

研发要素优化配置与加快建设科技强国 / 王钺著 .
北京 ： 经济科学出版社，2024.8. -- ISBN 978 - 7
- 5218 - 6218 - 8

Ⅰ. F49

中国国家版本馆 CIP 数据核字第 2024A6M768 号

责任编辑：撖晓宇
责任校对：王苗苗　刘　娅
责任印制：范　艳

研发要素优化配置与加快建设科技强国

Optimizing the Allocation of R&D Elements and Accelerating
the Construction of a Technological Powerhouse

王　钺　著

经济科学出版社出版、发行　新华书店经销
社址：北京市海淀区阜成路甲 28 号　邮编：100142
总编部电话：010 - 88191217　发行部电话：010 - 88191522
网址：www. esp. com. cn
电子邮箱：esp@ esp. com. cn
天猫网店：经济科学出版社旗舰店
网址：http：// jjkxcbs. tmall. com
北京季蜂印刷有限公司印装
710 × 1000　16 开　17.75 印张　290000 字
2024 年 8 月第 1 版　2024 年 8 月第 1 次印刷
ISBN 978 - 7 - 5218 - 6218 - 8　定价：72.00 元
（图书出现印装问题，本社负责调换。电话：010 - 88191545）
（版权所有　侵权必究　打击盗版　举报热线：010 - 88191661
QQ：2242791300　营销中心电话：010 - 88191537
电子邮箱：dbts@ esp. com. cn）

PREFACE ▷
前　言

党的二十大报告明确提出："必须坚持科技是第一生产力、人才是第一资源、创新是第一动力。"作为科技创新活动最基础组成部分的研发要素是保障我国技术创新活动顺利开展，推动经济可持续增长的重要战略资源。无论是古典经济学，还是新古典经济学，均指出要素的自由流动有助于提高资源的配置效率，调整宏观经济的运行结构，最终使经济中的每一个人获得收益。古典和新古典经济学家们主要致力于劳动力、资本等传统要素流动的研究，然而与传统要素相比，研发要素携带着更多的知识和技术，其在区际间的流动不仅能够优化研发资源的有效配置，提高生产效率，更能够带动创新知识和技术在空间范围内的传播和扩散，形成显著的空间知识溢出效应，提升我国的创新水平，从而助推经济的不断进步和发展。"良药苦口利于病"，我们越来越相信，研发要素的自由流动是保障我国经济增长的一味良药，地方政府应该摒弃地区保护主义的思维惯性，鼓励研发要素在各个区域间自由流动，为治愈我国经济发展中的阵痛之病发挥功效。

改革开放以来，我国经济迅速发展，然而发展的背后，依靠的是大量的资源投入、劳动力投入和资金投入。

改革开放初期恰逢欧美等发达国家的第三次产业转移，他们需要把一些劳动力需求量大，技术含量低，污染严重的产业转移到发展中国家。而中国劳动力众多，资源丰富的特点就成为他们较为合适的目标之一。因此，在这段时期，我国的企业开始接收大量的外国订单，中国的工人们开始生产外国人需要的服装、玩具，组装手机电脑等劳动力密集型工作，中国的经济开始起飞。但是，这种劳动产品的技术含量低，附加值低，污染物排出较多，中国企业和工人们的获益也较低，并不能带动经济的进一步增长。

之后，为了刺激经济的发展，我国政府做出了大量的努力。由于我国的技术和市场经验较为匮乏，我们就想学习外国的经验，吸引外国企业进驻中国。我们颁布了各种各样的优惠政策来吸引外资，例如，土地优惠、税收优惠等。但是，最后的实践证明，这只是一厢情愿的幻想，外国企业到中国来只是想利用中国廉价的劳动力和自然资源，并没有把他们核心的技术带到中国。在此期间，我国政府还大力发展了一些民族产业。我国的制造业依靠政府的支持和自身的努力，发展强劲，一时间，"made in China" 的标签变得随处可见。但是，好景不长，随之而来的房产新政将此局面打破，随着政府将房地产行业列为国家的支柱产业，大量的企业家和投资者纷纷将资金投入到房地产市场以获取高额的利润，据报道，当时进行房地产投资的利润是制造业企业的10倍之多。在巨额利益的驱使下，国民的投资重心纷纷向房地产市场转移，这大大挤占了创新活动和制造企业生产的投资，使得国家的创新发展和制造业水平提升受到巨大的下行压力，对经济的健康增长十分不利。

金融危机之后，我国政府为了刺激经济，推行了大量的投资计划，并将投资的方向转移到基础设施的建设上来。各地的铁路和公路项目纷纷开工，这虽然在一定程度上加速了我国交通运输网的形成，一定限度内引致了中国经济短时间内的腾飞，但是各地区在实施建设的过程中，存在着大量的重复建设项目，资源耗费十分严重，这种发展模式的不可持续性日益凸显，逐渐成为制约中国经济健康增长的重要瓶颈。党的十八大以来，以习近平同志为核心的党中央高度重视经济发展的结构转型，将科技创新摆在国家发展全局的核心位置，把科技自立自强作为国家发展的战略支撑，将创新发展作为五大发展理念之首，以创新驱动经济高质量发展。

作为创新生产重要投入的研发要素具有"知识性""技术性"和"趋利性"等特征。这些特征的存在使得研发要素在区际间的流动除了资源优化配置、加速分工的形成等效果外，还具有知识的溢出和扩散效应。

研发要素的自由流动能够优化资源的有效配置。研发要素在区域间的流动可以把在各个地区间相互分散的经济活动组合成一个整体，使某些被低效率使用的要素进入高效率的经济活动。首先，研发要素的流入可以与流入地某些闲置的研发要素组合起来，使闲置的资源也投入生产活动的生产中，从而提高研发要素的使用效率，实现资源的优化配置。其次，研发要素在区际间流动意味着竞争机制在各个区域的生产活动中的引进。竞争是进步的动力，竞争的存在将使各个区域不断改进创新环境，提高创新能力，完善政策环境，进一步使研发资源能够最大限度地发挥作用，获得最有效的配置。而某个区域研发要素的流出也可能会加速该区域的创新资源向更具活力的生产活动集中，加速研发要素从已经丧失比较优势的项目转向具有更大研发价值的经济活动中去，实现研发资源的有效配置，从而提高本区域的竞争力和经济运行效率。

研发要素的自由流动能够带动知识的溢出和扩散。自马歇尔（Marshall）以后，经济学家开始注意到知识的溢出效应，并且伴随着新经济理论和新经济地理学的发展，知识要素在空间上的自由流动所产生的空间外溢性受到越来越广泛的关注。知识作为一种公共物品，具有非竞争性和不完全排他性特征，可以被共享使用，因此作为知识载体的研发要素在区际间的流动不仅加速了新知识的创造，还能够促进知识在各个区域之间的传播，加快技术进步的步伐。可见，研发要素在区际间的流动，可以加速创新知识和创新技术在空间上的扩散，并且可以对研发要素流动过程中所经过的区域形成一定程度的辐射作用，而这种扩散和辐射效应的存在不仅能够使研发要素的流入地获益，同时也会使所经区域获益，从而提高这些区域的创新水平和经济效率。

　　研发要素的自由流动可以促进分工的形成，促进专业化生产。研发要素在区际间的流动，在一定程度上可以促使具有比较优势的研发要素超越本地市场，在更大范围的区际市场上从事研发创新活动，而市场的扩大可以进一步加速研发活动的地域分工。另外，如果一个区域在某个创新项目上具有绝对优势，那么符合此创新活动研发要求的研发要素就会向该区域流动，促使此创新项目的专业化研发，从而加快研发活动的专项分工。正如亚当·斯密所说，分工的存在可以提高效率，研发要素流动所带来的分工效应亦可以促进我国创新活动效率以及经济运行效率的提升。因此，研发要素在区际间的流动将会促进创新活动的地域分工，加速研发活动的专项分工，促进我国创新能力的提升，促进经济的持续发展。

　　本书分别区分了当前劳动力市场和资本市场的扭曲对中国创新生产的影响，这是因为造成劳动力和资本市场不健全的内在原因并不相同。研究发现劳动力市场扭曲会阻碍研发人员的自由流动，尤其是大量高素质的研发人员无法按照市场机制进行相应的配置，致使其创新才能无法得到有效施展，从而也降低了创新生产的效率水平，影响经济的运行。此外，当前我国政府的行政干预较为严重，经常为了留住人才，促进本地区 GDP 的增长，人为地对工资进行干预，这不仅限制了高素质劳动力的自由流动和优化配置，也降低了企业开展自主创新活动的动力。中国政府对于金融部门信贷决策的干预、"非生产性寻租"以及政府所实施的创新补贴政策等都在一定程度上破坏了资本市场的自由配置，降低了资本要素的利用效率，影响了研发资本的自由流动和经济运行效率。

　　新经济地理学理论认为研发要素的流动必然伴随着知识的溢出，因此该理论假定研发要素流动与知识溢出是统一的。然而，随着大家产权意识的不断增强，研发要素在流动过程中，会在一定程度上保护自身的智力成果，因此其是否会带来知识的溢出还并不是一个确定的事件。基于上述原因，本书区分了研发要素流动变量和空间知识溢出变量，将两者带入到了新经济地理学中的知识创新与扩散模型，并进一步推导出研发要素的流动所引致的知识溢出对经济增长的影响。推导的结果跟我们的直观推断是一致的：研发要素的流动有助于带动知识的空间溢出，而知识的空间溢出又能够提高我国创新的整体水平，促进经济的增长。

需要注意的是，研发要素在各个省份间的流动并不是相互独立的，某个省份研发要素的流动量可能会受到其他省份经济行为的影响，经济活动存在相关性。我们常用的最小二乘估计是建立在各个地理单元的经济活动不相关的假设基础之上的，因此，我们如果还继续沿用最小二乘估计，就会造成模型的错误设定，使得计量模型的回归结果出现偏误，故而，我们使用了能够将空间因素考虑在内的空间计量模型进行分析。

本书中的相关研究发现，由于我国市场化进程起步较晚，户籍制度、非生产性寻租、政府干预信贷、劳动力价格管制等影响要素按照市场信号自由流动的因素仍然存在，我国的要素市场存在着扭曲。经济学家们认为，如果信息的获取与流通十分自由方便，那么要素的价格就由要素市场的需求和供给共同决定。要素市场的扭曲不仅会抑制我国研发要素的自由流动，而且还可能会错误地引导研发要素的流向，最终的结果肯定是不好的。研究还发现，研发要素的流动具有明显的资源优化配置效果和知识溢出效果，可以促进创新水平和知识水平的提升，对经济的增长起到重要的作用。因此，我国应该进一步推动户籍制度改革，逐渐建立研发人才流动的市场化机制。发挥市场机制在创新人才配置方面的决定性作用，通过竞争和供求等机制促进创新人才的优化配置，更好地释放这些创新人才的知识与技能，为保障经济的增长发挥药效。

我国还需要建立起创新市场化融资的渠道，引导研发资本的合理化流动，使得研发资金按照市场信号的指引，流向利润最大化的地方去。我们越来越相信，在不断的努力下，我国的市场化机制将更加健全，要素市场的配置将更加合理，研发要素的流动将更加方便和有序，国家的创新水平将会稳步上升，经济发展的阵痛之疾将会逐渐消除，实现经济高质量发展。

王　钺

2024 年 3 月 11 日于中央党校（国家行政学院）

CONTENTS ▷
目　录

第一章

研发要素区际流动
对经济增长的影响

本章旨在考察研发要素的区际流动，能否通过空间知识溢出效应，促进中国的经济增长。在理论分析这一机制的基础上，本章以中国大陆30个省级行政区域为研究对象，运用多种空间计量分析技术，对其进行了实证检验。研究发现，研发要素的区际流动具有明显的空间溢出效应，且这一溢出效应对中国经济增长呈现显著的正向影响；考虑不同的研发要素流动量指标以及模型可能存在的内生性以后，这一结果依然具有稳健性。本章结论为促进区域之间研发要素的合理流动，统筹区域创新发展，进而促进中国经济的可持续增长提供政策启示。

第一节 问题的提出

改革开放以来，中国经济快速发展，取得了年均将近10%的增长速度，堪称"世界奇迹"。然而，这一奇迹的背后却是长期依赖于高投入、高能耗、高污染的粗放型经济发展模式。并且，经济进入"新常态"以后，这种发展模式的不可持续性日益凸显，成为制约中国经济健康发展的重要瓶颈。在此情形下，中国提出创新驱动发展战略，以创新驱动经济增长，转变经济发展方式，成为新时期国家发展的重要战略内容。

研发要素（如 R&D 人员、R&D 资本等）是保障我国创新驱动战略顺利实施，进而推动经济可持续增长的重要战略资源，因而也成为目前学界关注的焦点内容之一。现有文献关于研发要素与经济增长关系的考察主要基于以下两条路径展开。一是在内生增长理论的框架内，探究研发要素的投入数量对经济增长的影响（严成樑和龚六堂，2013；Ljungwall and Tingvall，2015），发现研发要素投入与经济增长之间呈现显著的正向关系。二是遵循新经济地理学的研究范式，考察研发要素的外部性特征（Audretsch and Feldman，1996；魏守华等，2009；Shang et al.，2012），并且这些研究一致发现研发要素对经济活动具有显著的正向外部贡献。然而，可能源于研究视角和方法的局限，上述研究仍存在着一些不足。比如，均以研发要素本身为研究对象，从静态化的视角，探究研发投入或其外部性对经济增长的影响，忽视了对研发要素动态流动的考察；大多是描述性的实证检验，缺乏理论机理的深入探究。本章则从研发要素动态流动的视角，考察研发要素在区际间的动态流动，通过空间知识溢出，影响经济增长的内在机制，进而为我国统筹区域创新发展，落实创新驱动发展战略提供政策启示。

空间知识溢出主要是指地理空间单元之间通过无意识的知识交流而获得智力成果，从而促进区域经济增长的过程（陈傲等，2011）。20 世纪 90 年代以来，随着新经济地理学的兴起，一些学者开始从空间层面考察知识溢出，但是将知识溢出纳入到空间框架中却面临着诸多挑战。其中一个重要的方面即是寻求空间知识溢出的发生机制（赵勇和白永秀，2009）。以 Almeida 和 Kogut（1999）、Los 和 Verspagen（2000）为代表的经济学者认为，知识具有根植于个体之中的特征，而充当知识载体的要素依照市场信号，在区域间的自由流动是空间知识溢出发生的根本原因。Almeida 和 Kogut（1999）指出，携带知识的各种要素在区域间的自由流动可以带动知识在不同主体间的互动和交流，加速知识在空间的溢出。然而，上述研究仅仅澄清了要素在区域间的流动可以促进知识的溢出，但究竟如何溢出，尚缺乏深入的探究，特别是模型化的说明。而且目前对要素流动的研究也主要聚焦于传统生产要素（如劳动力、资本等），考察传统生产要素流动所伴随的资源优化、产业区位优化等对经济增长的影响（李小平和陈勇，2007；张辽，2013），忽视了对研发要素动态流动所引致的空间知识溢出效应的考察。事实上，相对于传统生产要素，研发要素携带了更多的知识和技术，其在各区际间的流动可能更有利于创新知识在空间范围的传播与扩散，进而也更易于我国创新水平的整体提升和宏观经济的持续增长。因此，深入探析研发要素区际流动的空间溢出机制，分析其对经济增长的影响，就成为研究中的一项重要议题。

从现实角度来讲，伴随着户籍制度改革的进一步深入和科技一体化进程的加快，中国正逐步进入以研发要素自由流动为特征的开放型创新时代。人事部人才交流中心的一项调查显示，目前我国长三角地区的高级人才流动率已经达到了13%，与美国的平均水平相当；与此同时，金融体系也逐步完善，特别是网上银行、支付宝等一些新型支付手段的出现，使R&D资本在区际间的流动更加方便、快捷（王曙光，2013）。这些有利条件为研发要素的区际流动提供了极大的便利。那么，一个自然而现实的问题就是，研发要素的区际流动是否显著地促进了地区间知识的溢出？该溢出效应又是否明显地推动了中国经济的增长？本章将考虑研发要素流动所可能引致的空间相关效应，利用空间计量分析技术，对其进行实证检验。

与以往研究相比，本章的贡献主要体现在两方面。第一，从研发要素动态流动的视角，将研发要素流动、空间知识溢出与经济增长纳入一个统一的分析框架，深入揭示研发要素流动引致空间知识溢出，从而促进经济增长的内在作用机制，在理论上进行积极的探讨。第二，以往研究尚未关注到区域间研发要素流动所可能产生的空间相关性，而本章则在充分考虑这一空间相关性的基础上，采用多种空间面板计量模型，实证检验研发要素流动的空间传导机制，并对空间溢出效应做具体测度。

本章余下内容安排为：第二部分理论分析研发要素流动、空间知识溢出与经济增长之间的内在机制；第三部分设定计量模型，并介绍相关变量与数据；第四部分对实证结果进行分析和讨论；最后给出结论及相应的政策建议。

第二节　理论模型构建与研究假设

本部分在内生增长理论和新经济地理学理论的基础上，将研发要素流动纳入Fujita和Thisse（2003）的知识创新与扩散模型框架中，构建同时包含研发要素流动、空间知识溢出与经济增长三者关系的理论模型，分析研发要素流动所引致的空间知识溢出对经济增长的影响机理。本章与 Fujita 和 Thisse（2003）的区别在于：第一，探析了研发要素流动与空间知识溢出之间的内在关系。Fujita 和 Thisse（2003）直接将研发要素的流动和空间知识溢出视为等同，忽略了二者之间的内在联系机制。在本章的框架下，我们引入了研发要素的流动变量，进而将研发要素的流动和空间知识溢出纳入一个统一的框架内进行分析。第二，考察了研发要素的流动所引致的知识溢出对经济增长的影响。本章在深入揭示研发要素流动和空间知识溢出内在机制的基础上，进一步拓展了 Fujita 和 Thisse（2003）的研究，深入探讨了研发要素流动所引致的空间知识溢出是如何影响经济增长的，从而更好地契合了本章的研究主题。具体分析如下：

假设总体经济中存在着两个区域：地区 A 和地区 B；三个部门：传统产业部门（T）、制造业部门（M）和研发创新部门（R&D）。传统产业部门使用普通劳动力（L）生产同质化产品，R&D 部门使用研发要素（J）进行生产，生产新的知识，制造业部门使用研发创新部门的创新成果生产差异化产品。研发要素可以在区际间有成本的流动，总量不变，数量标准化为 1，普通工人不能在区际间流动。两区域初始对称。企业可以在区域间自由迁徙。

传统部门遵从瓦尔拉斯分析框架，生产同质化产品，区际交易无成本，其价格标准化为 1；制造业部门遵从 Dixit - Stiglitz 分析框架，生产差异化产品，每个企业专业化生产一种产品，投入一种与之产品相匹配的新知识。新知识本身具有异质性，直接导致了制造业产品的差异化。

一、消费者和生产者行为

借鉴 Fujita 和 Thisse（2003）的做法，假设两区域内所有消费者具有相同的效用函数，并且对制造业产品存在多样化偏好。那么消费者的间接效用函数：

$$V = \ln v = \ln\left[\varepsilon P^{-\mu}\right] \tag{1.1}$$

其中，ε 为消费者支出，μ 为消费者消费的制造业产品份额，$0 < \mu < 1$；P 为制造业部门产品的价格指数，满足下式：

$$P \equiv \Big[\int_0^M p(i)^{-(\sigma-1)} \mathrm{d}i \Big]^{-1/(\sigma-1)} \qquad (1.2)$$

其中，$p(i)$ 为制造业部门中产品 i 的价格；M 为制造业中的产品种类，$i \in [0, M]$；σ 代表制造业部门中不同种类产品间的不变替代弹性。

接下来我们讨论经济体中的生产者。传统部门完全竞争，生产同质性产品，并且规模报酬不变，因此，两区域中传统部门的工资率相等。现假设两区域中传统部门的工资率标准化为 1。

在制造业部门中，每种类型产品 i 的生产，都需要投入一种新知识。当企业以市场价格购买了这种新知识以后，再使用一单位的 L 劳动力进行生产。区域内部的产品流动无成本，而区际间则服从冰山贸易成本 $\tau > 1$，即从区域 $r \in \{A, B\}$ 流出 τ 单位的产品到另外一个区域 $s \in \{s \neq r | A, B\}$ 时，由于成本的摩擦只剩下 1 单位的产品，因此，如果产品 i 离开区域 r 时的价格为 $p_r(i)$，那么到达区域 s 的价格 $p_{rs}(i) = p_r(i)\tau$。

令 E_r 等于区域 r 的总支出，P_r 为其制造业产品的价格指数，很容易得到区域 r 中对制造业产品 i 的总需求。再定义运输自由度 $\phi \equiv \tau^{-(\sigma-1)}$，结合式（1.2）可得区域 r 中制造业部门产品的均衡价格 p_r^*、均衡数量 q_r^*、均衡利润 π_r^* 分别为：

$$p_r^* = 1/\rho, \quad q_r^* = \mu\rho\Big(\frac{E_r}{M_r + \phi M_s} + \frac{\phi E_s}{\phi M_r + M_s} \Big), \quad \pi_r^* = q_r^*/(\sigma-1) \qquad (1.3)$$

二、R&D 部门

根据内生增长理论（Romer，1990；Grossman and Helpman，1991），研发要素的生产力随着知识资本的积累而增长。不妨令区域 $r \in \{A, B\}$ 中的知识总量为 K_r，研发要素的份额（数量）为 λ_r，研发要素 j 拥有的特定知识量为 $h(j)$。在 Fujita 和 Thisse（2003）的基础上，可得区域 r 拥有的知识总量为：

$$K_r = \Big[\int_0^{\lambda_r} h(j)^\beta \mathrm{d}j + \eta_r \int_0^{1-\lambda_r} h(j)^\beta \mathrm{d}j \Big]^{1/\beta} \qquad (1.4)$$

其中，β 是研发要素创新时的互补参数，反映了研发要素的异质性，$0 < \beta < 1$；$\eta_r (0 \le \eta_r \le 1)$ 表征其他地区的知识向 r 地区的空间溢出程度。

由于制造业企业间投入差异化的知识，生产异质性产品，因此知识存量与制造业企业的数量 M 正相关（Fujita and Thisse，2003）。不失一般性，假设 $h(j) = M$、$\lambda_A \equiv \lambda$、$\lambda_B \equiv 1 - \lambda$，结合式（1.4）可得区域 A 和区域 B 的研发要素数量分别为：

$$k_A(\lambda) = [\lambda + \eta_A(1 - \lambda)]^{1/\beta}, \quad k_B(\lambda) = (1 - \lambda + \eta_B \lambda)^{1/\beta} \quad (1.5)$$

将 $k_A(\lambda)$ 和 $k_B(\lambda)$ 分别对空间知识溢出程度求偏导，可得：

$$\frac{\partial k_A(\lambda)}{\partial \eta_A} = \frac{1 - \lambda}{\beta} [k_A(\lambda)]^{1 - \beta} > 0, \quad \frac{\partial k_B(\lambda)}{\partial \eta_B} = \frac{\lambda}{\beta} [k_B(\lambda)]^{1 - \beta} > 0 \quad (1.6)$$

为简明起见，假设制造业企业总数 $M = 1$。因此，如果区域 A 中的制造业企业数量为 λ，那么区域 B 中的制造业企业数量即为 $1 - \lambda$。研发要素 j 的总收益为：

$$\varepsilon_j = a_H + w_j \quad (1.7)$$

其中，a_H 是 j 的初始资产价值，w_j 是 j 生产新知识的报酬。均衡时，初始资产价值等于制造业企业的资产价值，报酬等于均衡资产价值乘以研发要素数量（Fujita and Thisse，2003）。

三、市场均衡时的情形

企业在区域间可以自由迁移，因此如果区域 A 的制造业企业数量 M_A 与区域 B 的制造业企业数量 M_B 都为正，那么区际企业的利润必然相等。因此，根据式（1.3）可知 $q_A^* = q_B^*$。

在式（1.3）的基础上，考虑区域的总支出 $E_A + E_B \equiv E$ 和制造业企业总数 $M_A + M_B \equiv M$，可以得到：

$$M_A = \frac{E_A - \phi E_B}{(1 - \phi)E} M, \quad M_B = \frac{E_B - \phi E_A}{(1 - \phi)E} M \quad (1.8)$$

当 $M_A > 0$ 且 $M_B > 0$ 时，可得 $\phi < E_A / E_B < 1/\phi$。由式（1.3）、式（1.8）可得：

$$P_r = (1/\rho)[(1 + \phi)(E_r/E)M]^{-1/(\sigma - 1)}, \quad q_A^* = q_B^* = \mu\rho E/M \quad (1.9)$$

同理，可以得到 $M_A = M$ 且 $M_B = 0$，$E_A / E_B \geq 1/\phi$ 时的均衡结果，以及 $M_A = 0$ 且 $M_B = M$，$E_A / E_B \leq 1/\phi$ 时的均衡结果。

根据式（1.3）、式（1.9）及其推论，可得制造业企业的均衡利润为：

$$\pi^* = \max\{\pi_A^*, \ \pi_B^*\} = \frac{\mu E}{\sigma M} \tag{1.10}$$

根据 Melitz（2003），企业的资产价值等于其期望利润。令 Π 表示单个企业的资产价值，那么所有制造业企业的资产价值可以表示为：

$$a_H = M\Pi = \frac{\mu E^*}{\sigma} \tag{1.11}$$

假设区域 r 中制造业企业的均衡工资为 w_r^*，那么每单位知识的成本等于均衡工资除以知识资本存量。由于制造业企业只需要投入新知识进行生产，所以知识平均成本也就是企业的成本。在均衡状态下，企业的成本等于企业的资产价值 Π，因此，均衡工资可以表示为企业资产价值乘以知识资本存量，所以区域 r 的均衡工资为：

$$w_r^*(\lambda) = a_H k_r(\lambda) \tag{1.12}$$

四、研发要素流动的长期均衡

接下来，我们讨论研发要素流动的长期均衡。在式（1.1）的基础上，可以求得两个地区人员的迁移偏好为：

$$V_A(\lambda) - V_B(\lambda) = \ln v_A(\lambda) - \ln v_B(\lambda) \tag{1.13}$$

联立式（1.1）、式（1.8）、式（1.11）、式（1.12）可得：

$$v_r(\lambda) = a_H[1 + k_r(\lambda)][P_r]^{-\mu} \tag{1.14}$$

又在式（1.9）的基础上，可以得到 $\phi < E_A/E_B < 1/\phi$ 情况下，两个地区价格指数之比与支出之比之间的关系；同理可得 $E_A/E_B \geqslant 1/\phi$ 及 $E_A/E_B \leqslant 1/\phi$ 时两个地区价格指数之比与支出之比之间的关系。为此将式（1.14）代入式（1.13）得到：

$$V_A(1) - V_B(1) > 0, \ V_A(1/2) - V_B(1/2) = 0, \ V_A(0) - V_B(0) < 0$$

并且有：

$$\frac{\mathrm{d}[V_A(\lambda) - V_B(\lambda)]}{\mathrm{d}\lambda} \geqslant 0$$

这意味着研发要素的流动存在三个均衡，分别是 $\lambda = 1$、$\lambda = 1/2$、$\lambda = 0$ 三种情况，即研发要素在两个区域平均分配（当 $\lambda = 1/2$ 时）或者研发要素完全集聚于某个区域（当 $\lambda = 1$ 或 $\lambda = 0$ 时）。值得注意的是，在 $\lambda = 1/2$ 的均衡下，如果出现任何微小的偏离，则会导致迁移偏好的持续增加（或减少），出现强烈的迁移偏好，从而 λ 向 0 或 1 迅速接近。因此，$\lambda = 1/2$ 不是经济体的稳态均衡，$\lambda = 0$ 或 $\lambda = 1$ 是经济体的稳态均衡。[①]

五、研发要素流动的空间知识溢出效应对经济增长的影响

上一部分已经证明，研发要素在自由流动的情况下，存在三个均衡，其中对称均衡是非稳态均衡，集聚均衡是稳态均衡。据此，不妨假设研发要素向区域 A 集聚，即 $\lambda > 1/2$。由于区域内部的知识存量与制造业企业的数量成正比，那么研发要素的流量必然有如下等式：

$$\Delta S_K = \frac{(K_A - K_B)}{2M} = \frac{1}{2} [k_A(\lambda) - k_B(\lambda)]$$

$$= \frac{1}{2} [\lambda + \eta_A(1-\lambda)]^{1/\beta} - \frac{1}{2} (1 - \lambda + \eta_B \lambda)^{1/\beta} \qquad (1.15)$$

其中，ΔS_K 反映了研发要素从区域 B 向区域 A 的流入量。$(K_A - K_B)/M$ 反映了区域 A 比区域 B 多出来的研发要素。由于两区域初始对称，当研发要素从区域 B 流向区域 A 以后，区域 A 比区域 B 多出来的研发要素中有一半是区域 A 本来拥有的，一半来源于区域 B 的研发要素流入，所以 $(K_A - K_B)/2M$ 为研发要素的流动量。

根据式（1.15）可以求得空间知识溢出对研发要素流量的偏导：

$$\frac{\partial \eta_A}{\partial \Delta S_K} = \frac{2\beta}{1-\lambda} [k_A(\lambda)]^{\beta-1} > 0, \quad \frac{\partial \eta_B}{\partial \Delta S_K} = -\frac{2\beta}{\lambda} [k_B(\lambda)]^{\beta-1} < 0 \quad (1.16)$$

在式（1.16）中，各算式右边的不等式在 $0 \leqslant \lambda < 1$ 时恒成立。当 $\lambda = 1$ 时，左边不等式不存在，此时所有的研发要素都集聚于区域 A，不存在其他区域的研发要素流入区域 A。式（1.16）表明，当研发要素由区域 B 流向

---

① 由于 R&D 人员和 R&D 资本都是知识的主要来源，因此在前文产品市场的分析中，我们并没有将研发要素区分为 R&D 人员和 R&D 资本两种情况来讨论，这是因为两者在产品市场中的作用是完全相同的。但在要素市场中，引发 R&D 人员流动和 R&D 资本流动的激励机制并不相同，R&D 人员是寻求效用最大化的个体，而 R&D 资本是寻求利润最大化的个体。关于 R&D 资本流动的分析框架与前文 R&D 人员流动类似，限于篇幅，故而省略。感兴趣的读者可与作者联系。

区域 A 时，将有利于向区域 A 的知识溢出，但对流出区域 B 则产生不利影响。

考虑式（1.7）可得区域 A 和区域 B 的总收益函数，并将式（1.11）和式（1.12）带入可得：

$$E = L / \left\{ 1 - \frac{\mu\lambda}{\sigma} [1 + k_A(\lambda)] - \frac{\mu(1-\lambda)}{\sigma} [1 + k_B(\lambda)] \right\} \qquad (1.17)$$

将式（1.5）代入式（1.17），可得空间知识溢出对总收益的影响：

$$\frac{\partial E}{\partial \eta} = \frac{\frac{\mu L}{\sigma} \left[\lambda \frac{\partial k_A(\lambda)}{\partial \eta} + (1-\lambda) \frac{\partial k_B(\lambda)}{\partial \eta} \right]}{\left\{ 1 - \frac{\mu L}{\sigma} [1 + k_A(\lambda)] - \frac{\mu(1-\lambda)}{\sigma} [1 + k_B(\lambda)] \right\}^2} \qquad (1.18)$$

由式（1.6）可知 $\frac{\partial E}{\partial \eta} > 0$，即空间知识溢出有利于经济的增长。

在式（1.16）和式（1.18）的基础上，根据链式法则，可得研发要素的流动量 ΔS_K 对总收益 E 的边际贡献为：

$$\frac{\partial E}{\partial \Delta S_K} = \frac{\partial E}{\partial \eta_A} \frac{\partial \eta_A}{\partial \Delta S_K} + \frac{\partial E}{\partial \eta_B} \frac{\partial \eta_B}{\partial \Delta S_K} = \frac{\frac{\mu L}{\sigma} \left[\lambda \frac{\partial k_A(\lambda)}{\partial \eta_A} \frac{\partial \eta_A}{\partial \Delta S_K} + (1-\lambda) \frac{\partial k_B(\lambda)}{\partial \eta_B} \frac{\partial \eta_B}{\partial \Delta S_K} \right]}{\left\{ 1 - \frac{\mu L}{\sigma} [1 + k_A(\lambda)] - \frac{\mu(1-\lambda)}{\sigma} [1 + k_B(\lambda)] \right\}^2}$$

$$(1.19)$$

将式（1.5）、式（1.6）、式（1.16）代入式（1.19）并且考虑 $\lambda > 1/2$，可得式（1.19）中 $\frac{\partial E}{\partial \Delta S_K} > 0$。

综上所述，我们得到如下命题：研发要素的区际流动有助于知识的空间溢出，而知识溢出又促进了经济增长。

第三节　计量模型设定、变量与数据

研发要素在各个省份间的流动并不是相互独立的，某个省份研发要素的流动量可能会受到其他省份经济行为的影响。因此，忽略研发要素流动所伴随的空间相关性可能会造成模型的错误设定。基于此，本章选用能够将经济活动的空间相关性考虑在内的空间计量分析技术来考察研发要素区际流动与经济增长之间关系，并对知识溢出效应做实际测度。

一、空间计量模型的建立

近年来，空间计量分析技术取得了长足的发展。以往对空间计量模型的应用主要集中于只包含空间因变量滞后的空间自回归模型（SAR 模型）和只包含空间误差项自相关的空间误差模型（SEM 模型）（李婧等，2010）。然而，空间效应的传导可能同时发生于因变量的空间滞后以及随机冲击所造成的误差项变化。在该思维的启发下，LeSage 和 Pace（2009）构建了综合考虑上述两种空间传导机制的空间杜宾模型（又称空间交互模型、SDM 模型）和空间交叉模型（SAC 模型）。

事实上，不同类型的空间计量模型所假定的空间传导机制并不相同，其所代表的经济含义也有所区别。SEM 模型假定空间知识溢出产生的原因是随机冲击的结果，其空间效应主要通过误差项传导；SAR 模型则假设被解释变量均会通过空间相互作用对其他地区的经济产生影响（Anselin et al.，2008），而一般的 SAC 模型和 SDM 模型则同时考虑了上述两类空间传导机制，并且 SDM 模型还考虑了空间交互作用，即一个省份的经济增长水平不仅受本省自变量的影响，还会受到其他省份经济增长水平和自变量的影响。可见，空间计量模型的设定和选取至关重要。目前国内学者在空间问题的处理上尚缺乏严密性，大多数学者还是选用 SEM 模型和 SAR 模型，并且在模型的选择及估计参数的稳健性检验上也有所欠缺，或在应用空间 SDM 模型时直接用空间交互项的系数来表征空间溢出效应的大小。

鉴于不同类型的空间计量模型所揭示的经济含义有所差别，为了获取拟合效果最优的空间计量模型，并探究不同类型的空间计量模型是否能够相互转化，本章遵照 OLS－［SAR 和 SEM］－SAC－SDM 这一路径对模型进行设定和检验，建立如式（1.20）~式（1.24）所示的空间计量模型。其中式（1.20）、式（1.21）分别为 SDM 模型和 SAC 模型，而式（1.22）~式（1.24）是对 SDM 模型和 SAC 模型分别附加一定限制条件后得到的 SAR 模型、SEM 模型和 OLS 模型。

$$\ln Y_{it} = \beta_0 + \delta W \ln Y_{it} + \beta_1 \ln pfl_{it} + \beta_2 \ln cfl_{it} + \beta_3 \ln L_{it} + \beta_4 \ln K_{it} + \beta_5 \ln X_{control}$$
$$+ \theta_1 W \ln pfl_{it} + \theta_2 W \ln cfl_{it} + \theta_3 W \ln L_{it} + \theta_4 W \ln K_{it} + \theta_5 W \ln X_{control} + \varepsilon_{it}$$

$$(1.20)$$

$$\ln Y_{it} = \beta_0 + \delta W \ln Y_{it} + \beta_1 \ln pfl_{it} + \beta_2 \ln cfl_{it} + \beta_3 \ln L_{it} + \beta_4 \ln K_{it}$$
$$+ \beta_5 \ln X_{control} + \mu_{it}$$
$$\mu_{it} = \lambda W \mu_{it} + \varepsilon_{it} \qquad (1.21)$$

当 SDM 模型考察的空间交互作用不存在，区域间只存在单向空间相关，即 $\theta_i = 0 (i = 1, \cdots, 5)$ 时，或者空间 SAC 模型中空间误差项的系数 $\lambda = 0$ 时，就为相应的空间 SAR 模型：

$$\ln Y_{it} = \beta_0 + \delta W \ln Y_{it} + \beta_1 \ln pfl_{it} + \beta_2 \ln cfl_{it} + \beta_3 \ln L_{it} + \beta_4 \ln K_{it} + \beta_5 \ln X_{control} + \varepsilon_{it}$$

$$(1.22)$$

当 SDM 模型中的空间交互项系数 θ_i，因变量空间滞后项系数 δ 以及回归系数 β_i 之间满足 $\theta_i = -\delta\beta_i$ 时，或者 SAC 模型中的空间滞后项的系数 $\delta = 0$ 时，就为相应的空间 SEM 模型：

$$\ln Y_{it} = \beta_0 + \beta_1 \ln pfl_{it} + \beta_2 \ln cfl_{it} + \beta_3 \ln L_{it} + \beta_4 \ln K_{it} + \beta_5 \ln X_{control} + \mu_{it}$$
$$\mu_{it} = \lambda W \mu_{it} + \varepsilon_{it} \qquad (1.23)$$

经典 OLS 模型并没有考虑区域间的空间相关性，因此上述模型中空间项的系数都等于 0 时，就可以得到相应的 OLS 模型：

$$\ln Y_{it} = \beta_0 + \beta_1 \ln pfl_{it} + \beta_2 \ln cfl_{it} + \beta_3 \ln L_{it} + \beta_4 \ln K_{it} + \beta_5 \ln X_{control} + \varepsilon_{it}$$

$$(1.24)$$

其中，pfl_{it} 为各省的 R&D 人员流动量，cfl_{it} 为各省的 R&D 资本流动量，其详细度量方法可见后文。L_{it} 为各省的就业人数，K_{it} 为各省的物质资本存量。$X_{control}$ 为一系列控制变量，包括人力资本水平（edu）、交通基础设施（inf）、对外开放度（open）、制度保护环境（pro）等。人力资本水平（edu）用各省人口的平均受教育年限衡量，交通基础设施（inf）用各省份的铁路运营里程数表示，制度保护环境（pro）由樊纲等（2010）及王小鲁等（2017）编制的中国市场化指数报告中获得；W 为空间权重矩阵，μ_{it} 和 ε_{it} 是服从独立同分布的扰动项，满足 $\mu_{it} \sim iid(0, \sigma^2)$、$\varepsilon_{it} \sim iid(0, \sigma^2)$。

关于空间权重矩阵 W_{ij}，通常根据空间单元的邻接性来确定。如果两地区相邻，则权重矩阵中所对应元素取 1，否则取 0。但是，也有学者认为地理邻接矩阵并不足以充分反映区域之间关联的客观事实（李婧等，2010）。一方面，经济活动的空间效应不只局限于与之相邻的地区，一个省份的经济策略能够被所有地区观测到，但相应的影响强度会随着距离的增加而衰减；另一方面，一个省份与所有与之不相邻省份的空间关联强度是不同的，如上海和安徽、新疆之间的权重都为0，但是上海对与之区位相近的安徽的影响肯定要大于与之区位较远的新疆的影响。基于此，本章选用空间距离权重矩阵来表征区际间的空间效应，即主对角线元素均为0，非主对角线上的元素为 $1/d^2$，其中 d 为两个省份地理中心位置之间的距离。

二、空间计量模型的直接效应、空间溢出效应和总效应的测算

在包含空间滞后项的空间计量模型中，自变量对因变量的影响不能简单地用回归系数表征。LeSage 和 Pace（2008）根据空间效应作用的范围和对象的不同，将空间计量模型中自变量对因变量的影响分为直接效应、间接效应（空间溢出效应）和总效应。直接效应反映了自变量 x 对本区域 y 的平均影响，空间溢出效应反映了自变量 x 对其他区域的 y 的平均影响，而总效应反映的是自变量 x 对全部区域产生的平均影响。之后，Lesage 和 Pace（2009）研究发现，偏微分方法可以弥补点估计法在解释空间效应方面存在的缺陷，有效解释随机冲击对各个变量的影响，从而正确测度空间计量模型中自变量对因变量产生的直接效应、空间溢出效应和总效应。具体计算过程如下：

将 SDM 模型的一般形式转化为：

$$(I_n - \delta W)Y = \iota_n \beta_0' + \beta X + \theta WX + \varepsilon \tag{1.25}$$

令 $P(W) = (I_n - \delta W)^{-1}$，$Q_m(W) = P(W) \cdot (I_n \beta_m + \theta_m W)$，则上式可转化为：

$$Y = \sum_{m=1}^{k} Q_m(W) X_m + P(W) \iota_n \beta_0' + P(W) \varepsilon \tag{1.26}$$

把式（1.26）转换成矩阵形式可得：

$$\begin{bmatrix} Y_1 \\ Y_2 \\ Y_3 \\ \vdots \\ \vdots \\ Y_n \end{bmatrix} = \sum_{m=1}^{k} \begin{bmatrix} Q_m(W)_{11} & Q_m(W)_{12} & \cdots & \cdots & Q_m(W)_{1n} \\ Q_m(W)_{21} & Q_m(W)_{22} & \cdots & \cdots & Q_m(W)_{2n} \\ \vdots & \vdots & \ddots & & \vdots \\ Q_m(W)_{(n-1)1} & Q_m(W)_{(n-2)2} & & \ddots & Q_m(W)_{(n-1)n} \\ Q_m(W)_{n1} & Q_m(W)_{n2} & \cdots & \cdots & Q_m(W)_{nn} \end{bmatrix} \begin{bmatrix} X_{1m} \\ X_{2m} \\ X_{3m} \\ \vdots \\ X_{nm} \end{bmatrix}$$

$$+ P(W)(\tau_n \beta'_0 + \varepsilon) \tag{1.27}$$

其中，$m = 1, 2, \cdots, k$，表示第 m 个解释变量。等号右侧第一个矩阵即是 Lesage 和 Pace（2009）提出的偏微分矩阵，其对角线上的元素反映了特定空间单元里 X_{ik} 变量的变化对本单元因变量造成的平均影响，即直接效应；非对角线上的元素表示了特定空间单元 X_{ik} 变量的变化对其他空间单元因变量的平均影响，即空间溢出效应。直接效应、间接效应和总效应可以依次记为：$direct = \dfrac{\partial Y_i}{\partial X_{im}} = Q_m(W)_{ii}$，$indirect = \dfrac{\partial Y_i}{\partial X_{jm}} = Q_m(W)_{ij}$，$total = Q_m(W)_{ii} + Q_m(W)_{ij}$。

三、研发要素流动量的测度

本章中的研发要素主要包括 R&D 人员和 R&D 资本。接下来，我们便对这两种要素在区际间的流动予以测量。

（一）R&D 人员流动量的测度

R&D 人员流动作为劳动力流动的一种具体形式，其测度方法与劳动力流动的测度方法相类似。目前学界测度劳动力流动量的方法主要集中于以下几种：Fujita 和 Hu（2001）用地区总人口变动减去全国平均人口变动来衡量劳动力流动规模；陆铭和陈钊（2004）使用人口机械增长量在地区总人口中的比重来推测劳动力在区际间的流动规模；樊士德和姜德波（2011）利用 2000 年、2005 年的人口抽样调查数据，将现居地和迁出地的数据进行汇总并扣除省内迁移人口，进而得出劳动力要素的省际迁移数据；白俊红和蒋伏心（2015）利用引力模型测度研发要素在我国各省区间的流动数量。

引力模型是物理学中牛顿万有引力定律在经济学中的成功应用，主要用于研究经济社会中的空间相互作用问题。早期，由于理论基础的缺乏，引力模型虽然从实证分析中成功解释了区域间要素流动问题，但其并没有受到主流经济学家的重视。20 世纪 70 年代以来，经济学家努力从各个角度探求引力模型的微观理论基础（Helpmen and Krugman，1985；Anderson and Wincoop，2003），使其具备了相应的微观理论支撑。鉴于此，本章借鉴白俊红和蒋伏心（2015）的研究，采用引力模型对我国 R&D 人员的区际流动量进行测算。

引力模型的一般表达式为：

$$F_{ij} = G_{ij} \cdot M_i^{\alpha^i} \cdot M_j^{\alpha^j} \cdot R_{ij}^{-b} \tag{1.28}$$

在式（1.28）中，F_{ij} 为 i 地区对 j 地区的吸引力；G_{ij} 为 i 地区和 j 地区的引力系数，一般取 1；M_i 和 M_j 是社会某种要素的测度（如人口、资本）；α^i 和 α^j 为引力参数，一般均取 1；R_{ij} 为 i 地区到 j 地区的距离；b 为距离衰减指数，一般取 2。

在实际经济研究过程中，由于信息获取的差异，经济学家对引力模型的一般形式做了恰当的变化。基于掌握的起点与终点信息数量的具体情况，可以将引力模型分为以下 3 种形式：引入推动力变量和吸引力变量的全部流量约束引力模型、只引入吸引力变量的产出约束引力模型以及只引入推动力变量的引力模型。安虎森等（2011）在研究中发现工资和房价是能够显著地影响劳动力流动的吸引力变量。如果区域 A 比区域 B 具有较高的工资水平或者较低的房价水平，那么区域 B 里的 R&D 人员就会在"效用最大化"的驱使下，流向区域 A。基于此，本章选取只引入吸引力变量的产出约束双对数引力模型，选用地区间的工资差值和房价差值作为吸引力变量，来测度 R&D 人员的流动数量。假设地区 i 流动到地区 j 的 R&D 人员数量为 pfl_{ij}，则：

$$pfl_{ij} = \ln M_i \cdot \ln(Wage_j - Wage_i) \cdot \ln(House_i - House_j) \cdot R_{ij}^{-2} \tag{1.29}$$

式（1.29）中，M_i 为 i 省的 R&D 人员数量，$Wage_j$、$Wage_i$ 分别为 j 省和 i 省的城镇单位就业人员平均工资，$House_j$ 和 $House_i$ 分别为 j 省和 i 省的住宅平均销售价格。R_{ij} 是两地区省会城市之间的距离，该距离根据国家地理信息系统网站上 1∶400 万的电子地图用 Geoda095i 软件测量得到。k 为参数规模，一般取 1。

此外，i 省在统计年度内 R&D 人员的总流动量 pfl_i 可用下式计算：

$$pfl_i = \sum_{j=1}^{n} pfl_{ij} \tag{1.30}$$

（二）R&D 资本流动量的测度

R&D 资本的流动本质上即是资本的流动。目前学界对资本流动的度量主要采用的方法有：Feldstein 和 Horioka（1980）提出的跨期储蓄—投资模型（F–H 模型）以及 Shibata 和 Shintani（1998）采用区域间居民消费的相关性来推测区际资本流动规模的永久收入法。然而，目前我国金融市场的发展受实际利率、政策变动等的影响，使得投资与储蓄之间存在正的相关性；此外，储蓄变量的内生性以及区域一体化程度较低等现状的存在使得上述两种方法在测度我国资本流动量时受到一定的限制。基于此，本章仍然借鉴白俊红和蒋伏心（2015）的做法，采用引力模型核算 R&D 资本的流动量。由于 R&D 资本具有"趋利性"的特征，其在区域间的流动主要受地区间的企业利润率水平、金融市场发展水平等因素的影响，因此，本章主要选取区域间的利润率差值和金融业的市场化程度差值作为吸引力变量来测度 R&D 资本的流动数量。其中，金融业的市场化程度指标主要来源于樊纲等（2010），并根据韦倩等（2014）的方法，采用非国有部门贷款比重对 2008 年之后的数据进行弥补。

假设地区 i 流动到地区 j 的 R&D 资本为 cfl_{ij}，Ca_i 为 i 省的 R&D 资本，$Rate_i$ 和 $Rate_j$ 分别为 i 省份和 j 省份的企业平均利润率水平，$Market_i$ 和 $Market_j$ 分别为 i 省份和 j 省份的金融业市场化指数，则 cfl_{ij} 可以用下式表示：

$$cfl_{ij} = \ln Ca_i \cdot \ln(Rate_j - Rate_i) \cdot \ln(Market_j - Market_i) \cdot R_{ij}^{-2} \tag{1.31}$$

i 省在统计年度内 R&D 资本的总流动量 cfl_i 可用下式计算：

$$cfl_i = \sum_{j=1}^{n} cfl_{ij} \tag{1.32}$$

对于式（1.32）中各个省区的 R&D 资本 Ca_i，《中国科技统计年鉴》并未给予直接报告，而只公布了各个省区的 R&D 经费支出这一流量数据。因此，本章参照吴延兵（2006）及白俊红（2011）等的做法，将 R&D 经费支出核算成 R&D 资本存量。具体的核算公式为：

$$Ca_{it} = (1 - \zeta) \times Ca_{i(t-1)} + \sum_{m=1}^{n} \kappa_m E_{i(t-m)} \qquad (1.33)$$

式（1.33）中，Ca_{it} 和 $Ca_{i(t-1)}$ 分别表示 i 地区在 t 时期和 $t-1$ 时期的 R&D 资本存量；m 为滞后期数，n 为考察时期数，κ_m 为滞后系数，即 R&D 经费支出在滞后 m 期时的贴现系数。假设 R&D 影响的平均滞后期为 λ，且 $t-\lambda$ 期的 R&D 经费支出为 t 期 R&D 资本存量的增量，因此当 $m = \lambda$ 时，$\kappa_m = 1$，否则 $\kappa_m = 0$。ζ 为折旧率，本章采用国际上通用的做法，取 $\zeta = 15\%$（吴延兵，2006）；$E_{i(t-m)}$ 表示地区在 $t-m$ 时期的 R&D 经费实际支出，其值按照 R&D 支出价格指数进行平减。

假定 R&D 活动的平均滞后期 $\lambda = 1$ 年，则当 $m = \lambda = 1$ 时，式（1.33）变为式（1.34）：

$$Ca_{it} = (1 - \zeta) \times Ca_{i(t-1)} + E_{i(t-1)} \qquad (1.34)$$

关于 R&D 支出价格指数，本章参照 Loeb 和 Lin（1977）、朱平芳和徐伟民（2003）等的研究，从 R&D 经费支出明细构成来对其进行构造。本章根据《中国科技统计年鉴》中 R&D 经费支出的用途划分，将 R&D 经费分为用于日常性支出和资产性支出两类，计算出 2000～2013 年这两类支出分别占 R&D 支出的比例。经计算最终得出 R&D 支出价格指数 = 0.6 × 消费价格指数 + 0.4 × 固定资产投资价格指数。

关于基期资本存量（Ca_0）的核算，具体测算方法为：

$$Ca_0 = E_0 / (f + \zeta) \qquad (1.35)$$

式（1.35）中，E_0 为基期 R&D 经费投入值，f 为考察期内实际 R&D 经费支出的几何增长率。

文中原始数据来源于 2001～2014 年各期的《中国统计年鉴》和《中国科技统计年鉴》，并且所有具有时间价值的数据均以 2000 年为考察基期。另外，本章选取了中国大陆 30 个省级行政地区为考察对象，而西藏由于数据不全，分析中不予考虑。

第四节　实证结果与分析

基于前文关于研发要素流动影响经济增长的实证模型设计，本节实证检验了研发要素流动对经济增长的平均影响效应。具体而言，首先分析研发要素流动对经济增长的影响是否具有空间相关性；其次利用空间计量模型对研发要素流动影响经济增长的效应进行实证分析；最后考察计量模型的稳定性。

一、实证结果

基于前文中的模型设定和检验思路，[①] 我们首先用 OLS 方法进行回归分析。回归结果及残差的空间相关性识别结果如表 1 – 1 和图 1 – 1 所示。

表 1 – 1　　　　　　　　　　　　OLS 估计结果

变量	*pfl*	*cfl*	*L*	*K*	*edu*	*mile*	*open*	*pro*	*R-sq*
回归结果	0.031 * (0.093)	0.043 *** (0.007)	0.023 (0.563)	0.704 *** (0.000)	0.056 *** (0.000)	0.300 *** (0.000)	– 0.308 *** (0.000)	0.021 *** (0.003)	0.962

注：括号内数字为显著性概率；***、**、* 分别代表显著性水平小于 1%、5% 和 10%。下同。

资料来源：作者根据 Stata 12.0 分析结果整理。

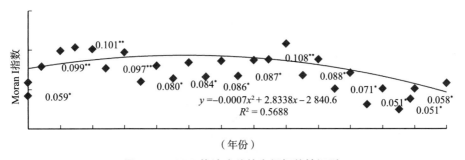

图 1 – 1　OLS 估计残差的空间相关性识别

资料来源：作者根据 Stata 12.0 分析结果整理。

从表 1 – 1 的估计结果来看，R&D 人员和 R&D 资本流动对经济增长均

[①]　回归之前，我们利用空间 *Moran I* 指数对 lnGDP 做了空间相关性检验，结果显示其具有明显的空间相关性。

有显著的促进作用，但进一步观察图 1 - 1 可以发现，OLS 回归残差值具有显著的空间相关性，因此利用该方法所得到的估计结果可能并不足以反映客观现实。为了提高回归结果的准确性，我们将选用能够将各省经济活动空间相关性考虑在内的空间面板 SAR、SEM、SAC 和 SDM 模型进行估计，并按照 Anselin 等（2004）提出的判断规则，选用自然对数值（Log - L）、Wald 检验和 LR 检验对模型的拟合效果进行检验。进一步经豪斯曼检验，空间面板计量模型均选用固定效应。回归估计结果见表 1 - 2。其中模型（1）、模型（3）、模型（5）、模型（7）是基本回归估计结果，模型（2）、模型（4）、模型（6）、模型（8）是控制了更多其他变量后的估计结果。

表 1 - 2　　　　　　　　　空间面板计量回归结果

变量	SAR		SEM		SAC		SDM	
	模型（1）	模型（2）	模型（3）	模型（4）	模型（5）	模型（6）	模型（7）	模型（8）
δ 或 λ	0.380 *** (0.000)	0.351 *** (0.000)	0.964 *** (0.000)	0.271 *** (0.001)	0.807 *** (0.000)	0.762 *** (0.000)	0.528 *** (0.000)	0.529 *** (0.000)
pfl	0.016 (0.253)	0.012 (0.384)	- 0.013 (0.217)	0.031 * (0.083)	0.321 (0.266)	0.020 * (0.051)	0.401 *** (0.007)	0.024 * (0.061)
cfl	0.035 *** (0.003)	0.029 ** (0.012)	0.036 ** (0.012)	0.063 *** (0.000)	0.013 *** (0.000)	0.013 * (0.057)	0.030 ** (0.039)	0.063 ** (0.041)
L	0.045 (0.147)	0.019 (0.506)	0.190 *** (0.000)	- 0.047 (0.178)	- 0.025 (0.105)	- 0.031 * (0.060)	0.223 *** (0.000)	0.132 *** (0.000)
K	0.500 *** (0.000)	0.458 *** (0.000)	0.215 *** (0.000)	0.713 *** (0.000)	0.165 *** (0.000)	0.177 *** (0.000)	0.211 *** (0.000)	0.203 *** (0.000)
edu	/	0.039 *** (0.000)	/	0.044 *** (0.000)	/	0.012 *** (0.007)	/	0.049 *** (0.000)
$mile$	/	0.197 *** (0.000)	/	0.304 *** (0.000)	/	0.060 ** (0.023)	/	0.056 ** (0.040)
$open$	/	- 0.260 ** (0.001)	/	- 0.168 *** (0.007)	/	- 0.190 *** (0.000)	/	- 0.128 (0.108)

续表

变量	SAR		SEM		SAC		SDM	
	模型（1）	模型（2）	模型（3）	模型（4）	模型（5）	模型（6）	模型（7）	模型（8）
pro	/	0.014 *** (0.000)	/	0.021 *** (0.000)	/	0.007 *** (0.001)	/	0.007 *** (0.000)
$W \times pfl$	/	/	/	/	/	/	0.084 *** (0.009)	0.033 *** (0.007)
$W \times cfl$	/	/	/	/	/	/	0.199 *** (0.000)	0.011 ** (0.031)
$R\text{-}sq$	0.991	0.992	0.995	0.995	0.983	0.982	0.995	0.996
$Log-L$	358.744	390.780	403.167	420.100	447.050	456.776	458.197	519.247

注：括号内数字为显著性概率；*** 、** 、* 分别代表显著性水平小于 1%、5% 和 10%；"/" 表示此项为空。本表未报告 SDM 模型中控制变量的空间交互系数。

资料来源：作者根据 Matlab R2014b 分析结果整理。

从表 1-2 的估计结果可以看出，以上 4 类空间计量模型的空间项系数均显著为正，表明本省的经济增长水平会受到其他省份经济活动的加权影响。在模型拟合效果上，SDM 模型较之 SAR、SEM 和 SAC 模型具有回归系数显著个数最多的特点。为了进一步判断 SDM 模型的拟合效果，我们对 SDM 模型进行了 Wald 检验和 LR 检验，相应的 Wald 空间滞后检验、LR 空间滞后检验、Wald 空间误差检验和 LR 空间误差检验的 P 值均在 1% 的水平下显著为零，表明 SDM 模型具有最优的拟合效果。此外，SDM 模型的回归系数并不能满足模型转化的原假设 $H_0: \theta_i = 0$ 和 $\theta_i = -\delta\beta_i$ 表明 SDM 模型并不能等价转换为 SAR 和 SEM 模型，也即 SDM 模型包含的两种空间传导机制对经济增长的作用不可忽略。基于此，本章选择空间 SDM 模型进行分析。

从表 1-2 报告的结果来看，SDM 模型中 R&D 人员和 R&D 资本流动量的水平项和空间交互项系数对经济增长均有显著影响，但由于 SDM 模型的回归系数并不能直接反映自变量对因变量的影响程度，需要计算出直接效应、空间溢出效应和总效应才能具体表征。上述三种效应的具体值参见表 1-3。

表1-3　　　　　SDM 模型的直接效应、空间溢出效应和总效应

	变量	系数	t 统计值	P 值
直接效应	*pfl*	0.022 **	2.065	0.039
	cfl	0.077 ***	8.614	0.000
间接效应/空间溢出效应	*pfl*	0.041 **	2.317	0.020
	cfl	0.010 **	2.048	0.049
总效应	*pfl*	0.063 **	2.430	0.021
	cfl	0.087 ***	7.217	0.000

注：括号内数字为显著性概率；*** 、** 、* 分别代表显著性水平小于1% 、5% 和10% 。
资料来源：作者根据 Matlab R2014b 分析结果整理。

从表1-3可以看出，R&D 人员和 R&D 资本流动的直接效应和空间溢出效应均显著为正，表明 R&D 人员和 R&D 资本的区际流动不仅具有明显的直接效应，其所引致的空间溢出效应对经济增长亦具有显著的促进作用。观察研发要素流动的空间溢出增长效应和总增长效应可以发现，R&D 人员流动所带动的空间知识溢出增长效应占总增长效应的50%以上，R&D 资本流动所带动的空间知识溢出增长效应在总增长效应中的占比亦超过了10% ，由此也进一步印证了研发要素区际流动所带来的空间溢出效应对我国经济增长的重要贡献。与 OLS 的估计系数相比，SDM 模型的 R&D 人员区际流动量和 R&D 资本区际流动量的直接效应更小，这也在一定程度上说明 OLS 估计由于没有考虑空间效应而高估了研发要素流动的直接效应。

二、稳健性检验

研发要素流动作为本章的关键解释变量，其科学设置尤为重要。基于此，本章拟考虑不同的情形，对引力模型重新设置，以检验结果是否稳定。对于 R&D 人员流动量，我们将前文表征地区吸引力的平均工资，替换为代表地区经济发展水平的人均 GDP，借此对 R&D 人员的流动重新度量。这是因为，一般情况下，地区经济发展水平越高，其科研环境与发展机会也相对较好，因而对研发人员也越具有吸引力。此外，鉴于 R&D 资本的趋利性特

征，我们将各省份企业的平均利润率水平作为 R&D 资本流动的吸引力指标，采用产出约束的双对数引力模型对 R&D 资本的流动量进行测度。将新的流动量指标重新代入计量模型进行回归，结果见表 1－4。

表 1－4　　　　　　　　考虑不同引力模型的稳健性检验

变量	SAR		SEM		SAC		SDM	
	模型（1）	模型（2）	模型（3）	模型（4）	模型（5）	模型（6）	模型（7）	模型（8）
δ 或 λ	0.659*** (0.000)	0.275*** (0.000)	0.956*** (0.000)	0.957*** (0.000)	0.976*** (0.000)	0.776*** (0.000)	0.045*** (0.000)	0.205** (0.014)
pfl	0.008 (0.767)	0.109 (0.463)	0.303** (0.035)	0.244* (0.080)	0.206* (0.092)	0.289** (0.024)	0.184* (0.066)	0.068*** (0.006)
cfl	0.034** (0.035)	0.036** (0.048)	0.046** (0.012)	0.042** (0.014)	0.027* (0.082)	0.028* (0.072)	0.046** (0.011)	0.043** (0.010)
L	0.347** (0.015)	0.083** (0.038)	0.161*** (0.000)	0.102*** (0.011)	0.116*** (0.001)	0.072** (0.046)	0.216*** (0.000)	0.106*** (0.006)
K	0.197*** (0.000)	0.223*** (0.000)	0.206*** (0.000)	0.220*** (0.000)	0.311*** (0.000)	0.365*** (0.000)	0.218*** (0.000)	0.191*** (0.000)
edu	/	0.055*** (0.000)	/	0.055*** (0.000)	/	0.074*** (0.000)	/	0.053*** (0.000)
mile	/	0.042 (0.183)	/	0.095 (0.001)	/	0.111*** (0.000)	/	0.070** (0.018)
open	/	－0.182*** (0.000)	/	－0.224*** (0.000)	/	－0.271*** (0.000)	/	0.038 (0.199)
$W \times pfl$	/	/	/	/	/	/	0.137** (0.071)	0.024* (0.057)
$W \times cfl$	/	/	/	/	/	/	－1.158*** (0.008)	－0.125*** (0.004)
R-sq	0.994	0.995	0.853	0.873	0.925	0.967	0.995	0.995
Log－L	437.174	494.776	404.340	433.137	446.498	489.728	489.484	486.659

注：括号内数字为显著性概率；***、**、*分别代表显著性水平小于 0.01、0.05 和 0.1；"/"表示此项为空。本表未报告 SDM 模型中控制变量的空间交互系数。

资料来源：作者根据 Matlab R2014b 分析结果整理。

从表1-4的结果可以看出，采用不同的引力模型对研发要素流动量进行测算后，回归结果仍显示 SDM 模型的拟合效果最优。而且虽然估计结果的系数大小有所差异，但其方向和显著性水平并没有发生根本改变。这也表明，研究结果是稳健可靠的。

采用不同的引力模型对研发要素流动量进行测算后，研发要素流动影响各省区经济增长的直接效应、空间溢出效应和总效应报告在表1-5中。

表1-5   **采用不同引力模型后 SDM 模型的直接效应、**

空间溢出效应和总效应

	变量	系数	t 统计值	P 值
直接效应	pfl	0.238 ***	10.819	0.000
	cfl	0.228 ***	10.588	0.000
间接效应/空间溢出效应	pfl	0.470 ***	4.400	0.000
	cfl	0.158 *	1.947	0.061
总效应	pfl	0.708 ***	6.427	0.000
	cfl	0.386 ***	4.545	0.000

注：*** 、** 、* 分别代表显著性水平小于 0.01、0.05 和 0.1。
资料来源：作者根据 Matlab R2014b 分析结果整理。

从表1-5的结果来看，更换研发要素流动量的测度指标后，研发要素流动所伴随的空间溢出效应对经济增长的贡献仍显著为正。结果稳健。

第五节   本 章 小 结

伴随着我国创新驱动战略的逐步推进，各地区纷纷加大对研发要素的投入力度，并积极创造各种有利条件吸引研发要素向本地区流动。本章着重考察了研发要素在区际间的自由流动，能否通过其所引致的空间知识溢出效应，促进中国经济的增长，并在此基础上对此空间知识溢出效应做具体测度。本章在理论分析研发要素区际流动，通过知识溢出影响经济增长内在机制的基础上，利用中国大陆 30 个省级区域的面板数据，遵照 OLS – [SAR 和 SEM] – SAC – SDM 的分析思路设定空间计量模型，对上述影响机制做实证检验。主要的研究发现有：

我国各省份的经济活动之间存在显著的空间相关性。地区间的经济活动并非随机独立，还会受到其他地区经济行为的影响，并且由于 *Moran I* 指数检验以及空间计量模型的空间项系数均显著为正，这也表明与周边地区的经济联系将有利于本地区经济的增长。因此，从政策层面来讲，地方政府在制定政策促进本地区经济发展时，不仅需要关注本地区的经济条件与环境，还需要通盘考虑周边地区的发展策略，积极搭建区域协作平台，加强交流与合作，从而有效利用周边地区的资源要素，这不仅有利于推动本地区的经济增长，也有利于我国经济发展水平的整体提升。

研发要素区际流动的直接增长效应和空间溢出增长效应均显著为正，即研发要素在区际间的流动不仅能够促进本地区经济的增长，其所伴随的空间知识溢出效应还有助于推动其他地区的经济增长；R&D 人员流动所带动的空间知识溢出增长效应占总增长效应的 50% 以上，R&D 资本流动所带动的空间知识溢出增长效应在总增长效应中的占比亦超过了 10%。这一结论的启示在于，作为推动我国经济增长的重要力量，研发要素在区际间的流动具有明显的空间知识溢出效应，因此进一步破除地区壁垒，通过深化户籍制度改革，加强科技金融体系建设等途径，完善区域间要素流动的机制体制，鼓励研发要素的自由流动，扩大知识溢出的空间半径，借此充分发挥研发要素流动的知识溢出效应，将有利于促进我国地区经济的持续增长。

第二章

研发要素区际流动
对全要素生产率的影响

本章旨在揭示创新要素在区际间的流动对全要素生产率增长的影响。在深入分析创新要素流动影响生产率增长内在机理的基础上，采用空间计量分析技术，对中国 30 个省级行政区的创新要素流动与全要素生产率增长之间的关系进行了实证考察。研究发现，区域全要素生产率具有明显的空间相关效应，且受这一效应的作用，研发资本流动对区域全要素生产率增长有显著的正向影响。本章结论为我国创新要素区际流动政策的科学制定，进而促进生产率的提升提供有益参考。

第一节　问题的提出

研发要素是保障创新型国家战略顺利实施，支撑中国科技竞争力提升的重要战略资源。近年来，伴随着户籍制度的松动以及互联网金融技术的迅猛发展，创新要素在区际间的流动规模逐步扩大。创新要素的区际流动有利于优化创新资源在区域空间的合理配置，加速区域创新合作网络的形成，进而也有利于推动社会技术的进步和生产率的提升。然而，创新要素的流动并非只有积极的影响，例如，在长期内，创新要素的大规模流动会使人们就业保障感或获取稳定收益的安全感显著降低（Auer，2005；OECD，2009），而适度的就业保障感和获益稳定感对生产率增长有正向的贡献（Kleinknecht et al.，2006）。那么，创新要素在区际间的流动究竟会对我国生产率的增长产生怎样的影响呢？该问题的解决有益于我国创新要素区际流动政策和区域创新发展政策的进一步优化，并为我国创新驱动战略的成功实施提供有益参考。

从已有文献来看，目前学界尚缺乏针对创新要素流动的直接研究。现有研究均将创新要素本身作为考察对象，从静态的角度，重点考察我国创新要素的利用效率（Liu and Steven，2001；官建成和刘顺忠，2003；吴和成和刘思峰，2007；Chen and Guan，2012）以及创新要素的投入数量对创新绩效的影响（Duguet and MacGarvie；朱平芳和徐伟民，2003；许治和师萍，2005；孙文杰和沈坤荣，2009；等等）。事实上，携带着更多创新知识和技术的创新要素在市场信号指引下的自由流动，会给我国经济的发展带来新的契机与挑战。因此，本章聚焦于创新要素的区际流动这一新的问题，主要考察其是否促进了我国生产率的提升。以期通过本研究，为创新要素的合理流动，从而促进创新资源的优化配置以及生产率的增长提供理论依据和政策参考。

目前关于创新要素与生产率关系的研究，大多集中于产业层面，考察各产业创新要素投入对生产率的影响。张海洋（2005）实证考察了中国内资工业部门的 R&D 投入与生产率的关系，结果表明 R&D 投入对内资部门生产率的增长有负向影响；吴延兵（2006）针对我国制造业的研究表明，我国制造业的 R&D 投入能够显著地促进生产率的增长；朱有为和徐康宁（2007）运用 1996～2004 年中国高技术产业的面板数据，实证检验了 R&D 资本积累与高技术产业生产率增长之间的关系，发现 R&D 资本积累对生产率有显著的影响；戴魁早（2011）从行业层面对我国高技术产业的研究结果表明，不仅 R&D 资本投入能够促进生产率的增长，R&D 人员投入也能够促进生产率的增长。可以发现，上述研究忽视了创新要素在区际间流动所引发的资源配置效应的变化，而且仅以某个特定的产业作为研究对象。然而，正如前文所指出的，创新要素的区际流动对区域生产率可能产生一些有利和不利影响。在此情形下，科学分析创新要素流动影响生产率的机理，评估其影响效应，就成为研究中一项非常重要的课题。与以往研究相比，本章的贡献主要体现在：第一，从创新要素在区际间动态流动的视角，考察中国区域生产率的提升问题，为中国创新要素的合理流动及生产率的提升提供政策启示；第二，在探讨区域间生产率可能存在空间相关性的基础上，实证分析创新要素的区际流动对区域生产率的影响效应。

本章后续的安排为：第二部分从理论上阐释创新要素区际流动对区域创新生产率的影响机理；第三部分阐述创新要素流动量的度量以及区域生产率的测算方法；第四部分构建空间面板计量模型并对相关变量进行说明；第五部分对实证结果进行分析和讨论；最后给出结论及相应的政策建议。

第二节　研发要素流动影响全要素生产率的理论机理

Fare 等（1994）的研究表明，生产率的增长可以分解为技术的进步和技术效率的提升。其中，技术进步表示生产前沿面随时间的变化向外扩张，而技术效率则表示在既定的要素投入下实际产出量与最优产出量之间的距离，距离越小，表明技术效率越高。通常新知识的创造和新发明的产生可以推动社会技术的进步，而管理机制的创新和制度的变革则能够带动技术效率的提升。作为创新生产重要投入的创新要素具有"知识性""技术性"和"趋利性"等特征，这些特征的存在使其在区际间的流动一方面可以加速新知识的发明和创造，从而推动技术的进步，另一方面能够促进新的生产模式出现，助推创新执行单位技术效率的提升。这样，创新要素的区际流动便可通过促进技术进步与技术效率改善两条路径，提升区域的生产率水平。下面就这两条路径做具体分析。

创新要素流动促进技术进步的作用路径可以分为以下两个方面：第一，创新要素在区际间的流动会加速各区域的创新执行部门进行研发合作，形成研发合作网络，而异质性创新主体间的相互合作、相互互动将直接影响区域生产率的提升（Broekel and Graf，2010）。当前，我国技术的发展呈现出复杂化和更新速度快速化的特征，从而使得单个创新执行单位在研发过程中有可能不完全具备所需的创新知识，而跨区际的研发合作可以有效地推动创新资源的整合与创造，大大提升科学有效的整合资源、获取知识的能力，推动技术的进步。此外，在目前我国各区域依靠比较优势，对创新知识进行精细化、专门化分工的创新环境下，如何将分散的创新知识统一化、系统化，以便更加科学系统地将创新知识应用到研发中，已经成为影响区域技术进步的关键，而创新要素的流动有助于解决上述问题（高丽娜和蒋伏心，2011）。创新要素在区际间的流动可以将不同的异质性创新主体联合起来，形成一个相互作用、相互合作的创新网络，加快区域间的互动与合作，从而促进创新活动的顺利开展，引致技术进步。第二，创新要素在区际间的流动能够带动创新知识在区域间扩散与传播。Romer（1990）指出，创新知识的非竞争性和部分排他性特征是产生知识溢出的根本原因。基于创新知识根植于创新要素的特征，创新要素在区际间的流动是引发知识溢出，特别是隐性知识溢出的主要渠道，其一方面加速了新知识的创造，另一方面又促进了创新知识在不同区域间的传播与交流，冲破了技术性创新知识中不能被编码化的部分在扩散中遇到的瓶颈问题，加快了技术进步的步伐，进而有利于提高区域生产率。

创新要素流动促进技术效率改善的作用机制也主要沿以下两种路径进行：第一，在"趋利性"特征的支配下，创新要素会按照边际收益等于边际成本的原则自发地流向获益最高的地区，这种在市场规律作用下的自由流动，可以使整个社会的研发资源达到最优的配置，进而带动全社会生产率的提高。当面临技术进步的情况时，上述资源优化配置效应将表现得尤为明显。技术进步的存在，一方面，能够提高各研发部门的劳动生产率；另一方面，技术进步会影响人均实际收入水平，在需求收入弹性的作用下，消费者会改变对原有的研发产品的需求量。事实上，上述两种因素对不同类型的研发部门的影响存在着显著的差异，将会导致研发创新部门中失业和空缺同时存在，而创新要素的自由流动可以有效化解上述困境，实现创新知识、技术与经济发展间的最优匹配，从而使创新活动有序进行，技术效率得到提升。第二，对于创新要素的流入地区，由于新流入的创新要素往往包含有较高的创新水平和管理技术，能够助推原有 R&D 资本形成新的、效率更高的资本，从而有利于提高创新要素的边际生产率，同时新流入的 R&D 资本与 R&D 人员相结合，可以通过学习效应提升 R&D 人员的边际生产率；对于创新要素的流出地区，创新要素流出后，剩余创新要素的边际生产率得到提高，同时其他要素会向边际生产率提高的部门转移，进而有利于新 R&D 资本的创造和 R&D 人员潜力的发挥。可见，创新要素的流动使得流入地和流出地创新要素的边际生产率均得到提高，从而提升区域技术效率。

第三节　创新要素流动量的度量及生产率的测算

本节选取创新要素中处于主体地位的 R&D 人员和 R&D 资本的流动数量来表征目前我国创新要素在区际间的流动情况。采用 DEA 方法测算我国区域层面的全要素生产率指数。

一、引力模型

为了得到稳定、连续的创新要素流动数据，本章借鉴白俊红和蒋伏心（2015）的做法，采用引力模型对我国创新要素在区际间的流动数量进行度量。引力模型来源于物理学中牛顿的万有引力定律，主要用于研究经济社会中的空间相互作用问题，被称为经济研究在实证发展上取得的最伟大的成就之一（Anderson and Van Wincoop，2003）。早在 19 世纪，英国人口统计学家雷文茨坦（E. G. Ravenstein）就率先将引力模型用于人口流动的分析中，但是由于理论基础的缺乏，引力模型在发展初期受到了主流经济学家的质疑，20 世纪 70 年代以来，经过 Anderson（1979）、Helpmen 和 Krugman（1985）等经济学家的不懈研究，引力模型具备了相应的微观理论支撑，如均衡理论。目前，引力模型已经被广泛应用于跨国贸易量度量、人口迁移以及国际投资等领域。经过 Witt 等（1995）的确认和拓展，引力模型现已逐渐成为研究要素流动的一个主流模型。

要素流动量引力模型的一般表达式可表示为：

$$F_{ij} = G_{ij} \cdot M_i^{\alpha i} \cdot M_j^{\alpha j} \cdot R_{ij}^{-b} \tag{2.1}$$

式（2.1）中，F_{ij} 为区域 i 流动到区域 j 的要素数量；G_{ij} 为区域 i 和区域 j 之间的引力系数，一般取 1；M_i 和 M_j 是社会某种经济要素的测度（如人口、资本）；α^i 和 α^j 为引力参数，一般均取 1；R_{ij} 为区域 i 和区域 j 之间的距离；b 为距离衰减指数，一般取 2。

参照上述引力模型的一般形式，本章在充分考虑 R&D 人员流动和 R&D 资本流动不同特征的基础上，分别构建了测算 R&D 人员流动量和 R&D 资本流动量的引力模型。

（一）度量 R&D 人员流动量（FP）的引力模型

在实践中，由于度量主体的具体特性存在差异，为了得到最优的度量结果，经济学家根据度量主体的不同特征，对引力模型的一般形式做了恰当的变化。变化后的引力模型主要有：双对数引力模型、包含吸引力变量的产出约束引力模型等。一般认为"推拉理论"能够较好地解释人员的流动，其核心观点认为，人口迁移发生的原因在于，流入地的那些使得人员效用提高的拉力因素，以及流出地的那些对人员造成不利影响的推力因素作用的结果（Lee，1966），并且区域 i 流动到区域 j 的人员数量与 j 地区的吸引力成正比。基于此，本章在度量 R&D 人员的流动量时，选用包含吸引力变量的产出约束引力模型，其中用各省区就业人员的平均工资水平来表征本省对其他省份 R&D 人员的吸引力，相应的引力模型如式（2.2）所示：

$$FP_{ij} = \ln pe_i \cdot \ln wage_j \cdot R_{ij}^{-2} \tag{2.2}$$

上式中，FP_{ij} 为从 i 省流动到 j 省的 R&D 人员流动量，pe_i 为 i 省的 R&D 人员全时当量，$wage_j$ 是 j 省的平均工资，表征 j 省对 i 省 R&D 人员的吸引力，R_{ij} 是两地区省会城市之间的距离，该距离根据国家地理信息系统网站上 1∶400 万的电子地图用 Geoda095i 软件测量得到。

i 省的 R&D 人员流入到其他所有省份的总流动量 FP_i，可以由式（2.3）求得：

$$FP_i = \sum_{j=1}^{n} FP_{ij} \tag{2.3}$$

式（2.3）中 FP_i 为 i 省流动到其他省份的 R&D 人员总量，n 为区域的个数，本章中 $n=30$。

事实上，能够使流入人口效用水平提高的拉力因素，除了较高的工资水平外，较高的人均 GDP（pgdp）也是吸引人口流入的拉力因素，一方面，人均 GDP 水平高的地区表明经济发展得较好，交通便利，基础设施完善，能够使 R&D 人员的生活水平提升；另一方面，人均 GDP 水平较高的地区能够提供优良的教育服务，从而使 R&D 人员的子女能够获得更好的教育。基于此，本章在稳健性检验中，也选用了各省的人均 GDP 值作为吸引力变量，对 R&D 人员的区际流动进行度量。

（二）度量 R&D 资本流动量（FC）的引力模型

R&D 资本的流动很少受到其他区域的"吸引力"影响，其在很大程度上受金融支付条件及融资制度的影响。因此，本章借鉴刘继生和陈彦光（2000）、蒋天颖等（2014）等的研究，选用双对数引力模型对 R&D 资本的流动量进行核算：

$$FC_{ij} = \ln cp_i \cdot \ln cp_j \cdot R_{ij}^{-2} \tag{2.4}$$

式（2.4）中，FC_{ij} 为 i 省流动到 j 省的 R&D 资本量，cp_i 和 cp_j 分别为 i 省和 j 省的 R&D 资本量，其余变量的解释与式（2.2）相同。同样，从 i 省份流出的 R&D 资本总量可以用下式求得：

$$FC_i = \sum_{j=1}^{n} FC_{ij} \tag{2.5}$$

关于 R&D 资本流动量的度量，本章选用的是《中国科技统计年鉴》中各省份的 R&D 经费内部支出数据。由于 R&D 经费支出反应的是本年度内创新活动的投入量，是一项流量指标，但是其对 R&D 过程本身或者是 R&D 活动成果的影响均不仅局限于当期。一方面，R&D 经费投入不仅会对当年的研发创新活动产生影响，其会形成一定的资本积累，在很长一段时间内发生作用，同时 R&D 资本不仅包括资金部分，也暗含着知识积累部分，而 R&D 活动本身就是一个知识积累的过程，其资本积累越大说明形成的知识积累也越多，越有利于技术的进步；另一方面，从 R&D 经费投入到取得经济成果的过程需要大量的研究与试验工作，从而使得 R&D 经费效用的完全发挥存在时滞。基于 R&D 经费投入与经济活动的时间分布关系，国内外学者对 R&D 经费投入量的数据处理主要分为以下两种：

第一，使用永续盘存法测算 R&D 资本存量，用 R&D 资本存量来反映当年研发活动的开展情况和知识的积累（Goto and Suzuki，1989；吴延兵，2006；白俊红，2011）。具体的测算方法如式（2.6）所示：

$$K_{it} = (1 - \sigma) \times K_{i(t-1)} + \sum_{m=1}^{n} \kappa_m E_{i(t-m)} \qquad (2.6)$$

式（2.6）中 K_{it} 和 $K_{i(t-1)}$ 分别表示区域 i 在 t 时期和 $t-1$ 时期的 R&D 资本存量；m 滞后期数，κ_m 为滞后系数，即 R&D 经费支出在滞后 m 期时的贴现系数。假设 R&D 影响的平均滞后期为 λ，且 $t-\lambda$ 期的 R&D 经费支出为 t 期 R&D 资本存量的增加量，当 $m = \lambda$ 时，$\kappa_m = 1$，否则，$\kappa_m = 0$。σ 为折旧率，本章采用国际上通用的做法取 $\sigma = 15\%$；$E_{i(t-m)}$ 表示地区在 $t-m$ 时期的 R&D 经费实际支出，其值应该按照 R&D 支出价格指数进行平减。假定 R&D 活动的平均滞后期 $\lambda = 1$ 年，则当 $m = \lambda = 1$ 时，式（2.6）变为式（2.7）：

$$K_{it} = (1 - \sigma) \times K_{i(t-1)} + E_{i(t-1)} \qquad (2.7)$$

为排除物价的影响，我们需要对 R&D 经费投入额进行平减。关于 R&D 支出价格指数的构造，本章参照了 Loeb 和 Lin（1977）、岳书敬（2008）等的研究，从 R&D 经费支出的明细构成来对 R&D 支出价格指数进行构造。根据《中国科技统计年鉴》中对 R&D 经费支出的用途划分，将 R&D 经费分为用于日常性支出和资产性支出两类，计算出 2000~2013 年这两类支出分别占 R&D 支出的比例。经计算最终得出 R&D 支出价格指数 = 0.6 × 消费价格指数 + 0.4 × 固定资产投资价格指数。

关于基期资本存量（K_0）的核算，本章参照 Hu 等（2005）的研究，用式（2.8）求得：

$$K_0 = E_0 / (\eta + \sigma) \qquad (2.8)$$

式（2.8）中，E_0 为经过平减后的基期 R&D 经费投入实际值，η 为考察期内 R&D 经费支出的增长率，经计算 η 的值为 26%，σ 为折旧率，与式（2.6）相同取 15%。

第二，使用滞后期的 R&D 经费流量数据来反映 R&D 经费投入与经济成果间的关系，但是关于滞后期的选取，目前学界还没有达成统一的共识。Bode（2004）、苏方林（2006）等学者认为 R&D 经费投入对创新生产的影响在滞后 1 期时达到最大；朱平芳和徐伟民（2005）以上海市大中型工业企业的专利产出量为研究对象，实证结果表明，当滞后 4 期时，R&D 经费内部支出对专利产出的贡献最大；邓明和钱争鸣（2009）、项歌德等（2011）等以全国各区域的专利产出为研究对象，发现这一滞后期数最优为 2。

本章选用 R&D 资本存量来度量 R&D 资本在区际间的流动量。同时，出于稳健性的考虑，本章还采用滞后期的 R&D 经费数据进行测度，并借鉴 Bode（2004）等的研究，将滞后期数设置为 1 年。

二、生产率的测算

目前计算全要素生产率的方法主要有索洛余值法、数据包络分析法（DEA）、随机前沿法（SFA）等。其中 DEA 方法是一种基于数学归纳的测算方法，其不需要预先设定函数的具体形式，不受投入、产出指标量纲的影响，能够客观地对全要素生产率进行测算。因此，本章选用 DEA – Malmquist 生产率指数法测算各个省份的全要素生产率。

定义 x 和 y 分别为决策单元（DMU_0）的投入和产出，则产出导向下，以 t 期生产水平为基准的 Malmquist 指数为 m_0^t 可以表示为：

$$m_0^t(x^t, y^t, x^{t+1}, y^{t+1}) = d_0^t(x^{t+1}, y^{t+1})/d_0^t(x^t, y^t) \qquad (2.9)$$

其中 (x^t, y^t) 和 (x^{t+1}, y^{t+1}) 分别为第 t 期和 $t+1$ 期的投入产出向量组，d_0^t 为以 t 时期生产水平为参照的距离函数。

同理，以 $t+1$ 期为基准的 Malmquist 生产率指数 m_0^{t+1} 如式（2.10）所示：

$$m_0^{t+1}(x^t, y^t, x^{t+1}, y^{t+1}) = d_0^{t+1}(x^{t+1}, y^{t+1})/d_0^{t+1}(x^t, y^t) \qquad (2.10)$$

由于不同生产水平基期存在不同的数值，Fare 等（1994）为了避免数值的差异，将上述两个数值的几何平均值作为从 t 时期到 $t+1$ 时期的 Malmquist 指数的真实近似，可得式（2.11）：

$$m_0(x^t, y^t, x^{t+1}, y^{t+1}) = \left[\frac{d_0^t(x^{t+1}, y^{t+1})}{d_0^t(x^t, y^t)} \cdot \frac{d_0^{t+1}(x^{t+1}, y^{t+1})}{d_0^{t+1}(x^t, y^t)} \right]^{1/2}$$

$$(2.11)$$

可以发现，DEA – Malmquist 生产率指数的求解需要测算相关的距离函数。

下面以距离函数 $d_0^t(x_i^t, y_i^t)$ 为例，给出其线性规划求解模型式（2.12）：

$$[d_0^t(x_i^t, y_i^t)^{-1}] = \max\theta_i \quad s.t. \quad \sum \delta_i^t x_{ij}^t \leqslant x_{ij}^t, \quad \sum \delta_i^t y_{ir}^t \geqslant \theta y_{ir}^t, \quad \sum \delta_i^t \delta_i^t \leqslant 1$$

$$(2.12)$$

在具体实践中，本章选取中国 30 个省级行政区为决策单元（西藏由于数据不全除外），将各省的实际 GDP 作为产出变量，将各省的年平均就业人数以及固定资产投资作为投入变量。其中，实际 GDP 是以 2000 年为基期，使用 GDP 平减指数进行平减后得到的；固定资产投资采用永续盘存法核算成资本存量，具体的核算方法与 R&D 资本存量的核算类似，即 $K_{it} = (1-\delta)K_{i(t-1)} + I_{it}$，其中，$K_{it}$ 和 $K_{i(t-1)}$ 分别表示区域 i 在 t 时期和 $t-1$ 时期的资本存量数量，I_{it} 为区域 i 在第 t 年的固定资产投资，采用固定资产价格指数平减成实际值。对于此处固定资产的折旧率，借鉴张军等（2004）的研究，取 9.6%。

第四节　模型构建与数据说明

根据空间计量经济学理论（Anselin，1988），区域生产率可能具有空间相关性的特征。例如，如果某个地区具有较高的生产率，那么与之相邻或者相近的地区可能会受到"知识溢出"效应的影响，从而也会有比较高的生产率；在相邻或者相近区域的生产能力和生产效率得到提高的情况下，创新要素将在市场趋优机制的作用下，从本地区流动到生产效率更高的地区，这不仅不利于本地区经济的增长，而且会影响到本地区政府的政绩考核。在此情形下，本地政府在晋升压力的驱动下，亦会制定相应的政策措施来提高本地区的生产率水平。

上面所述的空间相关性是否在中国的区域生产中显著存在，将关系到本章计量模型的正确选择与建立。因为如果经济主体间存在空间相关性，经典经济计量分析中的假定条件将不再满足，其估计结果也会出现偏误，而空间计量分析方法则能够将这种空间相关性考虑在内，以计量方法识别和度量空间变动规律，真实客观地描述经济活动的规律。基于此，本章首先选用空间统计学中常用的空间 *Moran* 指数对各省的全要素生产率的空间相关性进行检验。如果检验结果表明我国各省的生产率之间存在着显著的空间相关性，就需要采用空间计量经济学方法，将经济活动的地理位置以及空间联结作用考虑在内，建立加入空间权重的空间计量模型。如果检验结果表明我国各省的生产率之间没有显著的空间相关性，则可建立经典计量模型进行分析。

一、检验生产率空间相关性的 *Moran I* 指数

Moran I 指数的计算方法如式（2.13）所示：

$$Moran\ I = \frac{\sum_{i=1}^{n}\sum_{j=1}^{n}\omega_{ij}(Z_i - \overline{Z})(Z_j - \overline{Z})}{S^2\sum_{i=1}^{n}\sum_{j=1}^{n}W_{ij}} \qquad (2.13)$$

式（2.13）中，n 为样本个数，本章中 $n=30$；Z_i 和 Z_j 分别表示第 i 空间单元和第 j 空间单元的全要素生产率值，S^2 表示 30 个省份全要素生产率的方差，$\overline{Z}$ 为 30 个省份要素生产率值的均值；W_{ij} 为空间权重矩阵，本章用简单的地理邻接标准对 W_{ij} 赋值，即：

$$W_{ij} = \begin{cases} 1, & i\ 和\ j\ 空间邻接 \\ 0, & i\ 和\ j\ 空间不邻接 \end{cases}, 以此来定义空间单元的邻接关系。$$

Moran I 指数揭示了经济行为的全局空间相关性，取值范围为 $[-1, 1]$。该指数大于 0 表示经济行为空间正自相关，且指数越接近 1 表示正相关性越强；小于 0 则表示经济行为空间负相关，且指数越接近 -1，表示负的自相关性越强。*Moran I* 的值近似服从均值为 $E(I)$，标准差为 $SD(I)$ 的正态分布。可以利用 $E(I)$ 和 $SD(I)$ 的值计算出近似服从标准正态分布的 *Moran I* 的表达式：

$$z = \frac{I - E(I)}{SD(I)} \sim N(0,\ 1) \qquad (2.14)$$

实践中，可利用式（2.14）的 z 值判断判断空间相关性的显著性。

表 2-1 报告了 2000~2012 年我国全要素生产率的 *Moran I* 指数。

表 2 - 1　　　　　2000 ~ 2012 年我国全要素生产率的全局 *Moran I* 指数

	2000 年	2001 年	2002 年	2003 年	2004 年	2005 年	2006 年
Z 值	1.949 **	- 0.421	1.717 **	1.548 *	3.061 ***	0.851	2.391 ***
P 值	0.026	0.337	0.043	0.061	0.001	0.197	0.008
	2007 年	2008 年	2009 年	2010 年	2011 年	2012 年	总样本期
Z 值	2.707 ***	- 1.903 **	1.561 *	1.059	1.888 **	0.141	0.277 **
P 值	0.003	0.027	0.059	0.145	0.030	0.444	0.011

注：括号内数字为显著性概率，*** 、** 、* 分别代表显著性水平小于 0.01、0.05 和 0.1。
资料来源：作者根据 GEODA 软件分析结果整理。

从表 2 - 1 可以看出，在考察期内，我国区域全要素生产率的总 *Moran I* 指数在 5% 的水平下显著为正，并且大部分年份的 *Moran I* 指数也均通过了显著性检验。这表明我国区域全要素生产率的分布并不是处于随机的状态，而是受到与之相邻省份的影响，在空间分布上具有明显的正向相关性。这为本章使用空间计量模型进行分析奠定了基础。

二、空间面板计量模型的建立与数据说明

空间计量模型主要分为两种基本模型，即在经典回归模型中引入加入空间权重的内生变量的空间滞后模型（Spatial Autoregressive Model，SAR）以及引入剩余项，假定空间相互作用是由外生冲击产生的空间误差模型（Spatial Error Model，SEM）。

本章用 SAR 模型包含相邻省份的全要素生产率对本省份全要素生产率的空间影响因素。相应的模型表达式为式（2.15）：

$$Y_{it} = \alpha_{it} + \rho W Y_{it} + \beta_1 \ln FP_{it} + \beta_2 \ln FC_{it} + \beta_3 \ln X_{control} + \mu_{it} \qquad (2.15)$$

在式（2.15）中，Y_{it} 表示区域 i 在 t 时期的全要素生产率观测值（$i = 1, 2, \cdots, 30$；$t = 1, 2, \cdots, 13$），α_{it} 为截距项，ρ 为空间自回归系数，W 为空间邻接权重矩阵，μ 为随机扰动项，标量 β 为响应参数，其中 $X_{control}$ 为本章选取的一系列控制变量，在数据说明部分阐述。

用 SEM 模型来研究随机冲击所带来的空间相关作用对各省全要素生产

率的影响。这种空间关联性主要体现在误差中，具体模型的表达式为式（2.16）：

$$Y_{it} = \alpha_{it} + \beta_1 \ln FP_{it} + \beta_2 \ln FC_{it} + \beta_3 \ln X_{control} + \mu_{it}$$
$$\mu_{it} = \lambda W \mu_{it} + \varepsilon_{it} \tag{2.16}$$

式（2.16）中，λ 为空间误差系数，ε 为随机扰动项，并服从独立同分布。其余变量的定义与式（2.15）相同。

三、数据说明

为了更准确地描述创新要素流动对生产率的影响，本章对一些相关变量进行了控制。主要包括：反映政府行为的各级政府财政支出（*Gov*）、反映劳动力素质的人力资本水平（*HR*）、反映基础设施建设的铁路运营公里数（*rail*）及反映中国市场化水平（*MRK*）的国有企业总产值占工业企业总产值的比重等。

财政支出（*Gov*）：宏观公共财政理论认为，一国生产率的增长与公共财政支出间呈正向相关性。原因是，财政支出规模越大，劳动力和资本的边际回报率越高，从而家庭储蓄和劳动者的积极性得到提升，新的发明创造不断涌现，生产率得到提升；然而，大量学者的实证研究却发现公共财政支出并不总能促进生产率的提升（Devarajan，1996；曾淑婉，2013），受财政支出规模和结构的影响，财政支出对经济活动的影响可能并不显著或呈现倒"U"形关系。鉴于此，本章选用各省的财政支出数据，以控制国政府的财政支出对全要素生产率的影响。

人力资本水平（*HR*）：人力资本质量的提升，一方面，可以促进区域的技术创新水平得到提升，进而带动生产率的增长（Lucas，1988）；另一方面，还可以提升对新知识的效仿、学习能力，从而能够高效率的从创新要素流动所伴随的知识溢出中获取收益，使这些新知识快速转化为自身的创新生产能力，从而促进本区域生产率水平的提升。本章用劳动力平均受教育年限来衡量各省的人力资本水平，具体计算方法由各学历层次所需年限数乘以各学历人才占总人口的比重加总得到。

基础设施建设（*rail*）：交通基础设施的完善一方面可以为创新活动的

开展提供便利的条件支撑，助推创新活动产业链的形成；另一方面可以缩减R&D人员区际流动以及研发设备区际运输的时间成本和物质成本，从而可以有效地促进创新要素的跨区域迁移以及创新技术的区域扩散，促使研发资源得到有效的配置。本章选取公路里程数来表征各省的交通基础设施建设情况。

市场化水平（*MRK*）：市场化水平是影响转型期中国市场配置资源的程度，反映知识溢出水平的一项重要指标（孙早等，2014）。一方面市场化水平较高的区域具有知识分散速度快、知识员工流动性较强、风险投资规模较大等特点，这些因素均有利于高水平生产活动的开展以及生产率的提升；但是另一方面，市场化程度高的区域可能会面临着资源配置扭曲以及过度依赖外部知识技术的风险。本章选取我国国有企业总产值占工业企业总产值比重来衡量我国的市场化程度。

本章的原始数据来源于历年的《中国统计年鉴》和《中国科技统计年鉴》。考察样本为中国大陆 30 个省级行政区域（西藏由于数据不全除外），研究时间段为 2000～2013 年，并且所有的数据均以 2000 年为基期。其中，测算全要素生产率的所使用的投入产出数据的时间跨度为 14 年（2000～2013 年），所测算出来的各项指数的变动情况有 13 年的数据，因此在空间面板计量模型中各变量的时间跨度为 2000～2012 年。除投入产出变量有420 个观测值外，其余变量均有 390 个观测值。表 2－2 给出了本章选用变量数据的描述性统计结果。为了消除异方差的影响，除全要素生产率和比例值市场化程度取原值外，其余变量在模型的估计中均取对数。

表 2－2　　　　　　　　　　变量的描述性统计

变量名	符号	单位	样本数	均值	标准差	最小值	最大值
全要素生产率	*Y*	/	390	0.833	0.143	0.328	1.684
R&D 人员数量	*pe*	百人/年	390	580.967	666.440	813.000	4 923.269
R&D 经费支出	*mo*	亿元/年	390	110.877	160.450	0.831	963.123
R&D 资本存量	*cp*	亿元/年	390	313.858	468.797	2.026	2 970.000
R&D 人员流动量	*FP*	千人/年	390	665.037	876.649	21.777	4 245.256

变量名	符号	单位	样本数	均值	标准差	最小值	最大值
R&D 资本流动量	*FC*	亿元/年	390	136.359	184.701	4.294	908.012
平均工资	*wage*	百元/年	390	163.452	99.784	41.930	527.860
人均 GDP	*pgdp*	元/年	390	9 648.196	5 912.544	2 657.310	35 146.330
平均就业人数	*L*	万人/年	420	589.965	385.189	60.591	2 351.650
物质资本存量	*K*	亿元/年	420	15 120.550	17 471.840	148.760	105 048.000
实际 GDP	*GDP*	亿元/年	420	9 944.871	10 503.210	263.590	62 374.950
财政支出	*Gov*	亿元/年	390	1 410.000	1 300.000	60.838	7 390.000
人力资本	*HR*	年/人	390	8.456	1.027	6.040	11.836
基础设施	*rail*	公里/年	390	9 096.560	9 535.364	263.590	58 460.180
市场化程度	*MRK*	/	390	0.411	0.232	0.053	1.766

资料来源：作者根据 Stata12.0 分析结果整理。

第五节　实证检验及分析

本节主要使用空间计量分析技术对研发要素流动影响全要素生产率的效应进行估计，并对计量模型进行了稳健性检验，回归结果显示，研究结果是稳健的。

一、实证结果

经 Hausman 检验，我们选用固定效应模型。利用 Matlab R2014b 软件计算得出的上述模型的具体估计结果如表 2-3 所示。其中，根据固定效应模型对地区和时间两类非观测效应的不同控制，我们分别对无固定效应（*nonF*）、地区固定时间不固定（*sF*）、时间固定地区不固定（*tF*）以及时间地区均固定（*stF*）四种效应进行了估计。

表 2 - 3 空间面板计量回归结果

变量	SAR 模型				SEM 模型			
	nonF	sF	tF	stF	nonF	sF	tF	stF
α	0. 273 ** (0. 011)	/	/	/	0. 548 *** (0. 000)	/	/	/
ρ/λ	0. 716 *** (0. 000)	0. 744 *** (0. 000)	- 0. 167 * (0. 087)	0. 069 (0. 469)	0. 784 *** (0. 000)	0. 824 *** (0. 000)	- 0. 134 (0. 192)	0. 069 (0. 468)
FP	0. 088 (0. 406)	- 0. 227 (0. 133)	- 0. 074 (0. 475)	- 0. 187 (0. 205)	- 0. 104 (0. 362)	- 0. 147 (0. 319)	- 0. 044 (0. 667)	- 0. 190 (0. 199)
FC	- 0. 078 (0. 458)	0. 401 *** (0. 007)	0. 080 (0. 433)	0. 337 (0. 345)	0. 113 (0. 320)	0. 390 * (0. 081)	0. 050 (0. 620)	0. 347 (0. 328)
Gov	0. 030 *** (0. 000)	0. 037 *** (0. 005)	0. 038 *** (0. 000)	- 0. 008 (0. 612)	0. 038 *** (0. 000)	- 0. 032 * (0. 065)	0. 037 *** (0. 000)	- 0. 007 (0. 650)
HR	- 0. 032 *** (0. 000)	0. 052 ** (0. 014)	- 0. 027 *** (0. 000)	0. 010 (0. 324)	- 0. 023 *** (0. 001)	0. 006 (0. 614)	- 0. 027 *** (0. 000)	0. 010 (0. 331)
rail	- 0. 002 (0. 776)	- 0. 009 (0. 778)	- 0. 007 (0. 278)	- 0. 006 (0. 851)	0. 003 (0. 627)	0. 016 (0. 612)	- 0. 006 (0. 310)	- 0. 007 (0. 818)
MRK	0. 027 (0. 266)	0. 134 *** (0. 000)	0. 043 (0. 218)	0. 099 (0. 023)	0. 064 * (0. 065)	0. 113 ** (0. 010)	0. 039 (0. 264)	0. 098 ** (0. 023)
调整后 R^2	0. 373	0. 554	0. 270	0. 025	0. 268	0. 215	0. 269	0. 026
$Log - L$	367. 842	429. 234	430. 715	484. 859	369. 039	421. 413	430. 259	484. 833

注：括号内数字为显著性概率；*** 、** 、* 分别代表显著性水平小于 0. 01、0. 05 和 0. 1；
"/" 表示此项为空。

资料来源：作者根据 Matlab R2014b 分析结果整理。

根据表 2 - 3 的估计结果，在 8 个空间面板数据模型中，地区固定时间不固定（sF）的空间滞后（SAR）模型的估计系数显著的个数最多，同时拟合得到的 $Adjust - R^2$ 和对数似然值也较高，因此我们选取该模型对影响全要素生产率的因素进行分析。

从 sF 效应的 SAR 模型的估计结果来看，R&D 资本流动的回归系数显著为正，表明 R&D 资本的跨区域自由流动对我国全要素生产率的提升有显著的促进作用。R&D 人员的流动对全要素生产率的影响并不显著，这与我们的预期不同。可能的原因是，目前我国市场化改革虽然已经取得了巨大的成就，但尚存在不完善的地方，例如，当前我国区域间就业信息的交换还比较滞后，使得 R&D 人员可能并不能及时掌握和自有技能相关的招聘信息，从而使其在区际间的流动在一定程度上具有盲目和滞后性；另外，地方政府官员在考核的压力下，可能会压低企业成本，给 R&D 人员提供特殊待遇，使本区域 R&D 人员的流动具有更高的隐性成本和心理成本；此外，基础条件优越的地区在吸引大量 R&D 人员流入的同时也会面临研发配套设施使用拥挤的困境。上述因素的存在，在一定程度上使得我国 R&D 人员区际流动的生产率提升效应并没有充分地发挥出来。

二、稳健性检验

创新要素的流动是本章的关键解释变量。为了保证回归结果的稳定性，本章将衡量地区吸引力的平均工资替换为人均 GDP 对 R&D 人员的区际流动量进行度量，将 R&D 资本存量替换为滞后 1 期的 R&D 经费流量对 R&D 经费的区际流动量进行度量，重复上述步骤对计量模型重新进行回归分析。结果见表 2 - 4。

表 2 - 4 稳健性检验结果

变量	SAR 模型				SEM 模型			
	$nonF$	sF	tF	stF	$nonF$	sF	tF	stF
α	-0.794 *** (0.001)	/	/	/	0.887 *** (0.000)	/	/	/
ρ/λ	0.041 ** (0.020)	0.389 *** (0.000)	0.025 (0.181)	0.086 (0.142)	0.742 *** (0.000)	0.731 *** (0.000)	0.099 (0.141)	0.144 ** (0.029)
FP	0.111 *** (0.000)	0.014 (0.667)	0.174 *** (0.000)	0.049 *** (0.000)	-0.137 (0.172)	-0.555 *** (0.000)	-0.051 (0.608)	-0.564 *** (0.000)
FC	-0.111 *** (0.000)	0.037 *** (0.000)	-0.126 (0.181)	0.014 (0.662)	0.135 (0.177)	0.434 ** (0.021)	0.048 (0.624)	0.294 (0.299)

变量	SAR 模型				SEM 模型			
	nonF	*sF*	*tF*	*stF*	*nonF*	*sF*	*tF*	*stF*
Gov	0.015 (0.950)	0.354** (0.026)	−0.032 (0.885)	0.033 (0.826)	0.018*** (0.000)	0.021 (0.197)	0.012*** (0.001)	0.025 (0.109)
HR	−0.031 (0.894)	1.656*** (0.000)	0.004 (0.986)	1.042*** (0.003)	−0.015** (0.028)	−0.042*** (0.000)	−0.009* (0.076)	−0.025 (0.012)
rail	0.354 (0.000)	0.094** (0.019)	0.437*** (0.000)	0.474*** (0.000)	−0.024*** (0.002)	0.004 (0.892)	−0.026*** (0.000)	0.020 (0.498)
MRK	0.810 (0.000)	0.208*** (0.000)	0.743*** (0.000)	0.286*** (0.000)	0.093*** (0.002)	0.157*** (0.000)	0.052* (0.090)	0.119*** (0.003)
调整后 R^2	0.972	0.984	0.979	0.996	0.167	0.301	0.753	0.788
$Log - L$	120.413	444.734	177.405	505.552	405.967	430.523	478.283	507.400

注：括号内数字为显著性概率；***、**、*分别代表显著性水平小于0.01、0.05和0.1；"/"表示此项为空。

资料来源：作者根据 Matlab R2014b 分析结果整理。

从表2－4可以看出，*sF* 效应的 SAR 模型仍具有最优的拟合效果。回归系数显示 R&D 资本在区际间的流动与全要素生产率之间仍然具有显著的正相关关系，R&D 人员流动对全要素生产率的影响并不显著。这与表2－3中的估计结果相类似，表明前文中的研究结果并没有因为引力模型中不同指标的选取而出现较大的差异，且不论使用 R&D 资本存量还是滞后期的 R&D 经费流量对 R&D 资本区际流动量进行测度，对本章的实证研究结果并没有较大的影响。综上所述，本章实证研究的结果具有良好的稳健性。

第六节　本章小结

本章在充分考虑全要素生产率空间相关性的基础上，运用空间面板计量分析技术，实证考察了创新要素流动对全要素生产率的影响。研究发现，我国各省份间的全要素生产率存在着显著的空间相关性，区域间的生产活动是一个相互联系的整体；R&D 资本的流动显著地促进了全要素生产率的提升，而 R&D 人员的流动对全要素生产率的影响并不显著。

上述结论对于科学合理的引导创新要素的流动，实现研发资源的合理配置，推动中国创新型国家建设和全要素生产率的持续提升具有重要的启示作用。

第一，进一步完善我国资本市场的建设，充分发挥市场机制在资本配置中的作用，实现 R&D 资本在区际间的自由流动，从而促进我国区域生产率的提升。此外，由于 R&D 资本具有高度的风险性和资产专用性等特征，金融机构应当为 R&D 资本的跨区域流动提供相应的风险预测平台指导，创新金融与科技的合作模式，为 R&D 专项资金的流动提供多种渠道和相应的金融支持。

第二，鉴于区域生产活动的空间相关性特征，R&D 人员的流动不仅对流入地有利，其还可以通过知识溢出等途径，带动整个区域经济的发展。因此进一步消除地方保护主义行为，减少限制 R&D 人员流动的行政壁垒，加快构建完善的跨区域研发岗位市场信息体系，对于促进我国 R&D 人员在区际间的合理流动具有重要意义；此外，R&D 人员流入量较大的地区要适当加大研发基础设施投入，避免由于研发设备使用"拥挤"而影响区域生产率的增长。

本章的研究也存在一些局限。由于数据方面的限制，本章只考察了创新要素在区际之间的流动，而实际上创新要素在各个区域内部的流动亦可能对区域生产率产生重要影响。我们也将在后续研究中对其给予持续关注。

第三章

研发要素流动对区域
创新效率的影响

本章采用空间计量分析方法，实证考察了研发要素区际流动对创新效率的影响。研究发现，R&D 资本的区际流动能够显著促进创新效率的提升，而 R&D 人员的区际流动对创新效率的影响并不明显；金融环境的改善有利于发挥 R&D 资本区际流动的效率提升效应，而随着中国交通基础设施建设的不断完善，交通基础设施已经不再是影响 R&D 人员区际流动的重要因素。

第一节　研发要素流动对创新
效率的双重影响

近年来，伴随着我国创新驱动战略的逐步推进，各地区纷纷加大对创新生产的投入，并创造各种有利条件吸引研发资源要素（如 R&D 人员、R&D 资本）向本地区流动。一方面，研发要素在区际间的流动不仅有利于其在区域空间上的优化配置，提高研发资源的使用效率，而且可以通过"知识溢出"等途径加速创新技术与经验在区际间的传播，进而也有利于区域创新生产绩效的提升。但是，另一方面，研发要素的区际流动也可能存在不利的影响，比如研发要素的流动会造成流入地研发基础设施使用拥挤以及流出地研发要素的短缺等。那么，一个值得关注的现实问题就是，目前我国研发要素的区际流动是否会对创新效率产生影响呢？如果产生影响，是促进还是抑制呢？如果是促进，应该如何加强？如果是抑制，又应该如何改善呢？无疑，科学引导研发要素的合理流动，最大限度地发挥研发要素流动的积极影响，降低其消极影响，对我国实现创新资源的优化配置，建设创新型国家具有非常重要的意义。

从目前的研究进展来看，学界关于要素流动的相关文献，大多聚焦于劳动力、资本等传统生产要素，重点考察影响生产要素流动的因素（Todaro，1969；Martin and Rogers，1995；何一峰和付海京，2007；任晓红等，2011）以及生产要素的流动对经济发展的影响等（董栓成，2004；马金龙和李莉，2006；陈冬和樊杰，2011），缺乏对研发要素流动的专门研究。与传统生产要素相比，研发要素携带了更多的知识和技术，具有较高的创新潜能，因而其在区际间的合理流动，将更有利于知识的传播与应用，进而促进经济的健康快速发展。本章聚焦于研发要素的区际流动这一新的问题，主要考察其是否促进了区域创新生产效率的提升。以期通过本研究，为研发要素的合理流动，从而促进创新资源的优化配置提供理论依据和政策参考。

目前关于研发要素和创新效率关系的研究，大多从静态的角度考察本地区研发要素的投入产出情况，进而对其效率进行测评（Liu and Steven，2001；官建成和刘顺忠，2003；官建成和何颖，2005；孙凯和李煜华，2007；Guan and Chen，2010；白俊红等，2009；Chen and Guan，2012；陈凯华等，2013），忽视了研发要素在区际之间流动所引发的资源配置效应的变化。然而，正如前文所指出的，研发要素的区际流动对区域创新生产可能产生一些有利和不利影响。在此情形下，科学分析研发要素流动影响区域创新生产效率的机理，评估其影响效应，就成为研究中一项非常重要的课题。

与以往研究相比，本章的贡献主要体现在：第一，将携带更多知识和技术的研发要素在区际间的动态流动纳入区域创新效率的分析框架中，考察其对区域创新效率的影响机理，从而在理论上进行积极的探讨；第二，考虑研发要素在区际间流动所可能产生的空间相关效应，应用空间计量经济学的理论与方法，实证考察研发要素流动对区域创新效率的影响。

本章后续的安排为：第二部分从理论上阐释研发要素区际流动对区域创新效率的影响机理；第三部分阐述本章的研究方法，并构建空间面板计量模型；第四部分对所采用的数据和变量做简要介绍；第五部分对实证结果进行分析和讨论；最后给出结论及相应的政策建议。

第二节 理论机理分析

作为创新生产重要投入的研发要素具有"知识性""技术性"和"趋利性"等特征。这些特征的存在使得其在区际间的流动会通过资源优化配置效应、知识外溢效应、边际生产率提升效应以及分工效应等途径影响到创新生产的效率水平。下面就四种效应具体分析：

研发要素流动的资源优化配置效应。要素在区域间的流动可以把在空间上相互分散的经济活动组合成一个整体，使某些被低效率使用的要素进入高效率的经济活动过程（义旭东，2011；马飒，2014）。实际上，首先创新生产是各种研发要素相互组合的过程，研发要素的流入可以与流入地某些闲置的研发要素组合起来，使闲置的资源也投入创新活动的生产中，从而提高研发要素的使用效率，实现资源的优化配置。其次，研发要素在区际间流动意味着竞争机制在各个区域的创新生产活动中的引进（义旭东，2011）。竞争是进步的动力，竞争的存在将使各个省份不断改进创新环境，提高创新能力，完善政策环境，进一步使研发资源能够最大程度地发挥作用，获得最有效的配置，从而提高各区域创新的效率水平。除此之外，要素的流动通常会伴随着产业转移的发生（刘霆和谭晓萍，2009）。因此，某个区域研发要素的流出也可能会加速该区域的创新资源向更具活力的研发活动集中，加速研发要素从已经丧失比较优势的创新活动转向具有更大研发价值的创新活动中去，实现研发资源的有效配置，从而提高本区域的竞争力和创新效率。

研发要素流动的知识外溢效应。自 Marshall（1920）以后，经济学家开始注意到知识的溢出效应，并且伴随着新经济理论和新经济地理学的发展，知识要素在空间上的自由流动所产生的空间外溢性受到越来越广泛的关注。知识作为一种公共物品，具有非竞争性和不完全排他性特征，可以被共享使用，因此作为知识载体的研发要素在区际间的流动不仅加速了新知识的创造，还能够促进知识在各个区域之间的传播，加快技术进步的步伐（Almeida and Kogut，1999）。综上所述，研发要素在区际间的流动，必然能够加速创新知识和创新技术在空间上的扩散，并且可以对研发要素流动过程中所经过的区域形成一定程度的辐射作用，而这种扩散和辐射效应的存在不仅能够使研发要素的流入地获益，同时也会使所经区域获益，从而提高这些区域的创新水平和创新绩效。

研发要素流动的边际生产率提升效应。对于研发要素的流入地区，由于新流入的研发要素往往包含有较高的创新水平和管理技术，能够助推原有 R&D 资本形成新的、效率更高的资本，从而有利于提高研发要素的边际生产率，同时新流入的 R&D 资本与 R&D 人员相结合，可以通过学习效应提升 R&D 人员的边际生产率。对于研发要素的流出地区，研发要素流出后，剩余研发要素的边际生产率得到提高，同时其他要素会向边际生产率提高的部门转移，进而有利于新 R&D 资本的创造和 R&D 人员潜力的发挥。综上所述，研发要素的区际流动有利于提高研发要素的边际生产率，从而也使得流入地和流出地研发部门单位研发投入的产出效率得到提升。

研发要素流动的分工效应。研发要素在区际间的流动，在一定程度上可以促使具有比较优势的研发要素超越本地市场，在更大范围的区际市场上从事研发创新活动，而市场的扩大可以进一步加速研发活动的地域分工。另外，如果一个区域在某个创新项目上具有绝对优势，那么符合此创新活动研发要求的 R&D 人员和 R&D 资本就会向该区域流动，促使此创新项目的专业化研发，从而加快研发活动的专项分工。正如亚当·斯密所说，分工的存在可以提高效率，研发要素流动所带来的分工效应亦可以促进我国创新效率的提升。事实上，创新活动分工的本质是知识的分工，创新分工伴随的知识的获取、利用、整合与扩散能够使创新知识在各种创新活动中实现创造性组合，构成创新过程中的战略性资源，从而能够提高我国的创新生产绩效（王朝云，2010）。因此，研发要素在区际间的流动将会促进创新活动的地域分工，加速研发活动的专项分工，从而有利于我国创新活动的开展和创新效率的提升。

第三节　研究方法与模型构建

本章首先运用数据包络分析（DEA）法测算出各个省份创新活动的创

新效率；其次，利用空间自相关指数（*Moran I* 指数）对区域创新效率的空间相关性进行检验；最后，构建空间计量模型分析研发要素流动对创新效率的影响。

一、创新效率的测算

几乎所有的经济行为都具有空间依赖性或空间自相关性的特征（Anselin，1988），区域创新生产活动也不例外。事实上，Keller（2002）、吴玉鸣（2006）、付森（2009）、李婧等（2010）等的相关研究已经注意到各个区域的创新生产活动并不是独立的，会受到地理上与之相邻或者相近区域的辐射与影响。因此，如果在研究中忽视了各个区域创新活动的空间相关性，所得到的结果可能并不能反映现实情况。基于此，本章将充分考虑区域创新活动的空间依赖效应，采用空间计量经济学方法，在模型中加入空间结构权重，使模型能够更加客观地描述经济现实。

本章用数据包络分析（DEA）法对创新效率进行测算。该方法基于数学规划方法对创新效率进行核算，不用预先设定函数的形式，可以避免主观因素带来的偏误。DEA 方法最早由 Chames（1978）等提出，旨在评价"多投入—多产出"模式下决策单元之间的相对有效性问题。本章采用"规模报酬不变"前提下的 CCR 模型对各省份的创新效率进行测算。

现假定有 n 个受评估的决策单元（Decision Making Unit，DMU），各使用 p 种投入要素 $x_{ij}(j=1,\cdots,p)$，生产 q 种产出 $y_{ir}(r=1,\cdots,q)$（且 $x_{ij}\geqslant 0$，$y_{ir}\geqslant 0$），则决策单元 o 的相对效率衡量指标 $h_o(u,v)$ 可表示为：

$$\max_{u,v} h_o(u,v) = \frac{\sum_{r=1}^{s} u_r y_{or}}{\sum_{j=1}^{m} v_j x_{oj}}, \text{ s.t. } \frac{\sum_{r=1}^{s} u_r y_{ir}}{\sum_{j=1}^{m} v_j x_{ij}} \leqslant 1 \qquad (3.1)$$

式（3.1）中，u_r、v_j 分别表示第 r 种产出和第 j 种投入的权重，且 u_r、$v_j \geqslant 0$，$i=1,\cdots,n$。现引入变量 $s^+ \geqslant 0$、$s^- \geqslant 0$ 及无穷小量 ε，将式（3.1）转换成对偶形式：

$$\min_{\eta,\lambda}\left[\theta - \varepsilon(e^t s^- + e^t s^+)\right], \text{ s. t. } \sum_{i=1}^{n} \lambda_i y_{ir} - s^+ = y_{or} \sum_{i=1}^{n} \lambda_i x_{ij} + s^- = \theta x_{oj}$$

$$(3.2)$$

在式（3.2）中，θ 表示 *DMU* 的效率值，如果 $\theta < 1$，则为 *DEA* 无效；如果 $\theta = 1$，且 $s^+ = s^- = 0$，则为 *DEA* 有效；若 $\theta = 1$，且 $s^+ \neq 0$ 或 $s^- \neq 0$，则为弱 *DEA* 有效。

二、检验创新效率空间自相关性的 *Moran I* 指数

区域创新效率可能具有空间相关性的特征。如果某个地区具有较高的创新效率，那么与之相邻或者相近的地区可能会受到"知识溢出"效应的影响，从而也会有比较高的创新效率；并且在相邻或者相近区域的创新能力和创新效率得到提高的情况下，研发要素将在市场趋优机制的作用下，从本地区流动到创新效率更高的地区，这不仅不利于本地区经济的增长，而且会影响到对本地区政府的政绩考核。在此情形下，本地政府在晋升压力的驱动下，亦会制定相应的政策措施来提高本地区的创新效率。

为了检验区域创新效率是否存在空间相关特征，目前研究中通常借助空间统计学中的空间 *Moran I* 指数来衡量（Anselin，1988），如式（3.3）所示。

$$Moran\ I = \frac{\sum_{i=1}^{n}\sum_{j=1}^{n}\omega_{ij}(Z_i - \overline{Z})(Z_j - \overline{Z})}{S^2 \sum_{i=1}^{n}\sum_{j=1}^{n}\omega_{ij}} \qquad (3.3)$$

式（3.3）中，n 为样本个数，本章中 $n = 30$；Z_i 和 Z_j 分别表示第 i 空间单元和第 j 空间单元的创新效率值，S^2 表示 30 个省份创新效率值的方差，$\overline{Z}$ 为 30 个省份创新效率值的均值；ω_{ij} 为空间权重矩阵，本章用简单的地理邻接标准对 ω_{ij} 赋值：$\omega_{ij} = \begin{cases} 1, & i\ \text{和}\ j\ \text{空间邻接} \\ 0, & i\ \text{和}\ j\ \text{空间不邻接} \end{cases}$，以此来定义空间单元的邻接关系。

Moran I 指数揭示了经济行为的全局空间相关性，取值范围为 $[-1, 1]$。该指数大于 0 表示经济行为空间正自相关，且指数越接近于 1 表示正相

关性越强；小于 0 则表示经济行为空间负相关，且指数越接近于 −1，表示负的自相关性越强。

三、模型的构建

创新生产活动的空间关联特征违背了经典计量分析中的基本假设，如果用传统的计量模型进行回归，实证结果的真实性就会受到质疑。与传统的计量模型不同，空间计量模型能够把经济活动中普遍存在的空间相关性考虑在内（Anselin，1988）。空间计量模型分为两种基本模型，即空间自回归模型（SAR）和空间误差模型（SEM）。

本章中 SAR 模型用来研究在溢出效应存在的情况下，相邻省份的创新生产效率对其他省份创新效率的影响。模型的表达式为：

$$Y_{it} = \alpha_{it} + \rho\omega Y_{it} + \beta_1 pfl_{it} + \beta_2 cfl_{it} + \beta_3 open_{it} + \beta_4 size_{it} + \beta_5 mile_{it} + \mu_{it} \quad (3.4)$$

式（3.4）中，Y_{it} 为地区 i 在 t 时期的创新效率观测值（$i = 1，2，\cdots，30；t = 1，2，\cdots，14$），$\alpha_i$ 为截距项，ρ 为空间自回归系数，ω 为空间权重矩阵，μ 为随机扰动项，标量 β 为响应参数，其中 pfl、cfl、$open$、$size$、$mile$ 分别表示 R&D 人员的区际流动量、R&D 资本的区际流动量，以及对外开放度、企业规模及交通基础设施等控制变量。

SEM 模型通过误差项的相互关联来研究地区间的空间依赖关系，模型的表达式为：

$$Y_{it} = \alpha_{it} + \beta_1 pfl_{it} + \beta_2 cfl_{it} + \beta_3 open_{it} + \beta_4 size_{it} + \beta_5 mile_{it} + \mu_{it}$$
$$\mu_{it} = \lambda\omega\mu_{it} + \upsilon_{it} \quad (3.5)$$

式（3.5）中，λ 为空间误差系数，υ 为随机扰动项，并服从独立同分布。其余变量的定义与式（3.4）相同。

第四节　变量和数据说明

本节内容主要介绍本章实证研究中所使用的数据以及变量的测算方法，并报告所用数据的来源。

一、被解释变量：创新效率的度量

关于创新效率测算中投入变量的选取，本章借鉴 Sharma 和 Thomas（2008）、刘顺忠和官建成（2002）、池仁勇和唐根年（2004）、虞晓芬和李正卫（2005）等学者的研究方法，选取各区域的 R&D 人员投入和 R&D 经费支出作为创新效率核算的投入变量。由于 R&D 经费支出反应的是本年度内创新活动的投入量，是一项流量指标，但是不管是 R&D 过程本身还是 R&D 活动的成果，其对经济社会的影响并不仅局限于当期。同时，当前年度内的 R&D 产出可能是以往 R&D 知识活动积累起来的成果。所以，直接使用各区域当期的 R&D 经费支出数据进行测算并不能准确反映创新活动的真实情况。本章参照 Goto 和 Suzuki（1989）、吴延兵（2006）以及白俊红（2011）的做法对 R&D 资本存量进行核算。核算公式为：

$$K_{it} = (1 - \sigma) \times K_{i(t-1)} + \sum_{m=1}^{n} \kappa_m E_{i(t-m)} \qquad (3.6)$$

式（3.6）中 K_{it} 和 $K_{i(t-1)}$ 分别表示 i 地区在 t 时期和 $t-1$ 时期的 R&D 资本存量；m 为滞后期数，κ_m 为滞后系数，即 R&D 经费支出在滞后 m 期时的贴现系数。假设 R&D 影响的平均滞后期为 λ，且 $t-\lambda$ 期的 R&D 经费支出为 t 期 R&D 资本存量的增加量，所以当 $m = \lambda$ 时，$\kappa_m = 1$，否则 $\kappa_m = 0$。σ 为折旧率，本章采用国际上通用的做法取 $\sigma = 15\%$；$E_{i(t-m)}$ 表示地区在 $t-m$ 时期的 R&D 经费实际支出，其值应该按照 R&D 支出价格指数进行平减。现假定 R&D 活动的平均滞后期 $\lambda = 1$ 年，则当 $m = \lambda = 1$ 时，式（3.6）变为式（3.7）：

$$K_{it} = (1 - \sigma) \times K_{i(t-1)} + E_{i(t-1)} \qquad (3.7)$$

关于 R&D 支出价格指数的构造，本章参照了 Loeb 和 Lin（1977）、朱平芳和徐伟民（2003）、岳书敬（2008）等的研究，从 R&D 经费支出明细构成来对 R&D 支出价格指数进行构造。本章根据《中国科技统计年鉴》中对 R&D 经费支出的用途划分，将 R&D 经费分为用于日常性支出和资产性支出两类，计算出 2000~2013 年这两类支出分别占 R&D 支出的比例。经计算最终得出 R&D 支出价格指数 = 0.6 × 消费价格指数 + 0.4 × 固定资产投资价格指数。

关于基期资本存量（K_0）的核算，本章参照 Coe 和 Helpman（1995）、白俊红（2011）的研究，用式（3.8）求得：

$$K_0 = E_0 / (\eta + \sigma) \tag{3.8}$$

式（3.8）中，E_0 为经过平减后的基期 R&D 经费投入实际值，η 为考察期内 R&D 经费支出的增长率，经计算 η 的值为 26%，σ 为折旧率，与式（3.6）相同取 15%。

对于产出变量的选取，本章选取专利授权数、新产品销售收入、科技论文发表数来对其进行衡量。而专利分又为发明专利、实用新型专利、外观设计专利三种，与其他专利相比，发明专利所包含的科技含量最高，最能代表创造的新知识和新技术的能力。因此，本章选用发明专利授权量作为产出变量。

二、核心解释变量：R&D 人员流动量和 R&D 资本流动量的度量

本章将采用引力模型（gravity model）对 R&D 人员流动量和 R&D 资本流动量进行核算。引力模型最初源自牛顿的万有引力模型。Tinbergen（1962）首次提出了一个较完整的经济学引力模型。随着空间经济学的不断发展，引力模型逐渐被应用到空间关系的研究中。参考刘继生和陈彦光（2000）的研究，引力模型的一般表达式为：

$$F_{ij} = G_{ij} M_i^{\alpha^i} M_j^{\alpha^j} R_{ij}^{-b} \tag{3.9}$$

式（3.9）中，F_{ij} 为 i 地区和 j 地区的引力；G_{ij} 为 i 地区和 j 地区的引力系数，一般取 1；M_i 和 M_j 是社会某种要素的测度（如人口、资本）；α^i 和 α^j 为引力参数，一般均取 1；R_{ij} 为 i 地区到 j 地区的距离；b 为距离衰减指数，一般取 2。

参照上述引力模型的一般形式，本章在充分考虑 R&D 人员流动和 R&D 资本流动不同特征的基础上，分别构建了测算 R&D 人员流动量和 R&D 资本流动量的引力模型。

（一）R&D 人员流动量（pfl）的引力模型

在考察人员流动时，劳动经济学往往把人员流动的原因解释为"推力—拉力"理论。该理论认为人口流动发生的原因是迁入地与迁出地的拉力和推力共同作用的结果。i 地区流动到 j 地区的人员与 j 地区的吸引力（如较高的 GDP，人力资本环境）成正比。基于此，本章在核算 R&D 人员流动量时，选用各省份的人均 GDP 来表征本省对其他省份 R&D 人员的吸引力，建立如下引力模型：

$$pfl_{ij} = \ln M_i \ln K_j R_{ij}^{-2} \tag{3.10}$$

上式中，Pfl_{ij} 为从 i 省流动到 j 省的 R&D 人员流动量，M_i 表示 i 省的 R&D 人员，K_j 是 j 省的人均 GDP 值，表征 j 省的吸引力，R_{ij} 是两地区省会城市之间的距离，该距离根据国家地理信息系统网站上 1∶400 万的电子地图用 Geoda095i 软件测量得到。

在式（3.10）的基础上测算出 i 省的 R&D 人员流入到其他所有省份的流动量，即为 i 省份的总流动量：

$$pfl_i = \sum_{j=1}^{n} pfl_{ij} \tag{3.11}$$

上式中 pfl_i 为 i 省流动到其他省份的 R&D 人员总量，n 为区域的个数，本章 $n=30$。

（二）R&D 资本流动量（cfl）的引力模型

与 R&D 人员的流动不同，R&D 资本的流动较少受到上述"吸引力"的影响，更多受到金融发展的影响。区域的金融系统越发达，R&D 资本的流入、流出就越方便。因此，关于 R&D 资本流动量的核算，本章借鉴刘继生和陈彦光（2000）、蒋天颖等（2014）的研究，采用下式核算：

$$cfl_{ij} = \ln N_i \ln N_j R_{ij}^{-2} \tag{3.12}$$

上式中 cfl_{ij} 为从 i 省流动到 j 省的 R&D 资本流动量，N_i 和 N_j 是 i 省和 j 省的 R&D 资本存量，其余变量的解释与式（3.10）相同。同样，参照式（3.11），i 省份流动到其他省份的 R&D 资本总量（cfl_i）为：

$$cfl_i = \sum_{j=1}^{n} cfl_{ij} \tag{3.13}$$

三、控制变量

对外开放度（*open*）。一方面，对外开放度较高的区域具有知识分散速度快、知识员工流动性较强、风险投资规模较大等特点（韵江等，2012）。上述因素均有利于创新活动的开展以及创新生产绩效的提升。但是，另一方面，对外开放度高的区域可能会面临着过度依赖外部创新技术以及内部技术知识的泄露等风险。本章用各省的进出口总额除以各省的 GDP 来表征地区的对外开放度。鉴于《中国统计年鉴》中各省进出口总额单位是万美元，而 GDP 的单位是亿元，故采用当年的汇率将进出口总额换算成亿元。

企业规模（*size*）。一方面，与小企业相比，大企业有实力承担高额的研发费用，并且其抵御风险的能力也较强，同时大企业还可以凭借其垄断优势获得较高的创新利润。但是，另一方面，企业规模较大可能会导致其管理配置上的无效，以及"搭便车"的存在，降低了 R&D 人员的积极性以及 R&D 资本的使用效率等。相反，小企业组织结构灵活、信息传递迅速，并且小企业在高竞争压力下创新动力也较强。本章对企业规模进行控制，并采用各省工业企业资产总额除以企业单位数来表征企业的平均规模。

交通基础设施（*mile*）。交通基础设施的完善一方面可以为创新活动的开展提供便利的条件支撑，助推创新活动产业链的形成；另一方面可以缩减 R&D 人员区际流动以及研发设备区际运输的时间成本和物质成本，从而可以有效地促进研发要素的跨区域迁移以及创新技术的区域扩散，促使研发资源得到有效的配置。本章选取公路里程数来表征各省的交通基础设施，同时为降低异方差的影响，代入计量模型时对其取对数处理。

金融环境（*fin*）。区域金融环境发展的成熟与否将会对创新生产活动的开展产生重要的影响。首先，发达的金融系统可以减少 R&D 资本流动过程中的障碍，借此实现研发资源的优化配置；其次，金融环境的发展，能够提高金融机构风险管理和信息服务的质量，从而有助于合理引导 R&D 资本的流向，促进创新活动的有效开展。本章选用各省科技经费中来源于金融机构贷款的对数值来表征各省的金融环境。

文中原始数据来源于 2001～2013 年各省的《中国统计年鉴》和《中国

科技统计年鉴》，并且所有数据以 2000 年为考察基期。另外，本章选取了中国大陆 30 个省级行政地区为考察对象，西藏由于数据不全，分析中不予考虑。

本章所用变量的定义和描述性统计分别见表 3-1 和表 3-2。

表 3-1　　　　　　　　　　　　　变量的定义

变量	符号	定义
R&D 人员全时当量	*res*	R&D 全时人员工作量 + 非全时人员按实际工作时间折算的工作量
R&D 经费内部支出	*cap*	执行单位用于内部开展 R&D 活动的实际支出。等于 R&D 直接支出 + 间接用于 R&D 的支出（管理费、服务费等）
发明专利授权总量	*pat*	各省份的发明专利授权总量
人均 GDP	*pgdp*	表征各省对 R&D 人员的吸引力，用各省的 GDP 值/总人口数表示
R&D 人员区际流动量	*pfl*	各省 R&D 人员流动到其他省份的数量，采用引力模型核算
R&D 资本区际流动量	*cfl*	各省 R&D 资本流动到其他省份的数量，采用引力模型核算
对外开放度	*open*	衡量各省的对外开放水平对的创新效率的影响，用各省的进出口总额/名义 GDP 表示
企业规模	*size*	衡量各省的企业的规模对创新效率的影响，用企业资产总额/企业单位数表示
交通基础设施	*mile*	衡量各省的交通便利程度对创新效率的影响，用各省份的公路里程数来表示
金融环境	*fin*	衡量各省份的金融发展状况对 R&D 资本流动量的影响，用科技经费筹集中来自金融机构的贷款额表示

资料来源：作者根据前文分析整理得到。

表 3-2　　　　　　　　　　　　　变量的描述性统计

变量	单位	样本数	均值	标准差	最小值	最大值
res	百人/年	420	623.556	739.016	8.130	5 017.180
cap	亿元/年	420	355.942	543.640	202.585	3 370.000
pat	百件/年	420	141.751	315.267	0.700	2 699.440

续表

变量	单位	样本数	均值	标准差	最小值	最大值
pgdp	百元/年	420	238.062	189.032	26.620	996.070
pfl	人/年	420	67.335	88.781	2.178	434.185
cfl	万元/年	420	138.169	187.242	4.294	928.738
open	/	420	0.327	0.385	0.025	1.875
size	/	420	1.800	1.470	0.430	9.887
mile	公里/年	420	97 937.362	66 161.930	4 325.000	301 816.000
fin	万元/年	420	94 871.601	127 296.600	1.000	814 164.000

资料来源：作者根据 Stata12.0 分析结果整理。

第五节 实证结果与讨论

基于前文关于研发要素流动影响创新效率的实证模型设计，本节实证检验了研发要素流动影响创新效率的平均影响效应。具体而言，首先检验区域创新效率是否具有空间相关性特征，其次利用空间计量分析技术对研发要素流动影响创新效率的效应进行了估计，并对计量回归结果进行了分析。

一、创新效率的空间自相关检验

创新效率的 *Moran I* 指数解释了创新效率的空间相关性。表 3 – 3 显示了 2000～2013 年我国创新效率 *Moran I* 指数。

表 3 – 3   2000～2013 年我国创新效率 *Moran I* 指数

变量	2000 年	2001 年	2002 年	2003 年	2004 年	2005 年	2006 年
Moran I	0.067 (0.175)	0.132* (0.088)	0.161* (0.065)	0.184** (0.037)	0.043 (0.263)	0.030 (0.263)	0.092 (0.165)

变量	2007 年	2008 年	2009 年	2010 年	2011 年	2012 年	2013 年
Moran I	0. 157 * (0. 059)	0. 157 ** (0. 077)	0. 262 ** (0. 019)	0. 320 *** (0. 006)	0. 416 *** (0. 002)	0. 389 *** (0. 003)	0. 277 ** (0. 011)

注：括号内数字为显著性概率，*** 、** 、* 分别代表显著性水平小于 0. 01、0. 05 和 0. 1。
资料来源：作者根据 GEODA 分析结果整理。

由表 3 - 3 可以看出，我国区域创新效率的分布并不是处于随机的状态，而是受到与之相邻区域创新效率的影响，在空间分布上具有明显的正向相关性。这为本章使用空间计量模型进行分析奠定了基础。

二、空间面板计量模型回归结果

经 Hausman 检验，我们选用固定效应模型。根据固定效应模型对地区和时间两类非观测效应的不同控制，可以将其区分为无固定效应（*nonF*）、地区固定时间不固定效应（*sF*）、时间固定地区不固定（*tF*）和时间地区均固定（*stF*）四种类型。本章利用 Matlab R2014b 软件对这四种类型分别进行估计，结果如表 3 - 4 所示。

表 3 - 4　　　　　　　　　　空间面板计量回归结果

变量	SAR				SEM			
	nonF	*sF*	*tF*	*stF*	*nonF*	*sF*	*tF*	*stF*
α	− 0. 009 (0. 946)	/	/	/	− 0. 069 (0. 575)	/	/	/
ρ 或 λ	− 0. 089 (0. 142)	− 0. 063 (0. 339)	− 0. 083 (0. 170)	− 0. 055 (0. 403)	− 0. 217 *** (0. 001)	0. 143 ** (0. 020)	− 0. 201 *** (0. 003)	0. 140 ** (0. 022)
pfl	− 0. 004 ** (0. 035)	− 0. 002 (0. 248)	− 0. 004 * (0. 053)	− 0. 001 (0. 476)	− 0. 005 ** (0. 018)	− 0. 002 (0. 212)	− 0. 004 * (0. 041)	− 0. 001 (0. 389)
cfl	0. 002 * (0. 072)	0. 002 *** (0. 007)	− 0. 002 (0. 103)	0. 002 ** (0. 018)	0. 002 ** (0. 040)	0. 002 *** (0. 011)	0. 002 (0. 083)	0. 002 *** (0. 019)

续表

变量	SAR				SEM			
	nonF	*sF*	*tF*	*stF*	*nonF*	*sF*	*tF*	*stF*
open	0.310 *** (0.000)	0.270 *** (0.000)	0.312 *** (0.000)	0.264 *** (0.000)	0.329 *** (0.000)	0.217 *** (0.001)	0.328 *** (0.000)	0.221 *** (0.000)
size	−0.027 *** (0.000)	−0.028 *** (0.000)	−0.019 *** (0.001)	−0.018 *** (0.001)	−0.023 *** (0.000)	−0.028 *** (0.000)	−0.017 *** (0.001)	−0.018 *** (0.002)
mile	0.042 *** (0.000)	0.037 ** (0.039)	0.043 *** (0.000)	0.013 (0.380)	0.042 *** (0.000)	0.043 ** (0.025)	0.041 *** (0.000)	0.017 (0.267)
$\overline{R^2}$	0.291	0.726	0.266	0.711	0.308	0.737	0.284	0.723
$Log-L$	102.809	302.332	96.019	292.049	107.513	307.981	100.498	297.016

注：括号内数字为显著性概率；***、**、*分别代表显著性水平小于0.01、0.05和0.1；"/"表示此项为空。

资料来源：作者根据 Matlab R2014b 分析结果整理。

　　根据 Anselin 等（2004）提出的空间计量模型选择原则，从表 3 – 4 可以看出地区固定时间不固定效应（*sF*）的空间误差（SEM）模型估计结果具有较高的空间误差系数（$\rho = 0.143$，且在 0.05 的显著性水平下显著）和极大似然值（$Log-L$），并且相比其他模型调整后可决系数（$\overline{R^2}$）也较高。因此，本章主要选择该模型进行分析。

　　从 *sF* 效应的 SEM 模型的估计结果来看，R&D 资本的跨区域流动对创新效率有显著的正向影响，表明 R&D 资本在区际间的自由流动对我国创新效率的提升有显著的推进作用。与 R&D 资本不同，R&D 人员的区际流动对创新效率的影响并不显著，这可能与目前我国科研单位就业招聘信息不对称、R&D 人员流入地研发设备使用拥挤等问题有关。目前，我国就业信息区际间交换还比较滞后，R&D 人员可能并不能及时获得和自有技能相关的招聘信息，从而使其在区际间的流动在一定程度上具有盲目性；此外，条件优越的地区在吸引大量 R&D 人员流入的同时也会面临研发设备使用拥挤的困境。这些因素的存在，也在一定程度上使得 R&D 人员区际流动的创新效率提升效应并没有充分地发挥出来。在控制变量中，对外开放度和公路里程数对创新效率均有显著的正向影响，这说明提高区域对外开放水平，完善公路基础设施建设，有助于提高创新生产效率。企业规模与创新效率呈显著的负向关系，一定程度上表明，在创新生产过程中，规模较大的企业时常面临组织结构不够灵活，信息传递缓慢，不能及时掌握最新市场动态等问题，从而也制约了其创新活动的开展和创新效率的提高。

表3-4显示了研发要素的区际流动对创新效率的影响。那么，一个值得进一步思考的问题是，研发要素的区际流动会受到什么因素的影响呢？而对该问题的考察无疑可为研发要素的合理流动，进而促进区域创新效率的提升提供有益参考。限于数据方面的考虑，本章拟从区域交通基础设施以及金融环境状况两个方面对其进行初步考察。交通基础设施的完善，有助于缩减R&D人员流动的物质成本、时间成本和心理成本，从而也有利于R&D人员的跨区域流动；同样，发达的金融系统能够缩减R&D资本区际流动过程中的诸多障碍（如资金延时到账），促进R&D资本的自由流动等。基于此，本章进一步在模型中加入了交通基础设施与R&D人员流动量的交互项以及金融环境与R&D资本流动量的交互项，借此来探究交通基础设施和金融环境的完善是否能够提升研发要素区际流动所带来的创新效率提升效应。经过Hausman检验，加入交互项的空间计量模型同样采用固定效应，估计结果如表3-5所示。

表3-5   加入交互项的空间面板计量回归结果

变量	SAR				SEM			
	$nonF$	sF	tF	stF	$nonF$	sF	tF	stF
α	0.402 ** (0.022)	/	/	/	0.353 ** (0.025)	/	/	/
ρ 或 λ	-0.097 (0.115)	-0.067 (0.311)	-0.095 (0.122)	-0.055 (0.406)	-0.230 *** (0.000)	0.151 ** (0.013)	-0.285 *** (0.000)	0.147 ** (0.016)
pfl	-0.011 *** (0.000)	0.001 (0.811)	-0.010 *** (0.000)	0.001 (0.732)	-0.009 *** (0.000)	-0.001 (0.638)	-0.009 *** (0.000)	-0.001 (0.742)
cfl	0.002 * (0.090)	0.001 (0.350)	0.002 (0.109)	0.001 (0.331)	0.002 (0.154)	0.001 (0.552)	0.001 (0.196)	0.001 (0.460)

续表

变量	SAR				SEM			
	nonF	*sF*	*tF*	*stF*	*nonF*	*sF*	*tF*	*stF*
open	0. 320 *** (0. 000)	0. 278 *** (0. 000)	0. 324 *** (0. 000)	0. 265 *** (0. 000)	0. 344 *** (0. 000)	0. 221 *** (0. 001)	0. 344 *** (0. 000)	0. 219 *** (0. 000)
size	− 0. 026 *** (0. 000)	− 0. 032 *** (0. 000)	− 0. 018 *** (0. 002)	− 0. 020 *** (0. 000)	− 0. 021 *** (0. 000)	− 0. 032 *** (0. 000)	− 0. 016 *** (0. 001)	− 0. 020 *** (0. 001)
mile	0. 005 (0. 755)	0. 052 ** (0. 014)	0. 005 (0. 718)	0. 025 (0. 183)	0. 002 (0. 876)	0. 052 ** (0. 017)	− 0. 002 (0. 892)	0. 024 (0. 204)
mile × *pfl*	0. 000 *** (0. 000)	− 0. 000 ** (0. 390)	0. 000 *** (0. 000)	− 0. 000 (0. 470)	0. 001 *** (0. 000)	− 0. 000 (0. 765)	0. 001 *** (0. 000)	− 0. 000 (0. 822)
fin × *cfl*	0. 000 (0. 239)	0. 000 (0. 165)	0. 000 (0. 291)	0. 000 (0. 359)	0. 000 (0. 491)	0. 000 * (0. 075)	0. 000 (0. 506)	0. 000 (0. 206)
$\overline{R^2}$	0. 315	0. 728	0. 292	0. 713	0. 336	0. 740	0. 315	0. 725
Log − L	110. 287	304. 374	103. 687	293. 277	114. 967	310. 649	108. 921	298. 477

注：括号内数字为显著性概率；***、**、* 分别代表显著性水平小于 0. 01、0. 05 和 0. 1；"/" 表示此项为空。

资料来源：作者根据 Matlab R2014b 分析结果整理。

　　根据空间计量模型选择的判别原则，加入交互项的模型同样选取地区固定效应（*sF*）的空间误差（SEM）模型进行分析。从估计结果可以看出，金融环境与 R&D 资本区际流动量的系数为正，且在 1% 的水平下显著，表明金融环境的改善有助于显著提升 R&D 资本区际流动所带来的创新效率提升效应。近年来，我国高度重视加强科技和金融的结合，积极通过创新科技投入的方式与机制、建立创投专项基金等方式方法促进区域科技金融的有序发展。目前北京、江苏、武汉、天津等地区已经初步建立起了科技专营银行，专门从事科技创新资金的投资、融资、贷款以及管理等工作。上述措施不仅能够给 R&D 资本的区际流动提供引导，还能为科技创新活动提供充足的资金支持，从而也有利于科技创新活动的顺利开展。此外，目前我国各个地区的银行网点也在逐渐增多，网上银行和快捷支付等即时支付手段得到了迅速发展，这些因素使得 R&D 资本在区际间的流动更加方便、快捷，对创新生产活动的开展产生积极影响。交通基础设施与 R&D 人员区际流动量的交互项对创新效率的影响并不显著。其原因可能在于，目前我国交通基础设施建设已经初步形成了一个较为完善的网络系统，这也使得 R&D 人员的区际流动已较少受到交通条件的制约，交通基础设施已不再是影响 R&D 人员区际流动的主要因素。

第六节　本章小结

本章利用我国 30 个省级行政区的面板数据，在考虑创新效率的空间相关性的基础上，运用空间面板计量模型，实证考察了 R&D 人员和 R&D 资本的区际流动对创新效率的影响。主要的研究结论有：

R&D 资本在区际间的流动显著地促进了创新效率的提升，而 R&D 人员的区际流动影响并不显著，这可能与目前我国区际间研发岗位就业信息交换滞后、R&D 人员流入地的研发设备使用拥挤等问题有关。在此基础上，本章进一步考察了交通基础设施对 R&D 人员区际流动以及金融环境对 R&D 资本区际流动的影响。结果表明，金融环境的完善有利于 R&D 资本区际流动，并借此促进创新效率的提升，而交通基础设施对 R&D 人员区际流动的影响并不显著。上述结论的政策含义是明显的。第一，应进一步加快完善科技和金融合作体系，促进 R&D 资本在区际间更加方便、快捷地流动；逐步提高我国金融机构风险预测服务的质量，从而科学引导和激励 R&D 资本的合理流动。第二，对于 R&D 人员流动而言，其流入量较大的执行单位应及时增加研发硬件设施的投入，避免由于设施不足而影响创新活动的有效开展；各执行单位的人力资源部门应该及时发布 R&D 岗位信息，同时各个地区也可以建立相应的就业信息交换中心，以实现研发岗位就业信息的及时传递和使用。

本章的研究还发现，交通基础设施和对外开放度与创新效率之间呈现显著的正向关系，而企业规模与创新效率之间则显现显著的负向关系。因此，进一步完善交通基础设施，特别是中西部相对落后地区的交通设施条件，促进交通运输从局部优势向整体优势转变，将有利于区域创新效率的整体提升。此外，进一步提升区域的开放程度，大力开展"开放式创新"，积极学习引进国外先进的技术，并将其吸收应用于我国实际，亦有利于我国区域创新水平和创新效率的提高。当然，对于规模较大企业而言，进一步完善其内部分工，减少信息传递中的障碍因素，并充分利用其资金和设备优势进行创新生产，亦有利于其创新效率的提升。

　　本章的研究也存在一些局限。由于数据方面的限制，本章只考察了研发要素在区际之间的流动，而实际上研发要素在各个区域内部的流动亦可能对创新效率产生重要影响。我们也将在后续研究中对其给予持续关注。

第四章

城市舒适性、研发要素流动
与区域创新"质量"差距

研发要素是我国创新型国家建设与经济高质量发展的重要支撑，而城市舒适性是现阶段影响研发要素选址的重要因素。在深入考察城市舒适性差异引致研发要素流动，进而影响区域创新质量空间收敛的内在机理的基础上，利用 2006～2018 年中国大陆 243 个地级城市的面板数据，利用空间动态 β 收敛分析技术，实证检验了三者间的关系。研究发现，我国区域创新质量在地区间呈现出显著的空间相关性，在此作用下，全国、东部和中部地区的城市舒适性能够通过影响研发人员的流向进而促进区域创新质量的空间收敛，而城市舒适性通过影响研发资本流向进而促进区域创新质量空间收敛的效应仅在东部地区显著。本章结论为提升城市舒适性水平，破除地区间要素流动壁垒，统筹区域创新发展提供启示。

第一节　城市舒适性与研发要素流动

党的十九届五中全会公报提出将科技自立自强作为中国现代化建设重要战略的指导方针，同时习近平总书记提出的"双循环"发展战略也将供给端创新能力的提升作为畅通"双循环"的关键。可见，不断提升我国的自主创新能力，打造创新优势，完善国家创新体系在新发展格局下具有重要的意义。

研发要素（如研发人员和研发资本）是保障我国创新驱动战略顺利实

施，进而推动创新质量提升的重要战略资源，其在区际间流动所伴随的资源优化配置效应和知识溢出效应等能够对区域创新生产活动产生重要的影响（王钺和刘秉镰，2017）。当前，各地政府在创新增长目标约束下，纷纷创造各种优惠政策吸引研发要素向本地区流动，以期提升本地区的创新水平，从而引发了一系列"人才抢夺战""投资抢夺战"等。那么，一个重要的现实问题就是，城市到底依靠什么吸引研发人员和研发资本呢？早期的发展经济学和新经济地理学理论表明，工资和租金是影响劳动力和资本流动的主要原因，然而随着经济的发展和收入水平的提高，劳动者，特别是高技能劳动者开始更加注重生活的舒适性和品质。那么，城市舒适性是否会对研发要素的流动产生影响呢？该问题的研究有利于厘清研发要素的空间选址规则，从而为城市招才引智和创新能力的提升提供参考。

目前学界关于区域创新能力的表征大多是在假设各项专利包含的技术水平同质的前提下，单纯使用专利"数量"进行衡量；抑或是从创新投入和产出的视角，核算出创新效率进行表征，而在核算过程中使用的创新产出依然是专利"数量"，并未对专利的"质量"进行区分（Lerner，1994；蔡绍洪和俞立平，2017）。然而，在经济高质量发展的背景下，单纯以创新"数量"衡量真实创新水平的粗放式创新逻辑亟须转变，据统计数据显示，截至 2017 年，中国的专利申请数量高居世界第二位，但发明专利和绿色专利占比较低，核心技术专利受制于人的局面并未明显扭转。因此，在区域创新能力评测中忽视对创新"质量"的考察很难对区域创新情况进行全面客观的评价，还可能会造成政策制定的偏误。

此外，区域创新的协调发展是当前我国落实区域协调发展战略需要关注的重要问题之一。白俊红（2008）等学者指出，中国地区间创新能力的差距是造成区域经济差距的深层原因，缩小地区间的创新差距对于统筹区域协调发展具有重要的现实意义。基于此，本章从技术创新、产业创新、制度创新和文化创新四个方面构建区域创新"质量"衡量指标体系，对中国各个城市的区域创新"质量"进行综合评测，在此基础上实证检验城市舒适性、研发要素流动与区域创新质量空间收敛三者间的关系，以期为我国各城市合理引导研发要素流动，统筹区域创新发展，建设创新型国家提供政策启示。

第二节　理论分析与研究假设

城市舒适性对研发要素流动的影响机制是什么呢？研发要素流动会影响区域创新差距吗？本部分内容主要分析了城市舒适性影响研发要素流动进而影响区域创新差距的理论机制，在此基础上提出了研究假设。

一、城市舒适性对研发要素流动的影响

早期的非均衡理论认为地区间收入差距是影响劳动者流动的唯一决定性因素，指出劳动者会在"理性人"假定的支配下迁移到预期收入高的地区，以期获取更高的效用收益。Sjaastandz（1962）利用非均衡理论，证明了劳动者根据迁移的工资收益和成本确定迁移决策，并最终流动到净收益最大的地区。然而，Rosen - Roback 的空间均衡理论指出单纯的收入差距并不能反映出地区间效用的差距，收入和地租会彼此不断调整，在均衡时能够保证劳动者在不同地区获得的效用不变，城市间具有"不可贸易"属性的地区舒适度才是决定劳动者空间选址的深层力量。该理论创造性地将城市舒适度引入到劳动力迁移决策的研究中，认为"不可贸易"的地区差异才是决定区域效用差异，进而引发劳动力迁移的决定性因素。之后，大量学者开始关注城市舒适性对劳动力，特别是高技能劳动力迁移决策的影响。

Peck（2010）和 Lahr（2009）的研究发现，具有较高公共服务水平和文化氛围的城市能够吸引到更多的高技能人才流入。Diamond（2016）利用美国 1980～2000 年的数据，实证研究了不能技能水平劳动力的迁移决策，发现城市舒适度水平是影响劳动力流动的重要机制，其中高技能劳动力对城市舒适度水平更为敏感，低技能劳动力对工资和房价更为敏感。夏怡然等（2015）探究了中国 220 个地级城市的劳动力流动问题，研究发现劳动力的流动不仅受工资和就业的影响，还受到城市的教育和医疗水平的影响。刘修岩等（2017）通过建立异质性个体迁移决策和房价内生性的城市体系模型，

得出城市舒适度在异质性劳动力流动中发挥着重要作用的结论。

研发人员受教育水平较高，属于高技能劳动力的范畴。根据上述分析可知，随着经济发展和工资水平高的提升，研发人员的迁移决策可能更多的由城市的"不可贸易品"差距决定，比如空气质量、公共服务等，学界将前者称为自然舒适度，后者称为人为舒适度（Diamond，2016）。研发资本需要依附研发人员的投资决策才能具有主观能动性，从上述文献可知，现有研究主要关注了城市舒适性对劳动力选择的影响，而在市场经济条件下，地区间"不可贸易品"的差距首先会对研发人员的迁移决策产生影响，进而可能影响依附于研发人员才能发挥主观能动性的研发资本的投资决策，因此研发资本也倾向于流动到舒适性好的城市，形成"钱随人走"的态势。此外，王钺和白俊红（2016）在研究中指出，公共服务供给、城市图书馆、文化休闲中心等人为舒适性较好的城市，同时也具有更为优越的创新环境，能够吸引创新资本的入驻。

基于此，本章提出假设 4.1。

假设 4.1：研发要素作为一种高技能生产要素，对城市舒适性具有较高的敏感度，更倾向于流动到舒适性高的地区。

二、研发要素流动对区域创新质量空间收敛的影响

目前，学界对区域间差距与收敛的研究均是建立在新古典经济学的研究框架下，分析地区间的人均产出差异和人均资本差异对区域协调发展的影响（Carlino and Mills，1993；滕建州和梁琪，2006），鲜有人从区域间技术创新差距的视角展开论述。然而，技术创新作为经济增长的内生动力，其在地区间的差异很大程度上决定了经济增长的差异（Prescott，1998）。

与传统要素的边际报酬递减不同，研发创新活动具有报酬递增的性质，因此创新优势地区，能够通过技术积累和不断创新一直保持与落后地区的技术差距，从而使得区域创新质量趋于发散（林毅夫等，1998），不利于我国区域协调发展。当存在研发要素的流动时，地区间的创新质量收敛问题可能会出现两种截然相反的情况，一方面，趋利性特征会促使研发要素流向城市舒适性和创新发展基础较好的地区集聚，从而致使创新先进地区与落后地区

的差距不断被拉大，区域创新趋于发散；另一方面，研发要素的流动能够促进地区间的交流与合作，其所产生的知识溢出效应有助于缩小地区间的创新差距，从而促使区域创新趋于收敛；此外，当前我国东部地区经济发展水平较高，创新环境较好，教育和医疗等人为舒适性资源虽然较好，但是却存在拥挤性，好的学校和医院专家往往需要"排队"，而中西部地区虽然在经济发展和创新能力上不如东部地区，但是却具有较好的空气质量、丰富的自然资源和较低的生活压力等自然舒适性。在此情况下，如果研发要素倾向于流动到东部地区，就会加速我国区域创新质量的空间发散，如果研发要素倾向于流动到自然舒适性较好的中西部地区，就会促使创新落后地区获得更多的技术和知识积累，不断提升创新水平，逐步缩小与发展地区间的差距，从而使区域创新质量趋于收敛。

基于此，本章提出假设4.2和假设4.3。

假设4.2：研发要素在区际间的流动能够促进区域创新质量的空间收敛。

假设4.3：研发要素在区际间的流动使得区域创新质量趋于空间发散。

三、城市舒适性对区域创新质量空间收敛的影响

关于城市舒适性对区域创新质量空间收敛性的影响，现有研究发现较低的城市舒适会影响工作者的情绪和创造力，从而对创新生产活动产生不利的影响，而舒适度较高的地区能够促使个体具有积极的工作状态，容易激发起创造性思维和创新活力，有利于创新活动的开展。Kapoor 和 Lim（2007）发现，不适宜的环境能够使发明者的情绪低落，降低发明效率。Higdon 等（2015）的研究表明，城市空气中的二氧化硫每增加1%则会导致个体工作时间减少0.61%。Dehaan 等（2017）的分析发现，较低的城市舒适度能够降低高技能工作者的工作效率。Chen 等（2018）研究了城市日照对研发人员工作绩效的影响，发现日照越多越容易使人精神舒畅，从而有利于提高个体的发明绩效。由此可见，城市间舒适性的差异可能会造成地区创新质量的差距。基于此，本章提出假设4.4。

假设4.4：城市间舒适性的差异能够对区域创新质量的空间收敛性产生

显著影响。

综上分析可知，城市间的舒适性差异不仅能够直接对区域创新质量的空间收敛性产生影响，由其所引致的研发要素流动能够间接重构区域间的创新资源配置状况，从而影响区域创新质量的空间收敛性，因此，在城市舒适性影响区域创新质量空间收敛性的过程中，研发要素流动起到了中介作用。基于此，本章提出假设4.5。

假设4.5：研发要素流动在城市舒适性影响区域创新质量空间收敛性的过程中发挥了中介作用。

第三节 研究设计

一、指标选取与变量测度

（一）城市舒适性的内涵与测度

随着经济理论的完善和发展，城市舒适性的内涵逐渐由自然舒适性向外拓展。Lloyd 和 Clark（2001）指出城市舒适性由城市的自然舒适性、人为舒适性和社会舒适性等构成。我国学者结合中国现实，将舒适性分解为自然舒适性、城市公共服务、基础设施和休闲环境等方面（喻忠磊等，2016）。本章在现有研究的基础上，结合数据可得性，从教育、医疗、交通、社会环境四个方面，构建城市人为舒适性评测指标，从气候、自然环境两个方面构建城市自然舒适性评测指标。其中人为舒适性中的教育舒适性包含城市普通高等学校的数量（个）、国际学校的数量（个）、专任教师数量（人）三个指标；医疗舒适性包括城市每万人拥有床位数（张/万人）、每万人拥有医师数（人/万人）、三甲医院数量（个）三个指标；交通舒适性包括城市拥挤时数（h）、公路里程数（km）、客运量（万人次）三个指标；社会环境舒适性包括旅客数（万人）、每10万人大学生数（人）两个指标。自然舒适性中的气候舒适性包括全年日照指数（h）、全年降水量（mm）、7 月平均气温（℃）三个指标；自然环境舒适性包括人均公园面积（m²/人）、PM2.5 平均浓度（μg/m³）、建成区绿化覆盖率（%）三个指标。

因为主成分分析法能够通过各分项指标的荷载系数揭示出各指标是否能够较好地反映出目标指标，因此本章使用主成分分析法测算城市舒适性综合指数。其中，人为舒适度中各指数构成的荷载系数均为正，表明人为舒适度指数较好地反映了教育、医疗、交通和社会环境情况，自然舒适度指数中 7 月平均气温和 PM2.5 平均浓度两项指标荷载系数为负，其余指标荷载度系数为正，表明较高的空气质量、适宜的温度、合理的日照时长、较湿润和较多的绿化有利于城市的自然舒适度水平。

（二）区域创新质量的内涵与测度

创新质量是衡量或评判创新价值的重要标准，体现了创新价值实现过程的总和（Juran，1992）。Garfinkel（1990）将研究质量定义为研究的技术性、研究的影响力、研究成果的应用性等，该界定已经与之后的创新质量定义较为接近。可见，创新质量涵盖了区域创新的各方面，需要建立一套科学的评测指标体系，本章从城市的技术创新、产业创新、制度创新和文化创新四个方面，结合数据的可得性，构建区域创新质量指标衡量体系。具体如表 4-1 所示。

表 4-1　　　　　　　区域创新质量综合评价指标体系

一级指标	二级指标	三级指标	属性	权重
技术创新	实质性创新	发明专利申请数/专利申请总数	+	0.139
	可持续创新	绿色技术专利/专利总数	+	0.072
	协同式创新	产学研结合专利/专利总数	+	0.074
产业创新	产业结构优化	新产品产值	+	0.106
		第三产业增加值/GDP	+	0.052

一级指标	二级指标	三级指标	属性	权重
制度创新	体系创新	创新效率	+	0.076
		全要素生产率	+	0.111
	政策支持	邮电业务量/GDP	+	0.068
		政府财政支出/GDP	+	0.051
文化创新	文化投入	财政文化事业费支出	+	0.054
		文化事业基建投资额	+	0.075
	文化产出	艺术团演出场次	+	0.067
		出版印刷量	+	0.055

注：属性中"＋"表示在设定的指标衡量方式下，该指标为正向指标，值越大对创新质量的促进作用越明显。表中各三级指标的权重由熵权法测算得出。

资料来源：作者根据 Stata12.0 分析结果整理。

（1）技术创新指标。技术创新是提升我国自主创新能力、建设创新型国家的重要方面。本章从实质性创新、可持续性创新和协同式创新三个层面对技术创新内容进行全面刻画。实质性创新方面，选用发明专利申请数占比衡量。因为与实用新型和外观设计专利相比，发明专利具有更高的研发经费投入、复杂的申请程序和严格的保护期限，并且其所包含的创新技术和复杂性难以被模仿。而实用新型和外观设计专利往往是一种模仿式创新，虽可以丰富创新数量的大小，而对创新质量贡献较小（金培振等，2019）。可持续性创新方面，选用绿色专利数占比衡量。城市创新质量提升的重要方面之一是依靠资源节约和污染减排实现可持续性创新，改变粗放式创新逻辑，因此使用绿色专利数量可以较好地反映可持续性创新。协同式创新方面，选取城市产学研结合专利数占比衡量。企业为了取得创新成绩与创新突破，往往倾向于与具有较高科研能力的高校和科研机构进行合作，后两者创新专业性较强，但是在创新成果商业化方面不擅长。可见产学研协同创新可以使创新资源得有最有效的利用，提升创新质量。

（2）其他创新指标。除了技术创新以外，产业创新、制度创新和文化创新均是创新质量提升的重要力量。产业创新方面，以产业结构的升级进行表征，选取了新产品产值和第三产业增加值占比两个指标。原因在于，新产品产值大小反映了产业结构向高级化的演进程度，而第三产业增加值占比反映了产业结构向合理化方向的演进程度，这两者均对我国创新能力的提升具有重要的意义。制度创新方面，从体系创新和政策支持两个层面表征，其中体系创新是增强创新动力的强有力保障，而政策支持是创新驱动战略顺利实施的后援力量。文化发展是国家软实力的重要体现，能够为研发创新活动提供精神动力和智慧支持（杨新洪，2008），本章基于文化投入和产出的视角，从财政文化事业费支出、文化事业基建投资额、艺术团演出场次、出版印刷量方面，对于文化创新进行刻画表征。

（3）创新质量综合指标评测方法说明。为了避免各变量间可能存在的多重共线性问题，本章选用熵权 TOPSIS 法测度区域创新质量指标体系中各项三级指标的权重。具体测算步骤如下：

第一步：采用极差法对各指标进行标准化处理，得到标准化指标：

$$y_{ij} = \left[x_{ij} - \min(x_{ij}) \right] / \left[\max(x_{ij}) - \min(x_{ij}) \right] \tag{4.1}$$

式（4.1）中，i 表示城市，j 表示各指标；x_{ij} 和 y_{ij} 分别表示原始数据和标准化后的指标值，$\max(x_{ij})$ 和 $\min(x_{ij})$ 分别表示指标 x_{ij} 的最大值与最小值。

第二步：计算标准化后各测度指标 y_{ij} 的信息熵 e_j，设有 m 个地区：

$$e_j = \ln \frac{1}{n} \sum_{i=1}^{m} \left(y_{ij} / \sum_{i=1}^{m} y_{ij} \right) \times \ln(y_{ij} / \sum_{i=1}^{m} y_{ij}) \tag{4.2}$$

第三步：计算区域创新质量指标体系中各指标的权重 W_j：

$$W_j = (1 - e_j)/n - \sum_{j=1}^{n} e_j \tag{4.3}$$

第四步：运用 TOPSIS 方法测算出区域创新质量各测度方案与最优点和最劣点之间的欧式距离，利用距最劣点的欧氏距离占总欧式距离的比例表征与理想水平的接近程度 A_i。其中，$0 < A_i < 1$，A_i 的值越大表明区域的创新质量越高，反之则表明创新质量较低。

测算出的各指标权重见表 4 - 1。为了更加直观地表达区域创新质量在我国地区间的发展情况，本章报告了考察期内中国区域创新质量排名前 30

位的城市，具体结果如表4-2所示。

表4-2 **2006～2018年中国区域创新质量排名前30位城市**

排名	城市	A_i	排名	城市	A_i	排名	城市	A_i
1	深圳	0.924	12	无锡	0.598	23	镇江	0.431
2	苏州	0.887	13	合肥	0.564	24	南通	0.424
3	广州	0.853	14	长沙	0.551	25	厦门	0.413
4	南京	0.826	15	佛山	0.547	26	绍兴	0.407
5	杭州	0.761	16	东莞	0.523	27	福州	0.403
6	成都	0.720	17	珠海	0.514	28	沈阳	0.400
7	中山	0.714	18	常州	0.501	29	大连	0.385
8	武汉	0.695	19	郑州	0.486	30	芜湖	0.377
9	西安	0.653	20	济南	0.457	/	东部	0.613
10	宁波	0.624	21	嘉兴	0.452	/	中部	0.365
11	青岛	0.609	22	温州	0.443	/	西部	0.198

注："/"表示此项为空。
资料来源：作者根据Stata12.0分析结果整理。

从表4-2的结果来看，区域创新质量排名前10的城市中，除了成都、武汉、西安之外均为东部沿海城市；并且区域创新质量排名前30的城市中，东部地区占24席，中部地区仅占4席，西部地区仅占2席；此外，东部地区的创新质量综合指数（0.613）远高于中部地区（0.365）和西部地区（0.198）。由此可见，我国地区间的创新质量存在发展差距，这可能与我国东、中、西部地区间"不可贸易商品"的存量差异有关。东部沿海地区开放较早，具有较好的创新环境基础和创新人才积累，而中西部地区创新生产活动和创新意识起步较晚，地区优质教育和医疗资源与东部地区相比还较低，可能对创新人才的吸引力不足。

（三）控制变量

在分析中我们还控制了表征地区对外开放水平的外贸依存度变量（open），用进出口总额占 GDP 的比重衡量；表征政府行为的政府财政支出变量（gov），用政府预算内财政支出占 GDP 的比重反映；表征地区市场化程度的市场化水平变量（mar），用非国有企业员工占国有企业员工的比例衡量；表征地区城镇化水平的变量（urb），用城镇人口数与总人口数之比反映。

二、考虑空间效应的动态条件 β 收敛模型设定

（一）区域创新质量的空间相关性检验

考察区域创新质量的空间收敛，需要明确创新质量在地区间是否存在空间相关性。本章选用 Moran I 指数考察区域创新质量间的空间相关性。具体计算公式如式（4.4）所示。

$$Moran\ I = \frac{\sum\limits_{i=1}^{n}\sum\limits_{j=1}^{n}W_{ij}(in\_q_i - \overline{in\_q})(in\_q_j - \overline{in\_q})}{S^2\sum\limits_{i=1}^{n}\sum\limits_{j=1}^{n}W_{ij}} \tag{4.4}$$

其中，in_q_i 和 in_q_j 分别为 i 地区和 j 地区的创新质量值，S^2 为创新质量间的方差，$\overline{in\_q}$ 为创新质量的均值，W_{ij} 为空间权重矩阵，本章使用的是地理距离空间权重矩阵。

Moran I 指数的取值范围为 $[-1,1]$。当 Moran I 指数大于 0 时表示存在空间正自相关性，小于 0 时则表示存在空间负相关性，该指数的绝对值越大，空间相关性越强。具体结果见表 4-3。

（二）考虑空间效应的动态条件 β 收敛模型

由 Moran I 结果可知，区域创新质量间存在显著的空间相关性，因此需要在空间计量模型的基础上建立 β 收敛模型。由于创新活动间可能存在惯

性，我们建立了动态空间收敛模型：

条件 β 收敛的空间 SAR 动态面板模型：

$$Y_{i,t} = \sigma Y_{i,t-1} + \rho WY_{it} + \beta in\_q_{i0} + \beta_1 amenity_{it} \times FL_{it} + \beta_2 amennity_{it}$$
$$+ \beta_3 X_{control} + \mu_{it} \tag{4.5}$$

条件 β 收敛的空间 SEM 动态面板模型：

$$Y_{it} = \sigma Y_{i,t-1} + \beta lnin\_q_{i0} + \beta_1 amenity_{it} \times FL_{it} + \beta_2 amenity + \beta_3 X_{control} + \varepsilon_{it}$$
$$\varepsilon_{it} = \lambda W\mu_{it} + \mu_{it} \tag{4.6}$$

式（4.5）和式（4.6）中，$Y_{it} = \left[in\_q_{it}/in\_q_{i0} \right] /T$，$T$ 为样本总时间跨度；β 为收敛系数，如果 $\beta < 0$，则说明区域创新质量存在空间收敛，W 为地理距离权重矩阵。$amenity_{it}$ 为城市适宜性。FL_{it} 为创新要素流动，在研究中 PFL 为研发人员流动，CFL 为研发资本流动。若 $amenity_{it} \times FL_{it}$ 的回归系数为正，说明研发要素倾向于流向城市舒适性高的地区，从而对创新质量收敛性产生影响。本章借鉴 Barro 和 Sala－I－Martin（1992）的研究，取 $T = 1$，也即模型中的被解释变量使用的是当期的增长率。

由于研发人员和研发资本数据在城市层面上并不可得，我们选用城市大学及以上学历人口占比表征城市的研发人员水平，选用城市实际使用外资金额衡量研发资本水平。因为大学及以上学历人口所从事的工作一般具有技术性，属于高技能劳动；FDI 资本自身携带着技术，是城市研发资本存量大小的较好表征（郑万腾等，2020）。本章参照白俊红等（2017）的研究，使用引力模型测算出区际间研发人员和研发资本的流动规模。

三、数据说明

本章选用的是 2006～2018 年中国大陆 243 个地级城市的面板数据。所有数据主要来源于《中国城市统计年鉴》《中国科技统计年鉴》、相关省份的统计年鉴、国家气象信息中心、各城市国民经济和社会发展统计公报、国家知识产权局专利检索系统等。为降低异方差的影响，除比例值外，所有数据均取对数代入模型。

第四节 实证结果与分析

一、区域创新质量的 *Moran I* 指数检验结果

本章运用 Geoda 软件，对式（4.4）的 *Moran I* 指数进行检验，以考察我国区域创新质量的空间相关性。结果如表 4－3 所示。

表 4－3　　　　2006～2018 年中国区域创新质量的 *Moran I* 指数

变量	2006 年	2007 年	2008 年	2009 年	2010 年	2011 年	2012 年
Moran I	0. 214 * (0. 051)	0. 243 ** (0. 017)	0. 261 ** (0. 022)	0. 305 *** (0. 003)	0. 388 ** (0. 010)	0. 231 *** (0. 000)	0. 278 *** (0. 002)
变量	2013 年	2014 年	2015 年	2016 年	2017 年	2018 年	总样本期
Moran I	0. 256 *** (0. 000)	0. 293 *** (0. 001)	0. 222 *** (0. 004)	0. 329 *** (0. 005)	0. 382 *** (0. 000)	0. 354 *** (0. 007)	0. 282 *** (0. 003)

注：（ ）内的数字为 P 值；***、**、* 代表分别在 1%、5% 和 10% 的显著性水平下显著。
资料来源：作者根据 GEODA 分析结果整理。

从表 4－3 的结果可知，考察期内我国各年份的 *Moran I* 指数值至少能够在 1% 的水平下显著为正，这表明我国地区间的创新质量具有显著的正向空间相关性。这为本章建立空间计量模型进行分析奠定了基础。

二、动态条件 β 收敛空间模型估计结果

由表 4－2 的结果可知，我国的区域创新质量在东、中、西部地区间存在较大差异，因此本章分别对全国、东部、中部和西部地区进行回归。模型（1）、模型（3）、模型（5）、模型（7）考察了城市舒适性对创新质量空间收敛的影响，模型（2）、模型（4）、模型（6）、模型（8）加入了研发要素流动与城市舒适性的交互项，考察研发要素是否倾向于流动到适宜性高的

城市，从而对创新质量的空间收敛产生影响。经 Hausman 检验，结合空间计量模型选取选择，选取地区固定和时间不固定效应的空间计量模型进行分析。具体结果见表 4 - 4。

表 4 - 4　　　　　　动态条件 β 收敛空间模型估计结果

变量	空间 SAR 模型							
	全国		东部		中部		西部	
	(1)	(2)	(3)	(4)	(5)	(6)	(7)	(8)
β	- 0. 327 *** (0. 000)	- 0. 215 *** (0. 000)	- 0. 445 *** (0. 003)	- 0. 388 *** (0. 001)	- 0. 104 *** (0. 000)	- 0. 085 *** (0. 007)	- 0. 072 (0. 145)	- 0. 053 (0. 226)
Y_{t-1}	0. 475 *** (0. 000)	0. 377 *** (0. 000)	0. 356 *** (0. 000)	0. 322 *** (0. 000)	0. 506 *** (0. 000)	0. 451 *** (0. 000)	0. 561 *** (0. 000)	0. 528 *** (0. 000)
amenity	0. 080 ** (0. 038)	0. 065 ** (0. 026)	0. 067 *** (0. 004)	0. 054 *** (0. 005)	0. 075 * (0. 066)	0. 061 ** (0. 037)	0. 023 (0. 742)	0. 014 (0. 298)
amenity × PFL	/	0. 073 *** (0. 002)	/	0. 061 *** (0. 007)	/	0. 067 *** (0. 000)	/	0. 026 (0. 124)
amenity × CFL	/	0. 027 ** (0. 015)	/	0. 088 *** (0. 004)	/	0. 035 (0. 227)	/	0. 004 (0. 308)
ρ	0. 120 ** (0. 025)	0. 187 ** (0. 014)	0. 293 ** (0. 021)	0. 124 ** (0. 036)	0. 066 *** (0. 000)	0. 079 *** (0. 000)	0. 017 *** (0. 000)	0. 023 *** (0. 000)
控制变量	是	是	是	是	是	是	是	是
R^2	0. 365	0. 311	0. 415	0. 442	0. 387	0. 313	0. 425	0. 487
Log - L	10. 865	28. 982	12. 231	28. 217	14. 278	16. 809	10. 562	6. 735
空间 SEM 模型								
β	- 0. 237 *** (0. 000)	- 0. 135 *** (0. 000)	- 0. 377 *** (0. 003)	- 0. 315 ** (0. 024)	- 0. 204 *** (0. 006)	- 0. 110 ** (0. 019)	- 0. 178 (0. 548)	- 0. 124 (0. 419)
Y_{t-1}	0. 361 *** (0. 000)	0. 292 *** (0. 000)	0. 182 *** (0. 000)	0. 137 *** (0. 000)	0. 267 *** (0. 000)	0. 311 *** (0. 000)	0. 413 *** (0. 000)	0. 389 *** (0. 000)
amenity	0. 030 ** (0. 020)	0. 046 ** (0. 044)	0. 024 * (0. 052)	0. 037 * (0. 068)	0. 019 ** (0. 037)	0. 021 *** (0. 001)	0. 026 (0. 374)	0. 032 (0. 181)

续表

变量	空间 SEM 模型							
	全国		东部		中部		西部	
	(1)	(2)	(3)	(4)	(5)	(6)	(7)	(8)
$amenity \times PFL$	/	0.096 *** (0.000)	/	0.124 *** (0.000)	/	0.087 *** (0.003)	/	0.094 (0.302)
$amenity \times CFL$	/	0.025 (0.103)	/	0.037 *** (0.004)	/	0.024 (0.258)	/	0.019 (0.346)
λ	0.284 *** (0.000)	0.211 *** (0.000)	0.193 ** (0.020)	0.125 ** (0.018)	0.188 *** (0.005)	0.147 *** (0.000)	0.202 *** (0.007)	0.115 *** (0.000)
控制变量	是	是	是	是	是	是	是	是
R^2	0.482	0.440	0.569	0.627	0.513	0.430	0.417	0.508
$Log - L$	71.281	89.032	64.284	55.413	82.016	58.254	60.148	92.104

注：括号内的数字为 P 值；*** 、** 、* 代表分别在1%、5%和10%的显著性水平下显著。
资料来源：作者根据 Matlab R2014b 分析结果整理。

从表 4-4 可以看出，空间 SEM 模型的 R^2 和极大似然值（$Log - L$）均比空间 SAR 模型要高，并且空间项系数 λ 也具有较好的显著性，这表明我国区域创新质量空间相关性产生的原因主要是误差项的传导，基于此，我们选用空间 SEM 模型进行分析。

从空间 SEM 模型的模型（1）、模型（3）、模型（5）和模型（7）的估计结果可以看出，全国、东部和中部地区的空间 β 收敛系数均显著为负，说明城市舒适性的提高能够缩小全国、东部和中部地区的创新质量差距，使得创新质量趋于空间收敛。西部地区的空间 β 收敛系数虽然为负，但是并不显著，可能的原因在于，当前我国西部地区的城市舒适性仍然较低，教育、医疗、文化、建成区面积、公共休闲场所等与东部和中部地区还存在很大差距，因此城市舒适性对创新质量空间收敛还没有产生显著影响。

从空间 SEM 模型的模型（2）、模型（4）、模型（6）和模型（8）的估计结果可以看出，研发人员流动和城市舒适性的交互项系数在全国、东部和中部地区均显著为正，而在西部地区并不显著；研发资本流动和城市舒适性的交互项系数只在东部地区显著，在全国、中部和西部地区均不显著。此外，空间 β 收敛系数在全国、东部和中部地区显著为负，在西部地区也不显著。

这表明在全国、东部和中部地区层面上，舒适度高的城市更能够吸引到研发人员的流入，从而促进创新质量的空间收敛。随着中部崛起战略以及中原地区招才引智政策的不断实施，中部地区的经济发展、生态环境、科研环境和宜居度等城市舒适性水平逐年提升，吸引了大量人才落户就业，从而在很大程度上缓解了研发人员大规模流向东部地区的不平衡发展局面，促进了创新质量的空间收敛。而西部地区除了成都、西安等部分城市以外，城市舒适度水平还较低，在吸引研发人员流入方面不具有比较优势，对创新质量的空间收敛没有影响。

研发资本流动与城市舒适度性交互项的系数只在东部地区显著的原因可能在于，东部地区的创新积累水平较好，创新资本制度比较健全，创新投资思维比较敏锐灵活，而中部和西部地区目前还处于创新追赶阶段，在吸引研发人员流入的同时还需要不断探索改革，破除保守投资思维，保证研发资本的顺利入驻。

综合上述结果，当研发要素为研发人员时，假设4.1、假设4.2、假设4.4和假设4.5在全国、东部和中部地区成立；当研发要素为研发资本时，假设4.1、假设4.2、假设4.4和假设4.5在东部地区成立。假设4.3均不成立。

三、稳健性检验

空间权重矩阵的选取可能会影响估计结果的稳健性。上述研究使用的是地理距离空间权重矩阵，然而，林光平（2006）等学者指出地理距离相同的省份间经济上的关系可能并不完全相同，比如上海对徐州的空间影响要大于徐州对上海的空间辐射。因此，为了验证上述结果的稳健性，本章构建了能够将地区经济发展情况考虑在内的社会经济特征空间权重矩阵：

$$W_{ij}^e = W_{ij} diag(\overline{Y}_1/\overline{Y}, \ \overline{Y}_2/\overline{Y}, \ \cdots, \ \overline{Y}_n/\overline{Y}) \tag{4.7}$$

式（4.7）中，W_{ij} 为空间距离权重矩阵；$\overline{Y}_i$ 为考察期内地区 i 的 GDP 均

值；$\overline{Y}$ 为观察期内所有地区的 GDP 均值。

稳健性检验结果显示，采用空间经济距离权重矩阵之后，城市舒适性能够显著促进全国、东部和中部地区创新质量的空间收敛，并且研发人员流动量与城市舒适度的交互项在全国、东部和中部地区显著为正，而研发资本与城市舒适度的交互项只在东部地区显著。可见，上述结果是稳健的。

第五节　本章小结

本章基于我国创新型国家建设的背景，利用 2006～2018 年中国大陆 243 个地级城市的面板数据，实证检验了城市舒适性、研发要素流动与区域创新质量空间收敛三者间的关系。研究发现，我国区域创新质量在地区间呈现出显著的空间相关性；在全国、东部和中部地区层面上，研发人员更倾向于流向舒适度高的城市，从而促进创新质量的空间收敛；而研发资本通过流动到城市舒适性高的地区，促进创新质量空间收敛效应只在东部地区显著。鉴于此，本章得出如下启示：

第一，由于我国区域创新质量在地区间呈现出显著的空间相关性，因此地方政府在制定政策促进本地区创新质量的提升时，不仅需要关注本地区的创新发展现状和潜力，还需要综合考虑周边地区的创新发展情况，不断加强区域间的交流与合作，积极搭建地区间创新合作平台，成立区域创新联盟，这不仅有利于推动本地区创新质量的提升，还有利于我国创新水平的整体提升，从而促进创新质量的空间收敛。

第二，鉴于城市舒适性水平提升可以吸引研发人员流入的现实，地方政府，特别是西部地区应该大力提升地区教育质量、医院数量、完善医疗条件、完善交通运输网络、增加公共图书馆数量、扩大城市绿地面积、排污管制等措施，不断提升城市的舒适性水平，为劳动者创造优质的生活环境和工作环境，不断吸引高技能劳动者的落户就业。此外，要进一步创新户籍制度改革措施，进一步破除限制研发人员在区际间流动的制度壁垒，引凤筑巢，从而提升城市的创新质量。

第三，研发资本是保证创新活动顺利展开的必要基础。当前我国金融市场发展水平还较低，除东部沿海城市以外，其他城市在资本投资环境、吸引外资等方面还存在很大差距。因此，中部和西部地区应该不断深化金融改革，转变研发资本投资思维，不断创新金融制度与规则，吸引研发资本入驻，真正实现"钱随人走"。此外，鼓励金融机构设立创新资金专项管理部门，开辟创新资金"绿色通道"，为研发人员开展创新项目提供充足的资金支撑。

第五章

传统要素流动与区域创新
"质量"的空间收敛

实现要素在区域间的自主有序流动和区域创新的协调发展，是保证我国内循环战略顺利实施的关键。立足于创新"质量"的视角，从科技创新和制度创新两个维度对中国各地区的创新质量水平进行综合评测，在此基础上，运用空间 β 收敛面板分析技术，实证检验了人力资本流动、金融资本流动、技术信息要素流动对区域创新"质量"空间收敛的影响。研究发现，中国当前的区域创新质量在地区间存在显著的差异，东部沿海的创新质量水平较高；人力资本流动和技术信息要素流动能够显著地缩小地区间的创新发展差距，从而助推我国区域创新质量的空间收敛，而金融资本流动对区域创新质量收敛的影响并不显著。本章结论为合理引导要素的跨区域流动，统筹区域创新生产，进而促进中国经济内循环的畅通提供启示。

第一节 提升区域创新质量的重要性

近期以来，中美贸易摩擦、全球新冠疫情蔓延以及新兴市场体量不足等一系列持续演变的不确定性和风险正在深刻影响着中国经济和社会的运行，经济高质量发展面临挑战。在此情形下，习近平总书记提出"双循环"发展战略，旨在形成以国内大循环为主体、国内国际双循环相互促进的新发展格局，培育新形势下中国参与国际合作和竞争新优势。"双循环"发展战略对于破解当前我国所面临的国内外经济发展难题，具有重要的战略意义。从

"十四五"时期和经济发展的长远未来看,"双循环"新发展格局的关键在于畅通国内大循环,而市场经济体制下的要素自由流动以及区域科技创新能力提升等在实现国内大循环发展中扮演着重要的角色。

区域创新协调发展是提升我国综合创新能力的重要环节,也是落实国内大循环战略必须直面的问题。当要素按照市场信号在区际间自由流动时,一方面,趋利性特征会促使要素向经济环境较好,创新发展基础较强的先进地区集聚,从而致使创新先进地区与落后地区的差距不断被拉大,区域创新趋于发散;另一方面,要素的流动能够促进地区间的交流合作,其所产生的知识溢出效应有助于缩小地区间的创新差距,促使区域创新趋于收敛。那么,一个值得深思的问题是,在提高要素配置能力的同时,生产要素的自由流动如何影响了区域创新的协调发展,是促进其收敛还是发散呢?本章拟对其进行考察。

目前区域创新问题已经引起学界的广泛关注,但是现有文献大多是在假设专利"同质"的基础上,单纯使用专利"数量"衡量区域创新能力,忽视了对区域创新"质量"的考察(Juran,1992)。然而,在新时代经济高质量发展的背景下,忽略创新生产活动的"质量"很难对区域创新情况进行全面客观的评价,更有可能会误导经济政策的制定。并且目前的研究鲜有将制度创新情况纳入到创新能力的框架中,当前我国政府也意识到了我国制度创新能力不足的问题,并提出了创新驱动是科技创新与制度创新并重的"双轮驱动",缺失制度创新的评测很难为我国创新型国家建设以及创新驱动力的提升提供有效参考(刘思明等,2019),因此将制度创新纳入到区域创新质量的评测中变得尤为重要。基于此,本章从科技创新和制度创新两个维度对中国各地区的创新质量水平进行综合评测,并实证检验要素流动对区域创新收敛性的影响。

第二节　文　献　评　述

目前学界在区域创新能力评测方面开展了大量的研究,然而现有研究大多停留在数量论的视角,以创新产出的数量衡量区域创新能力,针对创新成果质量的讨论相对匮乏，仅有为数不多的文献涉及（Lerner，1994；蔡绍洪和俞立平，2017）。并且这些文献大多单一选用专利长度、专利与申请专利的比值、人均技术市场成交额等变量衡量区域创新质量，并没有建立一个相对完善的创新质量评测体系，也没有将制度创新质量考虑在内。

在区域创新评价指标体系的构建上，前期研究主要强调创新的投入和产出数量，以 R&D 人员数量、R&D 经费数量、专利产出数量为核心测算创新能力。20 世纪 90 年代以来，随着区域创新系统理论的不断完善和发展，学者们开始聚焦于区域创新系统内部，综合考虑创新要素、创新主体、创新环境、创新成果等各个方面，系统的设置评价指标体系（Porter，1990；赵彦云和甄峰，2007；中国科学技术发展战略研究院，2017），从而更加全面地评测区域创新能力。柳御林和胡志坚（2002）将知识的流动纳入创新能力的评价体系中，从创新主体、创新知识流动、创新环境、创新的经济效应等层面建立了中国区域技术创新能力评测指标；白俊红和王林东（2016）认为文化是一国软实力的重要象征，在研究中把文化发展水平作为区域创新能力评测的指标之一，结果发现文化与创新呈正相关性。

不难发现，上述创新能力评测体系均忽视了能够对创新生产活动产生重要影响的制度因素的考察。古典经济增长理论认为增加研发资金和科技人员的投入即可以提高创新绩效（Romer，1990），而以诺斯为代表的新制度经济学者非常强调制度创新在经济发展中的决定性作用，之后，Acemoglu 等（2005）在研究中指出制度因素最终能够决定一国的技术创新水平，一套完善的制度不仅能够激发人类的创新热情，加速先进技术的创造、引进、吸收，还能为创新生产能活动提供良好的环境基础保障。最近的文献主要考察了专利保护强度、行政治理能力、法制水平、市场化程度等特定制度因素对技术创新的影响（Kim et al.，2012；徐浩等，2018；操龙升和赵景峰，2019），并从实证的角度证实了制度环境对技术创新能够产生显著的影响。虽然制度对创新的促进效应已经得到证实，但是系统地将制度因素纳入到创新评测中，同时考虑制度创新和科技创新双轮驱动效应的文献较少。白俊红和王林东（2016）设立的创新能力指标体系中虽然考虑了制度因素，但是仅是使用邮电业务量和政府财政支出占 GDP 的比重等来衡量制度创新水平，并没有刻画清楚制度创新的内涵。事实上，制度创新涵盖了市场、体制、政策、金融等多个层面，通过适宜的制度完善创新市场和创新环境，最终能够对创新型国家的建设产生重要的影响。

从我国区域创新发展的现状来看，魏守华等（2008）在研究中指出我国区际创新水平之间存在很大差距，东、中、西部地区间的创新水平呈阶梯式下降。王春杨和翁湉（2015）实证考察了中国区域创新差距的时空变动特征，研究发现东、中、西部区域内部的创新差距持续增加，不存在"俱乐部收敛"的特征。由于不同地区之间的技术基础和发展水平存在差异，如果落后地区在发展过程中的创新环境未得到明显的改善，那么他们与发达地区之间的差距会持续增大。但是从长期看，区域之间也可能会达到创新的收敛，一方面，技术知识具有溢出性，先进地区的创新知识和技术会扩散到落后地区，落后地区通过学习先进地区的创新技术以提升本地区的创新能力；另一方面，落后地区的创新边际产量较高，更能有效地利用引进的技术和资本等创新要素，从而取得较快的创新发展速度，缩小与发达地区之间的差距（Barro and Sala - I - Martin，1992；杨朝峰等，2015）。可见，目前学界就区域创新的收敛性问题还没有得出统一的结论。

从目前的文献来看，既有研究就区域创新评测方面较少涉及创新"质量"的考察，并大多从科技创新能力的视角设立创新评测指标体系。然而，创新型国家的建立，更多依靠于创新的质量，需要科技"硬创新"和制度"软创新"的共同驱动。为此，与以往研究相比，本章的贡献主要体现在：第一，立足于创新"质量"的视角，从科技创新和制度创新两个维度构建创新质量综合评测体系，对中国各地区的创新质量水平进行测度，从而明确创新质量在区域间的分布情况；第二，利用空间 β 收敛面板模型，实证考察了人力资本流动和金融资本流动对中国区域创新质量空间收敛的影响，为实现区域创新的均衡发展，进而促进经济高质量增长提供理论参考。

第三节 区域创新质量的测度理论与方法

经济高质量发展的背景下，创新发展也逐渐从数量型转向了质量型。数量型背景下，区域创新发展可以用专利授权数量衡量，但是在质量型发展背景下，区域创新质量如何衡量呢？本部分通过指标体系法，构建了衡量区域创新质量的指标体系。

一、区域创新质量的内涵与指标体系构建

创新质量是衡量或评判创新价值的重要标准，体现了创新价值实现过程的总和。Garfinkel（1990）将研究质量定义为研究的技术性、研究的影响力、研究成果的应用性等，该界定已经与之后的创新质量定义较为接近；Juran（1992）将研究质量描述为研究过程中的信息和知识能够满足用户要求的程度；Haner（2002）最早提出创新质量的概念，认为创新质量包含产品、过程、经营三个维度，可以使用数量、绩效、价值、可靠性等指标来衡量创新质量；Bloom 和 Van（2002）认为专利的引用率越高，区域创新质量越高；杨幽红（2013）将创新质量定义为创新提供的产品和服务或者经营管理者的组织或方法等满足客户要求的程度。由此可以看出，创新质量的高低涵盖于整个创新过程，不仅包括科技创新能力还包括完善的制度保障。基于此，本章尝试从科技创新和制度创新两个层面构建区域创新质量指标衡量体系。具体如表 5-1 所示。

表 5-1　　　　　　　　　区域创新质量综合评价指标体系

一级指标	二级指标	三级指标	属性	权重
科技创新	创新资源	R&D 人员全时当量	+	0.076
		高等教育及以上学历人口占总人口比重	+	0.043
		R&D 支出占 GDP 的比重	+	0.052
	创新成果	发明专利授权量	+	0.053
		科技论文发表数	+	0.042
		技术市场成交合同金额	+	0.049
	企业创新	规模以上工业企业 R&D 人员全时当量	+	0.064
		规模以上工业企业 R&D 支出	+	0.058
		规模以上工业企业新产品销售收入	+	0.067
		高技术产品出口贸易额	+	0.059

续表

一级指标	二级指标	三级指标	属性	权重
制度创新	创新政策	公共教育支出占 GDP 比重	+	0.055
		政府 R&D 支出占 GDP 比重	+	0.073
		科技成果产业化计划项目数	+	0.061
	市场制度	市场化指数	+	0.052
		科技活动经费来自金融机构的贷款	+	0.058
		进出口总额占 GDP 的比重	+	0.042
	文化发展	出版印刷量	+	0.033
		图书馆藏书量	+	0.040
		艺术团演出场次	+	0.024

注：属性中"＋"表示在设定的指标衡量方式下，该指标为正向指标，值越大对经济高质量发展的促进作用越明显。表中各三级指标的权重由熵权法测算得出。

资料来源：作者根据 Stata12.0 分析结果整理。

（一）科技创新指标

科技创新是保障国家创新驱动战略顺利实施的重要方面。本章从创新的全过程以及创新网络两个维度对科技创新内容进行全面刻画，不仅考虑了创新资源和创新成果，更将作为技术创新主体的企业创新涵盖在内。创新资源方面，Romer（1990）等学者在研究中指出，创新人才和创新资本是最为重要的创新资源，基于此，本章选取 R&D 人员全时当量和高等教育及以上学历人口比重两个指标表征创新人力资本，选取 R&D 支出占 GDP 的比重表征创新资本投入。创新成果方面，本章从发明专利授权量、科技论文发表数、技术市场成交合同金额三个维度综合衡量科技创新的成果。企业创新方面，由于高技术企业和工业企业是科技创新的主力军，因此，我们选取了规模以上工业企业 R&D 人员全时当量、规模以上工业企业 R&D 支出、规模以上工业企业新产品销售收入、高技术产品出口贸易额四个指标衡量我国的企业创新质量。

（二）制度创新指标

制度创新是创新驱动战略顺利实施的后援力量，也是科技创新质量提升的强有力保障。本章从政策、市场和文化三个维度衡量制度创新的主要内容。创新政策方面，主要选取了公共教育支出占 GDP 比重、政府 R&D 支出占 GDP 比重、科技成果产业化计划项目数三个维度的指标。原因在于，政府对公共教育的支持是保障创新人才供给的重要制度基础，公共教育支出的增加能够有效提升我国的平均人力资本水平；政府 R&D 支出占 GDP 的比重反映了政府对于技术创新的支持力度，对于技术创新能力的提升具有重要的意义；此外，科技成果的顺利转化关系到创新成果的应用和社会价值的发挥，国家颁布的科技成果产业化计划项目数量在一定程度上反映了政府对科技成果产业化和商业化的支持和保障力度。健全的市场经济制度是保障创新活动服务于经济发展的有力支撑。因此，本章选取市场化指数、科技活动经费来自金融机构的贷款、进出口总额占 GDP 的比重三个维度来反映我国的市场化制度内容。文化发展是国家软实力的重要体现，能够为研发创新活动提供精神动力和智慧支持（杨新洪，2008），基于此，本章从出版印刷量、图书馆藏书量、艺术团演出场次方面，对于国家的文化制度政策进行刻画表征。

二、评测方法说明

目前学界一般使用因子分析法或者熵权法测算综合评价指标体系中各项指标的权重，但是相比于熵权法，因子分析法需要选择的各项指标间可能存在严重的多重共线性问题，因此本章选用熵权法测度指标体系中三级指标的权重。具体的测算步骤如下：

首先，对数据标准化处理。采用极差法对各指标数据进行标准化处理得到标准化指标 y_{ij}：

$$正向指标 \ y_{ij} = \frac{x_{ij} - \min(x_{ij})}{\max(x_{ij}) - \min(x_{ij})} \tag{5.1}$$

式（5.1）中，i 表示城市，j 表示测度指标；x_{ij} 和 y_{ij} 分别表示原始数据和标准化后的指标值，$\max(x_{ij})$ 和 $\min(x_{ij})$ 分别表示指标 x_{ij} 的最大值与最小值。

其次，计算标准化后各测度指标 y_{ij} 的信息熵 e_j。

先求得区域 i 第 j 项指标的比重为 $Y_{ij} = y_{ij} / \sum_{i=1}^{m} y_{ij}$，那么信息熵可以表示为：

$$e_j = \ln \frac{1}{n} \sum_{i=1}^{m} Y_{ij} \times \ln Y_{ij} \qquad (5.2)$$

式（5.2）中，m 表示区域的个数。

最后，计算区域创新质量指标体系中各指标的权重 W_j：

$$W_j = (1 - e_j)/n - \sum_{j=1}^{n} e_j \qquad (5.3)$$

运用熵权法计算出各指标的权重（见表5-1）以及考察期内我国各省份的区域创新质量值，具体结果如表5-2所示。

表 5-2　　　　 2000~2018 年中国各省份的创新质量平均值及排名

地区	平均值	排序	地区	平均值	排序
北京	0.829	1	河南	0.431	9
天津	0.400	11	湖北	0.445	8
河北	0.349	15	湖南	0.352	14
辽宁	0.492	7	中部平均	0.338	/
上海	0.730	3	内蒙古	0.277	21
江苏	0.588	5	广西	0.204	25
浙江	0.661	4	重庆	0.305	18
福建	0.363	13	四川	0.407	10
山东	0.509	6	贵州	0.201	26
广东	0.773	2	云南	0.253	23
海南	0.189	27	陕西	0.384	12
东部平均	0.535	/	甘肃	0.229	24
山西	0.324	16	青海	0.152	29
吉林	0.294	19	宁夏	0.173	28
黑龙江	0.310	17	新疆	0.146	30
安徽	0.283	20	西部平均	0.248	/
江西	0.264	22	全国平均	0.377	/

注："/"表示此项为空。

资料来源：作者根据 Stata12.0 分析结果整理。

从表 5 - 2 的结果来看，中国东部地区的创新质量远高于中部和西部地区，排名前十的省份除了湖北、河南和四川以外，前 7 名的均为东部沿海城市。此外，东部地区创新质量的平均值（0.535）不仅高于中部地区（0.338）、西部地区（0.248）创新质量的平均值，还远远高于全国创新质量的平均水平（0.377）。由此可见，当前我国的创新发展在地区之间还存在着很大差距，这可能与我国东部沿海地区率先开放经济基础条件较好，研发环境优良，创新制度保障健全，而中西部地区经济发展稍显落后，对创新人才的吸引力不足，创新生产活动和创新意识起步较晚等因素有关。

三、数据说明

由于 R&D 人员数量、R&D 支出数量、科技成果产业化计划项目数等数据在地级市层面上缺失较为严重，因此本章选用的是 2000 ~ 2018 年中国省级行政区（西藏以及中国香港、中国澳门、中国台湾的数据有所缺失，暂不予以考虑）的面板数据。本章所有数据来源于《中国统计年鉴》《中国科技统计年鉴》《中国高技术产业统计年鉴》《中国文化文物统计年鉴》、Google Patents 数据库，"科技成果产业化计划项目数"数据从各省份政府网站上手动整理得到。

第四节 要素流动对创新质量空间收敛的影响

由上述分析可以看出，我国东、中、西三大经济带间的创新质量存在着很大的差距。Jungmittag（2006）在研究中指出，创新是决定经济发展的深层力量，地区间创新差距的存在会影响创新活动的整体运行绩效，造成创新资源的无效率衔接与配置，进而阻碍经济的持续增长；因此，探究要素流动对我国区域创新质量收敛的影响，并在此基础上厘清缩小区域创新差距的具体措施对于我国创新驱动战略的顺利实施和经济的高质量发展具有重要的实现意义。

一、人力资本流动对地区创新空间收敛的影响

由于研发创新具有知识性和技术性的特征，需要高技能劳动力的参与，因此传统劳动力的流动对创新活动产生的影响几乎很微弱，而人力资本是知识和技术的载体，其在区际间的流动更能够对创新生产活动产生影响（王铖等，2016）。人力资本的流动一方面能够带动知识和技术的传播和扩散，为流入地区带去先进的创新知识和技术，另一方面能够促进更多的互动和交流，助推地区间创新合作网的形成。这些因素均能够不断缩小地区间的创新差距，使得地区间创新逐渐呈现出收敛的态势。然而，人力资本的流动也可能会对区域创新差距产生负面影响，创新水平较高的地区依靠现有的经济基础、优越科研条件与机遇，仍然吸引到了大量的高技能人力资本流入，从而促进其创新质量的持续提升进一步加大与落后地区的创新差距。

借鉴 Joshua 和 Hendrik（2008）、白俊红等（2017）的研究，本章采用引力模型测算人力资本的流动程度。Joshua 和 Hendrik（2008）通过验证指出，引力模型在经济事物的空间关联性中具有较强的解释力，目前已经被广泛地应用于人口迁移、国际贸易流动等领域。具体计算公式如下：

$$FS_{ij} = \frac{KP_iP_j}{d^2} \tag{5.4}$$

式（5.4）中，FS_{ij} 表示区域 i 和区域 j 间的人力资本流动程度；$K=1$；P_i 和 P_j 分别表示 i 地区和 j 地区的人力资本水平，由大学及以上水平学历层次所需年限数乘以各学历人才占总人口的比重加总得到，d^2 表示区域 i 和区域 j 之间中心位置距离的平方。

二、金融资本流动对地区创新空间收敛的影响

创新活动的顺利开展需要有大量的资金支撑。随着互联网金融的不断完善和发展，资本在区际间流动的规模和速度均取得大幅度提升，其在流动过程中所产生的资源重组效应将会对地区间的创新发展产生重要影响。首先，

资本具有"趋利性"的特征，其流动的方向和规模作为一种市场信号，能够为各地区的创新生产项目提供指引，促使落后创新项目的淘汰和更具有市场潜力的创新项目的开展，从而不断缩小区域间的创新差距。此外，在获益性目标的支配下，资本更倾向于流向创新质量较高的地区，从而使得优势地区积累更多的创新资本，而落后地区却面临着资金不足，创新项目缺乏资金支撑的困境，从而使地区间的创新差距进一步扩大，区域创新发展趋于发散。

本章在李小平和陈勇（2007）、王钺和白俊红（2016）研究的基础上，使用各地区资本存量占全国资本存量比例的变动来衡量资本在区际间的相对流动情况。资本存量使用永续盘存法进行测算。由于永续盘存法基期年份选择越早，误差越小，因此我们以1952年为基期进行核算。

三、技术信息流动对地区创新空间收敛的影响

创新是指创新主体综合运用相关信息和技术，研发新产品的过程，而信息在创新生产活动中起到至关重要的作用（Hall et al.，2005）。专利作为创新活动的成果，包含了大量关于技术、思路、发明的信息，能够为当下的研发创新活动提供有效的信息和启发。Jaffe等（1993）利用美国境内的专利引用数据，检验了专利信息流对创新行为的影响。Trajtenberg（2002）使用专利引用数据研究了美国高校和联邦政府之间的知识信息溢出信息。Criscuolo等（2008）研究了欧洲地区之间的专利引用情况。本章沿用以上研究的思路，使用我国地区间的专利引用数据，表征技术信息要素在区际间的流动。虽然专利引用数据刻画技术信息流动存在一定的缺陷，但是它能够提供专利背后所涵盖的技术和知识信息在区际间的使用情况，可以用来表征技术信息的流动和使用情况（刘雯，2018）。

本章的专利引用数据来源于Google Patents数据库，包括发明专利、实用新型专利和外观设计专利三种专利的跨地区后向引用数据，区际间专利引用（不包括自引）总量最大值为23 148件，平均值为524件，可见我国区际间存在着明显的技术信息流动。

四、考虑空间效应的条件 β 收敛模型

在经济理论中，β 收敛主要是指欠发达地区比先进地区具有更高的增长率，在长期内经济发展水平最终会趋向收敛（林毅夫和刘明兴，2003）。本章选用条件 β 收敛模型进行分析。在区域层面开展研究时，一个不容忽视的问题就是区域间的空间相关性。Anselin（1988）指出，几乎所有的空间活动都具有空间依赖性或者空间相关性的特征，区域创新问题也不例外。基于此，本章选用能够将区域空间相关性考虑在内的空间条件 β 收敛模型进行分析。具体的计量模型如下：

空间自回归条件 β 收敛模型（SAR）：

$$\left[\frac{\ln(inv_{it}/inv_{i0})}{T}\right] = \alpha + \rho W\left[\frac{\ln(inv_{it}/inv_{i0})}{T}\right] + \beta \ln inv_{i0} + \beta_1 \ln X_{it}^*$$

$$+ \beta_2 \ln X_{control} + \varepsilon_{it} \tag{5.5}$$

式（5.5）中，inv_{i0} 为各地区基期的创新质量水平，inv_{it} 为各地区在 t 时期的创新质量水平；β 为收敛系数，如果 $\beta < 0$，则说明地区间创新质量空间收敛，反之则发散；α 为常数项；ρ 为空间自回归系数，反映了区域创新活动间的空间相关性，W 为空间权重矩阵，本章选用的是地理距离空间权重矩阵；X_{it}^* 代表 i 区域在 t 时期的人力资本流动（HFL）、金融资本流动（CFL）、技术信息流动（IFL）水平；$X_{control}$ 为本章选取的一系列控制变量，包括外商直接投资（FDI）、财政分权程度（FD）、环境规制强度（ENV）等。本章采用研究中通用的做法取 $T = 1$，也即模型中的被解释变量为当期的增长率。

空间误差条件 β 收敛模型（SEM）：

$$\left[\frac{\ln(inv_{it}/inv_{i0})}{T}\right] = \alpha + \beta \ln inv_{i0} + \beta_1 \ln X_{it}^* + \beta_2 \ln X_{control} + \varepsilon_{it}$$

$$\varepsilon_{it} = \lambda W \mu_{it} + \mu_{it} \tag{5.6}$$

式（5.6）中，λ 为空间误差系数，μ_{it} 为服从独立同分布的随机误差项向量，其余变量的含义与式（5.5）相同。

第五节　实证结果与分析

本部分内容使用空间条件 β 收敛模型，实证检验了人力资本流动、金融资本流动和技术信息流动对我国区域创新质量收敛的影响，并对计量回归结果进行了分析。

一、实证结果

本章利用 Matlab R2014b 软件对式（5.4）和式（5.5）的空间计量模型进行估计。经 Hausman 检验，我们选用固定效应模型，并且当地区固定和时间不固定时，SAR 模型和 SEM 模型均能取得较高的极大似然值，因此我们只报告各模型中地区固定和时间不固定效应时的回归结果。具体估计结果如表 5 - 3 所示。

表 5 - 3　　　　　　　　考虑空间效应的条件 β 收敛回归结果

变量	SAR				SEM			
	(1)	(2)	(3)	(4)	(5)	(6)	(7)	(8)
ρ	0.264 *** (0.005)	0.160 ** (0.013)	0.134 *** (0.007)	0.242 ** (0.025)	/	/	/	/
λ	/	/	/	/	0.593 *** (0.000)	0.460 *** (0.000)	0.336 *** (0.000)	0.375 *** (0.000)
β	− 0.025 ** (0.022)	− 0.031 *** (0.007)	− 0.043 ** (0.039)	− 0.017 ** (0.014)	− 0.021 *** (0.000)	− 0.034 ** (0.025)	− 0.032 *** (0.001)	− 0.008 ** (0.033)
HFL	0.029 *** (0.003)	/	/	0.023 *** (0.000)	0.044 *** (0.010)	/	/	0.032 *** (0.007)
CFL	/	0.421 (0.211)	/	0.208 (0.103)	/	0.338 (0.175)	/	0.392 (0.465)
IFL	/	/	0.065 *** (0.001)	0.058 *** (0.000)	/	/	0.044 *** (0.003)	0.038 *** (0.009)

续表

变量	SAR				SEM			
	（1）	（2）	（3）	（4）	（5）	（6）	（7）	（8）
FDI	0. 103 ***	0. 225 **	0. 207 ***	0. 348 **	0. 293 ***	0. 383 **	0. 227 **	0. 174 ***
	(0. 000)	(0. 026)	(0. 000)	(0. 035)	(0. 001)	(0. 014)	(0. 023)	(0. 000)
FD	- 0. 745 **	- 0. 683 **	- 0. 558 **	- 0. 529	- 0. 446 **	- 0. 288 *	- 0. 305	- 0. 292
	(0. 025)	(0. 031)	(0. 044)	(0. 348)	(0. 031)	(0. 054)	(0. 226)	(0. 557)
ENV	0. 247	0. 159	0. 228	0. 424	0. 375 **	0. 226 *	0. 142 **	0. 607 *
	(0. 762)	(0. 277)	(0. 486)	(0. 932)	(0. 040)	(0. 063)	(0. 013)	(0. 052)
地区固定	是	是	是	是	是	是	是	是
时间固定	否	否	否	否	否	否	否	否
Log − L	130. 294	155. 776	104. 868	89. 043	185. 082	162. 354	122. 164	194. 328

注：括号内数字为显著性概率；*** 、** 、* 分别代表显著性水平小于0. 01、0. 05 和0. 1；"/"表示此项为空。

资料来源：作者根据 Matlab R2014b 分析结果整理。

表5-3 中，空间项系数 ρ 和 λ 均显著为正，这表明我国区域创新质量间存在着正向空间相关性，即创新质量高的地区也会对周围城市的创新质量产生正向影响。

模型（1）和模型（5）表示的是人力资本流动对创新质量空间收敛影响的结果。可以发现，无论使用空间 SAR 模型还是空间 SEM 模型，区域创新质量的条件 β 收敛系数至少在5%的水平下显著为负，人力资本流动量的系数均显著为正。这表明我国的区域创新质量在长期中能够达到空间收敛的状态，并且人力资本流动对区域创新的收敛具有显著的正向促进作用。鉴于此，应该进一步深化户籍制度改革，破除高技术人才落户硬性条件，不断完善人力资本合理流动的体制机制，鼓励人力资本在市场引号的指引下，在区域间自由流动，从而加速促进我国地区间创新质量的收敛。

模型（2）和模型（6）表示的是金融资本流动对创新质量空间收敛影响的结果。可以看出，两个模型中，条件 β 收敛系数均显著小于零，这表明创新质量落后地区的增长率大于创新质量先进地区，区域创新在长期内能达到收敛。资本流动量的回归系数虽然为正，但是在两个模型中均不显著，这表明我国资本流动对区域创新质量的空间收敛还没有显著的影响。可能的原因在于，目前我国资本市场的市场化改革虽然取得了一定的进展，但是中部和西部地区的金融市场发展还相对比较落后，从而造成资本在区际间自由流动的规模和速度还受到一定的限制，因此资本流动对创新质量地区差距的影响可能并不显著。

模型（3）和模型（7）表示的是技术信息流动对区域创新质量空间收敛影响的回归结果。可以看出，无论是空间 SAR 模型还是空间 SEM 模型，条件 β 收敛系数均显著为负，并且技术信息的流动量系数显著为正，这说明技术信息的流动能够显著促进我国区域创新的空间收敛。此外，技术信息流动的回归系数要大于人力资本流动量的回归系数（0.065 > 0.029），表明技术信息的跨地区流动在区域创新的收敛过程中发挥了重要的作用，该作用力的大小比人力资本的流动还要高。因此，要进一步鼓励技术类信息在区际间的流动，在完善的知识产权保护和激励制度下，鼓励专利等技术要素的跨区域传播和学习。

模型（4）和模型（8）表示的是将人力资本流动、金融资本流动和技术要素流动共同纳入模型，避免了遗漏变量影响后的估计结果。可以发现，将三者同时加入模型之后，条件 β 收敛系数仍显著小于零，人流资本流动和技术信息流动对区域创新质量收敛的影响系数变小，并显著为正，而金融资本流动对区域创新质量的影响系数仍然不显著。

二、稳健性检验

空间权重矩阵的选取可能会影响估计结果的稳健性。上述研究使用的是地理距离空间权重矩阵，然而，林光平（2006）等学者指出虽然区域间的空间相互关系具有地理属性，但是地理距离相近的省份间经济上的关系可能并不完全相同，存在着经济发展较好的地区对经济发展水平较低的地区具有更强空间辐射作用的态势。因此，为了验证上述结果的稳健性，本章构建社会经济特征空间权重矩阵：

$$W_{ij}^e = W_{ij}^d diag(\overline{Y_1}/\overline{Y},\ \overline{Y_2}/\overline{Y},\ \cdots,\ \overline{Y_n}/\overline{Y}) \tag{5.7}$$

式（5.7）中，W_{ij}^d 为空间距离权重矩阵；$\overline{Y_i}$ 为考察期内地区 i 的 GDP 均

值；$\overline{Y}$ 为观察期内所有地区的 GDP 均值。

稳健性检验的结果表明采用空间经济距离权重矩阵之后，人力资本流动和技术信息流动能够显著地助推我国区域创新质量的空间收敛，而金融资本流动目前对区域创新质量收敛的影响并不显著。可见，上述结果是稳健的。

第六节 结论与启示

本章基于国内经济大循环战略下实现要素优化配置和区域创新协调发展的迫切性背景，空间条件 β 收敛模型，实证检验了人力资本流动、金融资本流动和技术信息流动对我国区域创新质量收敛的影响。研究发现，我国的区域创新质量在地区之间存在着一定的差距。人力资本流动和技术信息流动能够显著缩小区域创新差距，助推我国区域创新质量的收敛，而金融资本流动对区域创新质量收敛的影响并不显著。鉴于此，本章得出如下启示：

第一，经济内循环的畅通需要建立在要素市场化改革和要素自由流动的基础上。各地区要建立健全公平自由的人才流动机制，进一步深化户籍制度改革。人力资本的跨区域流动是统筹区域创新发展，破除区域创新差距的重要方面。因此，地方政府应该尽力破除阻碍人力资本流动的制度壁垒，为外来的高素质人才提供优良的公共服务，加速人力资本的跨区域流动，健全各地区高技术人力资本引进落户制度，从而促进区域创新的协调发展和经济内循环的顺畅。

第二，鉴于目前我国金融资本流动还未对区域创新活动产生影响的现实，我们应该加快金融市场化改革步伐，保障创新活动的资金支持。当前我国的金融市场化程度还不高，特别是中西部地区，因此各地区应该不断深化金融改革，鼓励金融机构设立创新资金专项管理部门，开辟创新资金"绿色通道"，从而为创新项目的顺利开展提供灵活的资金支持和风险预测，保障各地区的创新资金需求，加快区域创新的收敛和国内大循环的运转。

第三，新兴要素（信息、技术）等的优化配置在国内大循环战略中具有重要的地位。地方政府应尽快完善知识产权的保护和引用激励制度，在能够保护发明者利益的情况下，最大限度地鼓励技术信息在区际间的流动和溢出，在此基础上利用 5G 等大数据手段加快技术信息在地区间的流通和传播，从而促进我国区域创新能力的提升，为国内经济大循环提供智力保障。

第六章

要素的跨国流动与区域
创新能力的提升

本章旨在考察上海自由贸易试验区的成立对区域创新能力的影响。在理论分析上海自由贸易试验区影响区域创新生产活动内在机制的基础上，利用合成控制分析技术，构建"反事实"样本，实证考察了上海自由贸易试验区成立前后，创新变量的实际值与"反事实"值间的差距。研究发现，上海自由贸易试验区的设立能够显著促进上海市创新水平的提升，且该结果具有稳健性。本章结论为更好地发挥"自贸区驱动"的功效，建设创新型国家，从而提升我国的国际竞争力提供有益参考。

第一节　自由贸易试验区设立对区域
创新能力的影响
——上海自由贸易试验区
准实验的证据

金融危机过后，全球经济复苏乏力，世界经济依然处于经济危机后的深度调整期，贸易保护主义逐渐抬头，"逆全球化"趋势日益明显，传统的国际贸易投资规则并不能适应以全球价值链为代表的新兴贸易模式，贸易治理结构也正处于新的调整期。在此背景下，为了积极应对国际贸易投资新规则的压力与挑战，避免在未来的国际经贸治理格局中被边缘化，中央提出建设中国自由贸易试验区的开放战略。以开放促改革、促创新、促发展，重构对外开放格局，成为新时代中国经济发展的重要战略内容。

自由贸易试验区战略是新时代下中国推进供给侧结构性改革，构建开放型经济新体制，进而促进国民经济平稳高质量发展的重要途径，因而也成为目前学界关注的焦点之一。现有研究主要聚焦于自由贸易试验区设立的经济驱动效应，大多从定性的视角，重点分析了自由贸易试验区的设立对区内经济增长的影响。陈爱贞和刘志彪（2014）通过对上海自由贸易试验区的评估发现，自由贸易试验区的设立能够加速我国要素市场的开放进程，从而实现资源的有效配置和经济的增长。陈琪和刘卫（2014）的研究指出自由贸易区的设立对经济增长的影响可能具有正、反两方面的效果，一方面，自由贸易试验区的建立会使区内的资源在市场机制的作用下得到有效的配置，从而促进经济增长，并且自由贸易试验区建立所产生的集聚效应和规模经济效应均能够带来制度红利，促进区内经济的提升；但另一方面，自由贸易区的建立可能会使自由贸易试验区和其他经济特区之间在资源和政策方面产生利益冲突和挤出效应，从而不利于整体经济的增长。盛斌（2017）从投资、贸易、金融、监管等方面对我国当前已建成的自由贸易试验区进行了成果评估，并提出了进一步建设的政策建议。近年来，随着应用微观计量分析技术的成熟与发展，也有少量学者从定量的视角对考察了自由贸易试验区建立对地区经济的影响效应（谭娜等，2015；王利辉和刘志红，2017）。

可以看出，上述研究均忽视了自由贸易试验区的设立对地区创新能力的影响，然而这一影响效应对我创新型国家的建设以及国民经济的高质量发展却是非常重要的。内生增长理论表明，创新是影响一国经济增长的内在动力，地区间创新水平的差异，才是形成区域发展差距的深层力量（prescott，1998；孙健，2010）。Romer（1990）的研究指出，一个地区的创新要素投入越多，那么经济的增长率越高。陈继勇和盛杨译（2008）利用中国分省份的 FDI 数据面板数据，分析了引进技术对我国全要素生产率的影响，结果表明国外 R&D 活动会通过 FDI 传递渠道，对中国的经济、科技创新水平产生重要的影响。

基于此，本章拟聚焦于技术创新能力的视角，利用政策评估技术中的合成控制研究方法，科学地评估出中国自由贸易试验区的设立对地区技术创新能力的影响以及影响我国创新生产活动的相关因素，以期通过本书的研究，为我国创新驱动战略的成功推进以及对外开放新格局的科学构建提供理论依据和政策参考。

与以往研究相比，本章的贡献主要体现在以下两个方面：第一，将作为经济增长内生动力的研发创新活动纳入到自由贸易试验区的经济效应评估框架之中，深入探究自由贸易区的设立对地区创新生产的影响，进而为完善我国自由贸易试验区的建设以及创新驱动战略的顺利实施，从而实现国民经济的持续健康增长提供有益参考；第二，从定量分析的视角，利用政策效应评估方法中的合成控制法，对比上海自由贸易试验区设立前后地区创新水平的实际值与"反事实"值之间的差异，准确识别出上海自由贸易试验区的建立对创新的影响。

本章的后续研究安排是：首先，介绍中国自由贸易试验区建设的相关背景，并探讨了自由贸易试验区影响地区创新水平的内在影响机理；其次，介绍本章的估计方法和指标的衡量方法，并对本章的实证回归结果进行了报告和分析；再次，为实证结果的稳健性检验；最后为结论和政策建议。

自由贸易试验区设立的主要目的是以制度创新和金融改革加强对外贸易的便利化、增加外商投资企业的数量、推进中资企业的"走出去"、压缩"僵尸企业"和"空壳企业"、给企业的融投资带来便利，从而促进我国改革开放的进一步深化。自贸区内较高的对外开放水平、较多的企业数量以及较好的市场环境可以从微观、中观、宏观三个角度，概括为竞争效应、溢出效应、国际贸易效应三种效应，作用于地区创新能力的提升。具体影响机制如图 6-1 所示。

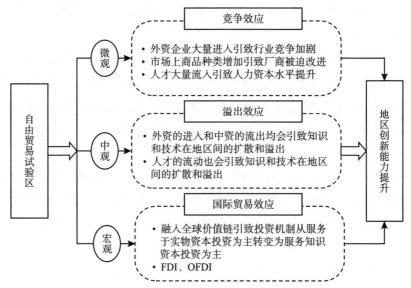

图 6-1　自由贸易试验区对地区创新能力影响的作用机制

一、自由贸易试验区影响地区创新能力的微观层面分析

从微观层面来看，自由贸易试验区设立所伴随的竞争效应带动了地区自主创新能力的提升。具体来说，首先，自由贸易试验区成立后凭借着区内优良的制度环境，吸引了大量企业进入，这加剧了企业间的竞争，在利润最大化目标的驱使下，各企业为了获得更大的市场份额，提高生产效率，必须进行不断的创新，以提高自身的市场竞争力；其次，自贸区内众多的企业和对进口商品的优惠政策，使自贸区内商品种类繁多，同种商品之间可替代的选择越来越多，从而造就了对产品和服务质量更加挑剔的消费者（波特，2002），在此情形下，企业只有对产品不断创新才能保证脱颖而出，在激烈的市场竞争中获得生存空间；最后，自由贸易试验区的发展需要大量的高质量人才作为保障。由此可见，自由贸易试验区的设立在微观层面上会通过行业间的竞争、企业的被迫改进以及人力资本提升三个方面对创新生产活动产生影响。

二、自由贸易试验区影响地区创新能力的中观层面分析

从中观层面来看，自由贸易试验区设立所伴随的溢出效应带动了地区自主创新能力的提升。地区溢出效应可以分为对外贸易的溢出和人才流动的溢出两个方面，具体来说，一方面，自由贸易试验区内本土企业和外资企业并存，然而本土企业和外资企业在技术水平上存在着一定程度的差异，在技术势差显著的情况下，外资企业的知识和技术就会溢出，从而对本土企业的技术创新能力产生一定的影响（沈能和李富有，2012）；另一方面，自由贸易试验区以高效的行政和专业化的服务吸引了大量的"走出去"企业进驻，宋跃刚和杜江（2015）的研究指出，本土企业的"走出去"有助于掌握东道国最新的技术研发动态，通过逆向知识溢出，促进自身技术创新能力的提升。自贸区内溢出效应产生的另外一个途径就是人才的流动，在开放型的环境中，公司之间的合作与交流日益增多，人才流动机制较为完善，相关技术人才和管理人才的流动较为频繁。Almeida 和 Kogut（1999）的研究指出，高技术人才在区域间的自由流动能够带动知识的交流和互动，引致知识的溢出，从而促进区域内创新能力的提升。陈岩（2011）的研究也指出，人才的流动会带新知识的外溢，而员工培训会扩大外溢半径，提升母公司的吸收能力和技术创新能力。由此可见，自由贸易试验区的设立在中观层面上会通过知识的溢出对创新生产活动产生影响。

三、自由贸易试验区影响地区创新能力的宏观层面分析

从宏观层面来看，自由贸易试验区设立所伴随的国际贸易效应带动了地区自主创新能力的提升。20 世纪 90 年代以来，以产品内分工为核心的全球价值链模式已经成为经济全球化与国际分工的主流，并且各国对自身在价值链中所处位置的竞争也逐渐成为国际竞争的主要方面之一。而自由贸易试验区的设立目的之一就是让我国在新一轮的国际竞争中建立起新的优势，积极向全球价值链的上游位置攀升，发挥示范引领作用。在该目标的驱动下，自贸区内更倾向于投资知识资本，而对知识资本的投资能够保证我国在全球价

值链中的领先地位。此外，自由贸易试验区的 FDI 投资活动也会对创新生产活动产生影响。具体来讲，当 FDI 投资进入自贸区后，不仅面临着自贸区内原有企业的竞争，还面临着潜在进入者的威胁，因此，跨国公司为了在自贸区内取得较好的发展，必须充分了解市场上的偏好，加大研发投入，生产出符合市场需求的商品，而此跨国公司研发投入的增加会通过两个方面影响上海自贸区内的技术创新能力：首先，跨国公司是先进技术和管理经验的代表，其在东道国研发投入的增加会直接带动东道国的技术进步和创新能力的提升（罗军和陈建国；2014）。其次，在跨国公司研发活动本土化的过程中，会不可避免地与自贸区内的其他企业或者研发机构进行合作，最终实现自贸区创新能力的提升。最后，上海自贸区内的 OFDI 活动也同样会对创新活动产生影响，通过 OFDI 渠道，可以将非熟练的劳动密集型活动转向工资率低的国家，而将熟练型活动留在区内生产，对技术创新活动具有显著的正向影响（Siotis，1999；Head and Ries；2002）。

第二节　利用合成控制法的回归结果分析

本章选取上海自由贸易试验区为研究对象，主要的原因在于：与其他自由贸易试验区相比，上海自由贸易试验区设立的时间较长，在进行政策估计的时候，具有一定长度的事前窗口期和事后窗口期，使得政策评估的结果较为准确，以避免结果出现偏误。

一、实证模型的构建

中国（上海）自由贸易试验区于 2013 年 9 月 29 日正式挂牌成立。根据政策评估理论，上海市 2013 年 10 月之后的经济运行情况为处理组，国内其他城市为对照组，以比较处理组和对照组之间的差异，从而评估出上海自贸区的设立对地区创新的影响。一个直观的想法就是利用双重差分法对比上海自由贸易试验区成立后的创新生产水平和其他地区的创新生产水平之间的差距，该差距就是上海自由贸易试验区的设立对上海市创新水平的影响。然而，在应用双重差分法时，就会面临着样本选择偏误和不能充分排除政策内生性两大障碍。

为了克服双重差分法的缺陷，Abadie 和 Gardeazabal（2003）、Abadie 等（2010）提出了合成控制法，其基本思想如下：虽然寻找出各方面和上海市完全类似的对照组是困难的，但是可以对没有设立自由贸易试验区的其他地区进行加权，以构造出一个跟上海市较为类似的对照组，然后对比处理组和合成的对照组在政策实施前后的差距。近年来，随着合成控制方法的成熟与完善，其已经被广泛地应用到政策评估之中。Abadie 等（2010）利用合成控制法将其他州作为对照组，研究了美国加利福尼亚州控烟法的实施是否对烟草的消费产生了显著影响；王贤彬和聂海峰（2010）研究了 1997 年重庆直辖市的设立对其他相关地区经济增长的影响；刘甲炎和范子英（2013）利用合成控制法对中国房产税试点城市的住房市场变化进行了评估。

合成控制法最基本的特征是通过对多个对照组对象进行加权，构造出一个与处理组完全类似的、合理的控制组，并根据控制组的数据构建出"反事实"[①] 样本，以比较处理组和"反事实"样本在政策实施前后的差别。其具有如下优点：（1）合成控制法作为一种非参数方法，主要通过现实数据来确定对照组的权重，减少了主观选择对照组的偏误，并避免了政策的内生性问题；（2）通过对所有对照组的数据特征来加权模拟目标对象政策实施前的情况，可以清楚地反映处理组和合成地区政策在实施之前的相似度，合成地区是根据各个对照组的贡献程度加权形成的，权重取值均为正数并且和总和为 1，避免了过分外推（Temple，1999）。

专利数量是反映区域创新能力的有效指标之一（Acs et al.，2002；温军和冯根福，2012）。假设我们观测到 $P+1$ 个地区在 $t \in [1, T]$ 期内的专利授权数据，其中 I_{it}^{N} 表示第 $i \in [1, K+1]$ 个地区在时间 t 不实施政策时的专利授权数量，I_{it}^{C} 表示第 i 个地区在时点 t 实施政策时的专利授权数量。现假定地区 i 在时点 $t = T_0$ 处宣布实施设立自由贸易区战略，则在 $[1, T_0]$ 期内 i 地区的创新生产活动不受自由贸易试验区设立的影响，$I_{it}^{C} = I_{it}^{N}$；自由贸易试验区设立以后，即在 $[T_0+1, T]$ 期内，令 $\alpha_{it} = I_{it}^{C} - I_{it}^{N}$ 表示自由贸

---

① "反事实"是假设目标对象未实施。

易试验区的设立引致的第 i 个地区在时点的创新水平的变化。对设立自由贸易试验区的地区，我们可以真实观测到它设立自贸区后的专利数据 I_{it}^{C}，但该地区假如没有设立自贸区时的数据 I_{it}^{N} 是无法观测到的，为了构造"反事实"变量，我们参照 Abadie 等（2010）的研究，设立如下因子模型：

$$I_{it}^{N} = \delta_t + \theta_t Z_i + \lambda_t \mu_i + \varepsilon_{it} \tag{6.1}$$

式（6.1）中，δ_t 是影响全部地区创新生产活动的时间固定效应；Z_i 是一个可观测到的（$r \times 1$）维协变量，表示不受自由贸易试验区设立影响的控制变量；θ_t 是一个（$1 \times r$）维未知参数向量，μ_i 是（$F \times 1$）维不可观测的地区固定效应，λ_t 是（$1 \times F$）维无法观测到的共同因子，ε_{it} 是每个地区不能观测到的短期冲击，各地区水平上的均值为 0。

观察式（6.1）可以看出，式（6.1）是双重差分模型的扩展。传统的双重差分模型通常将不能观测的因素转化为时间上的常数，从而限制不可观测因素的影响。而在式（6.1）中，λ_t 不为常数，可以使不可观测到的因素随时间的变化而变化，因此取时间差之后并不会消除不可观测因素 μ_i 的影响。与传统的因子模型相比，合成控制法的应用范围更加广泛。

现假设第一个地区（$i = 1$）设立了自由贸易试验区，余下的 P 个地区（$i = 2, \cdots, P+1$）均为实施该政策。考虑一个（$P \times 1$）维向量权重 $W = (w_2, \cdots, w_{p+1})$ 使得 $w_p \geq 0$，$p = 2, \cdots, P+1$，并且满足 $w_2 + w_3 + \cdots + w_{p+1} = 1$。现对每一个地区的结果变量值进行加权处理，可以得到式（6.2）：

$$\sum_{p=2}^{P+1} w_p I_{pt} = \delta_t + \theta_t \sum_{p=2}^{P+1} w_p Z_{pt} + \lambda_t \sum_{p=2}^{P+1} w_p \mu_p + \sum_{p=2}^{P+1} w_p \varepsilon_{pt} \tag{6.2}$$

假定存在权重向量（$w_2^*, \cdots, w_{p+1}^*$）满足下式：

$$\sum_{p=2}^{P+1} w_p^* I_{p1} = I_{11}, \ \sum_{p=2}^{P+1} w_p^* I_{p2} = I_{12}, \cdots, \ \sum_{p=2}^{P+1} w_p^* I_{pT_0} = I_{1T_0} \ \text{和} \ \sum_{p=2}^{P+1} w_p^* Z_p = Z_1 \tag{6.3}$$

当矩阵 $\sum_{t=1}^{T_0} \lambda_t' \lambda_t$ 是非奇异时，可以得到式（6.4）：

$$I_{1t}^{N} - \sum_{p=2}^{P+1} w_p^* I_{pt} = \sum_{p=2}^{P+1} w_p^* \sum_{s=1}^{T_0} \lambda_t \left(\sum_{n=1}^{T_0} \lambda_n' \lambda_n \right)^{-1} \lambda_s' (\varepsilon_{ks} - \varepsilon_{1s}) - \sum_{p=2}^{P+1} w_k^* (\varepsilon_{ks} - \varepsilon_{1s}) \tag{6.4}$$

Abadie 等（2010）在研究中指出，当政策作用前的时间段相对于实施政策后的时间段较长，等式（6.4）右边的均值将趋近于 0。因此，$\sum\limits_{p=2}^{P+1} w_p^* I_{pt}$ 是 I_{1t}^N 的无偏估计量，政策效应的估计值可以用式（6.5）表示：

$$\hat{\alpha}_{1t} = I_{1t} - \sum_{p=2}^{P+1} w_p^* I_{pt}，\text{其中 } t \in [T_0+1，\cdots，T] \qquad (6.5)$$

从式（6.5）可以看出，得到 $\hat{\alpha}_{1t}$ 需要确定能使式（6.3）成立的权重矩阵 $W^* = (w_2^*，\cdots，w_{p+1}^*)$。而只有当第一个地区的特征向量 $(I_{11}，\cdots，I_{1T_0}，Z_1')$ 位于其他国家特征向量的凸组合 $\{(I_{21}，\cdots，I_{2T_0}，Z_2')，\cdots，(I_{p+11}，\cdots，I_{p+1T_0}，Z_{p+1}')\}$ 之内时，才能确定出 W^*。现实中，由于数据的局限性，很难获得使式（6.3）严格成立的权重矩阵，通常需要使用近似的方法来确定权重矩阵。具体做法为：定义向量 $M = (m_1，\cdots，m_{T_0})$，其为设立自贸区前创新生产情况的线性组合，满足：$\bar{I}_i^M = \sum\limits_{s=1}^{T_0} m_s I_{is}$。当 $m_1 = m_2 = \cdots = m_{T_0-1} = 0$，$m_{T_0} = 1$ 时，有 $\bar{I}_i^M = I_{iT_0}$，此时创新情况恰好为政策实施前的 T_0 时段的情况；而当 $m_1 = m_2 = \cdots = m_{T_0-1} = 1/T_0$，有 $\bar{I}_i^M = T_0^{-1} \sum\limits_{s=1}^{T_0} I_{is}$，表示政策实施前的创新情况为政策实施前期的平均值。定义 F 为向量 $M_1，\cdots，M_F$ 的线性组合，$X_1 = (Z_1'，\bar{I}_1^{M_1}，\cdots，\bar{I}_1^{M_F})'$ 为目标地区（$P+1$）在实施自由贸易试验区战略前的 $(r+M) \times 1$ 维特征向量，类似的，定义 X_0 为 $(r+M) \times P$ 维矩阵，包含 P 个未设立自由贸易区政策地区的特征向量。可以通过最小化 X_1 和 $X_0 W$ 之间的距离 $\|X_1 - X_0 W\|$ 来确定 W^*。Abadie 等（2010）在研究中使用 $\|X_1 - X_0 W\| = \sqrt{(X_1 - X_0 W)' V(X_1 - X_0 W)}$ 来测度距离，其中 V 是 $(r+M) \times (r+M)$ 阶的半正定对称矩阵，V 的最优取值是对于 X_1 和 X_0 中变量的合理权重，V 的取值需要最小化合成控制值的均方误差。

本章以所获得的数据作为驱动，得到合适的 V 的值，以获得合成地区与自由贸易试验区设立地区在政策实施前的近似轨迹。通过加权后得到的合成地区的创新生产情况模拟了政策实施地区在不实施自由贸易试验区战略时的情况，政策实施地区与合成地区之间的抓专利数量水平差异，即是自由贸易试验区的成立对政策实施地区创新能力的影响。

二、相关变量的说明

本章选取专利数量中的发明专利授权数量作为创新水平的代理变量。主要原因在于：在我国，专利的种类主要有发明专利、实用新型专利和外观设计专利3种，其中发明专利技术含量最高，受到专利授权机构的审查也较为严格，更能反映出一个地区的创新能力与科技实力（官建成和何颖，2005），并且与专利授权数量相比，专利申请数量并不能准确地反映地区的创新情况，因为申请的专利并不一定能够通过审查获得授权，因此本章选择发明专利授权量作为被解释变量。此外，根据合成控制法的思想，权重 W^* 的选取要使在上海自由贸易试验区设立之前，合成上海与真实上海各项影响技术创新活动的变量应该尽可能一致。因此，我们选取的预测控制变量主要包括工业增加值、固定资产投资、对外开放度、软件和信息技术企业数。

工业增加值（ind）。工业增加值反映了一国或某地区在一定时间内生产的最终产品和服务的市场价值总和，各部门的增加值之和即为国内生产总值。一方面，工业增加值高的地区经济发展状态较好，能够为创新生产活动的开展提供较为完善的硬件支撑和优越环境，因而有利于创新活动的开展；另一方面，较好的区域经济发展水平能够吸引更多的高素质人才流入，提升地区的人力资本水平，从而促进创新水平的提升。基于此，本章选用各地区的工业增加值作为模型的预测控制变量之一。

固定资产投资（inv）。一方面，固定资产投资高的地区基础设施条件较好、硬件设施较为完善，经济发展潜力较高，能够为创新生产活动的开展提供较多的便利，从而促进地区创新能力的提升；另一方面，当较多的资金投入到固定资产建设之中时，可能会挤出创新活动的投资，进而影响创新能力的提升。基于此，本章选用各地区的固定资产投资作为模型的预测控制变量之一。

对外开放度（open）。一方面，开放度较高的地区市场化水平较高，具有知识分散速度快、科研机构合作范围广、思想较为先进等特点，这些因素均有利于创新活动的开展以及创新能力的提升。但是，另一方面，对外开放度高的区域也可能会面临着过度依赖外部创新技术以及内部技术知识的泄露等风险，从而影响创新活动的开展。基于此，本章选用各地区的进出口总额来表征对外开放程度。

软件和信息技术企业数（tec）。技术信息服务企业主要提供信息技术咨询、信息技术系统集成、软硬件开发等业务，这些业务均有利于技术创新信息的完全流动，并能够保障创新生产活动的基础性需求，为创新活动的开展提供便利的条件，保证创新活动的顺利开展。此外，软件和信息技术服务业是保证国民经济发展的基础性、战略性和先导性产业，对于培育和发展战略性新兴产业，提升地区创新能力具有重要的意义（谢渡婴，2012）。基于此，地区的软件和信息技术企业数将会对创新活动产生重要的影响，本章选用各地区的软件和信息技术企业数作为影响地区创新的预测控制变量之一。

三、数据来源

本章的原始数据主要来自国泰安数据库和中经网统计数据库的月度数据。由于各变量可获取数据的统计月份之间并不完全一致，为了得到平衡面板模型，我们只保留了各变量具有共同数据的月份，使用 2011～2016 年各年份 4～10 月的数据进行研究。目前，中国境内已经设立了 11 个自由贸易试验区。2013 年 9 月 29 日中国（上海）自由贸易试验区挂牌成立，之后于2015 年 4 月 21 日在广东、天津、福建分别设立了自由贸易试验区，2017 年4 月 1 日又在辽宁、浙江、河南、湖北、重庆、四川、陕西共 7 地设立了自由贸易试验区，但是由于目前可获得的专利授权数量的月度数据只统计到2016 年，2015 年 4 月份成立所的 3 个自由贸易试验区的事后窗口期太短，容易造成估计结果的偏误，并且我们并未获得 2017 年之后的数据，2017 年4 月份成立的 7 个自由贸易试验区的发展情况并没有样本数据，基于此，本章只以上海自由贸易试验区为考察对象，其中 2011 年 4 月至 2013 年 9 月为上海市自贸区设立的事前窗口期，2013 年 10 月至 2016 年 10 月为事后窗口期。另外，本章选取了中国的 26 个省级行政地区为考察对象，青海和西藏数据不全，广东、天津、福建 3 省份在考察期内也设立了自由贸易试验区，为了提高模型的准确性，这些省份在分析中不予考虑。为了降低异方差的影响，在使用模型估计时，代入的是各变量的对数值。

四、实证结果与分析

本章旨在考察上海自由贸易区的成立对地区创新能力的影响。我们先给出了上海自由贸易试验区成立前后上海市发明专利授权量的变化情况，具体如图6－2所示。

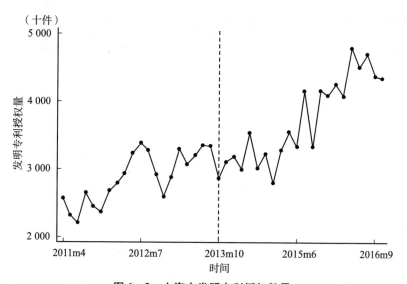

图6－2　上海市发明专利授权数量

注：m代表月份，2011m4表示2011年4月，2012m7表示2012年7月，以此类推（图6－3、图6－4同）。

资料来源：作者根据Stata12.0分析结果整理。

从图6－2可以看出，上海自由贸易试验区成立之后（2013年10月），发明专利授权量刚开始有明显的波动，之后逐渐上升，这是否意味着自由贸易试验区的设立具有显著的创新能力提升效应呢？但是简单的趋势图并不能排除影响地区创新的其他因素，更无法观测到假如不成立上海自由贸易试验区时上海创新活动的"反事实"情况。为了获得准确的结果，我们进一步使用了合成控制法进行评估。

本章使用Stata12.0软件，利用Abadie等（2010）开发的Synth程序包，对上海自由贸易试验区的设立对地区创新能力影响的政策效应进行评估。通过合成控制法的计算，构成合成上海的各地区的权重组合如表6-1所示。

表6-1 合成上海的各省份权重

北京	河北	山西	内蒙古	辽宁	吉林	黑龙江	上海	江苏	浙江	安徽	江西	山东
0.371	0	0	0	0	0	0	0	0.521	0.108	0	0	0

河南	湖北	湖南	广西	海南	重庆	四川	贵州	云南	陕西	甘肃	宁夏	新疆
0	0	0	0	0	0	0	0	0	0	0	0	0

资料来源：作者根据Stata12.0分析结果整理。

从表6-1可以看出，在合成上海中，江苏占了52.1%的权重，北京占了37.1%的权重，浙江占了10.8%的权重，其余省份的权重为0。这一结果与现实相符：江苏、浙江与上海地理位置较为临近，同属长三角城市群，区域间的合作和交流较多，经济发展存在较多相似之处；此外，北京作为中国的政治文化中心，上海作为中国的经济金融中心，并列属于超一线城市，在发展方面也具有很多类似特征。在这三个地区中，江苏的权重最大，北京第二，浙江最小，并且权重总和为1。

合成上海是否与真实上海类似，关系到使用合成控制法评估上海自由贸易试验区经济效应的准确性。为此，我们进一步比较了上海市在设立自由贸易试验区之前合成上海与真实上海发明专利授权量的数据，发现合成上海与真实上海的发明专利授权数量达到了较好地拟合，说明合成控制法较好地拟合了上海市在设立自由贸易试验区之前的特征，适宜于评估上海自由贸易试验区政策的效果。在此基础上，我们可以得到合成上海和真实上海的创新能力变化路径。

图6-3展示的是样本期内真实上海的发明专利授权量和利用合成控制法获得的合成上海的发明专利授权量的路径变化情况，其中横轴表示时间，纵轴表示上海市发明专利授权量的对数值，垂直的虚线表示上海市自由贸易试验区成立后事后窗口期的第一个月份，即2013年10月。

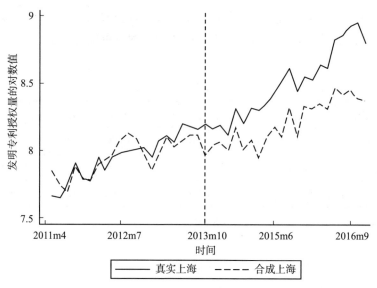

图 6 – 3 真实上海和合成上海的创新情况对比

资料来源：作者根据 Stata12.0 分析结果整理。

从图 6–3 可以看出，在成立上海自由贸易试验区之前，合成上海和真实上海的发明专利授权量变动路径十分相近，变动趋势完全一致，几乎能够完全重合，可见合成上海能够较好地复制上海市自由贸易试验区成立前的创新情况，可以作为控制组分析上海自由贸易试验区的政策效果。从上海自由贸易试验区挂牌成立后的第一个月开始（2013 年 10 月），真实上海的发明专利授权数量一直高于合成上海，并且二者间的差距随着时间的增加在逐步增大。两者之间的差距意味着相对于没有设立自由贸易试验区的上海，设立自由贸易试验区促进了上海市创新能力的提升。

首先，上海自由贸易区作为中国自由贸易试验区的"领头雁"，凭借着区内优良的制度和营商环境，吸引了大量企业的进驻，从而使得区内企业间的竞争更加激烈，消费者也更加挑剔，从而提高了企业的创新意识，不断增加研发投入。其次，上海自由贸易试验区在吸引人才方面做出了大量创新性的努力：建立自由贸易试验区海外人才离岸创新创业基地，积极探索与世界接轨的柔性人才引进机制，并以"资本＋技术"双重对接模式，吸引了大量高端人才在上海自贸试验区创新创业，使自由贸易试验区内的人力资本水平得到了快速提升，而人力资本是保证创新的源泉。最后，构筑对外投资服务促进体系是上海自由贸易试验区制度创新的主要任务之一，上海自由贸易试验区开展的对外贸易活动，有助于融入全球价值链，服务于知识资本的投资，并且能够改变上海市熟练技术和非熟练技术的构成，激励企业家的创新精神，从而促进区内创新水平的提升。

为了更清楚地反映上海自由贸易试验区的成立对上海市创新生产活动的影响，我们计算了上海自由贸易试验区设立前后真实上海和合成上海之间发明专利授权量的差距随时间变动的趋势，也即"处理效应"，具体如图 6 - 4 所示。其中垂直虚线的含义与上面相同，水平虚线处为 0 参考值。

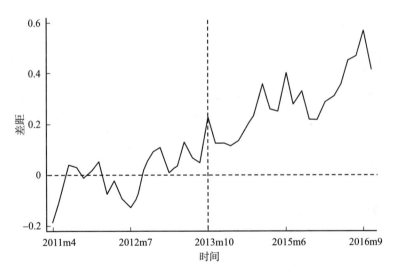

图 6 - 4　真实上海和合成上海的发明专利授权量差距

资料来源：作者根据 Stata12.0 分析结果整理。

从图 6 - 4 中可以看出，自贸区成立之前，二者的差值大多在 0 值周围波动，震荡幅度较小；自贸区成立之后，二者之间的差值均为正数，并且随着时间不断扩大。2016 年 1 月的处理效应为 0.333，即该时期上海自贸区的成立促使上海市发明专利授权量提升了 33.3%，此外，在整个事后窗口期内，上海自贸区成立对创新生产影响的平均"处理效应"达到了 0.150，也即 15%。可见，2013 年 10 月以来，上海自贸区设立所伴随的竞争效应、溢出效应和国际贸易效应显著地提升了上海市的创新水平。

第三节 上海自贸区设立影响区域 创新能力的稳健性检验

本部分内容主要利用安慰剂检验和更换估计方法两种形式，对第二节中的计量分析结果进行了稳健性检验，研究结果表明，自贸区的设立能够区域创新能力提升这一回归结果是稳健的。

一、稳健性检验一：安慰剂检验

为了确保上述结果的有效性，验证上海自由贸易试验区的成立确实促进了地区创新能力的提升，而非其他因素的影响，本章将利用 Abadie 等（2010）提出的基于经典的随机化推理方法——安慰剂检验法（placebo test）进行稳健性检验。其基本思想为：针对一个没有在特定年份实施自由贸易试验区战略的地区，假设与上海一样在 2013 年 9 月 29 日设立了自由贸易试验区，通过合成控制法利用其他地区构造此地区的合成控制对照组，从而得到该地区与没有设立自由贸易试验区地区的创新能力差异。通过对每一个对照组地区进行同样的步骤，我们可以对比安慰剂检验中产生的发明专利授权量差值和实证分析中目标地区得到的差值，如果上海与合成控制对象地区的创新能力差异的确来源于上海自由贸易试验区的设立，那么上述实证分析中所得到的创新能力差值应该远大于安慰剂检验中得到的差值。

通常情况下，我们使用 *Post – Period MSPE* 与 *Pre – Period MSPE* 之间的比值来反映实证分析结果与安慰剂检验间的差异。其中，*MSPE*（mean square prediction error）为目标地区与合成地区之间的拟合差异度，表征了政策实施地区与合成控制地区之间的拟合差异度，具体的计算公式为：

$$Pre – Period\ MSPE \equiv \frac{1}{T_0} \sum_{t=1}^{T_0} \left(y_{1t} - \sum_{P=2}^{P+1} w_p^* y_{pt} \right)^2 \tag{6.6}$$

Post – Period MSPE 表示上海自贸区设立后的拟合差异度，*Pre – Period*

MSPE 表示上海自贸区设立年份前的拟合差异度。Abadie 等（2010）指出，当政策"干预之前"的 *MSPE* 值较大时（合成控制的拟合效果差），可能会出现"干预之后"的 *MSPE* 也很大的情况，因此可能会造成结果的偏误，故一般取二者的差值以控制前者的影响。如果上海自由贸易试验区的设立确实对创新生产活动产生了影响，则其他地区的安慰剂效应都很小，上海的"干预之前" *MSPE* 与"干预之后" *MSPE* 之比应该高于其他各地，而这为图 6－5 所证实。

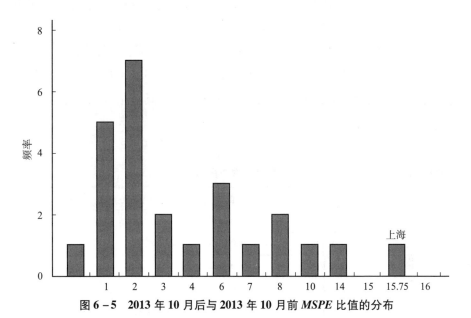

图 6－5　2013 年 10 月后与 2013 年 10 月前 *MSPE* 比值的分布

资料来源：作者根据 Stata12.0 分析结果整理。

通过计算所有地区 *MSPE* 的比值，可以发现上海市的"干预后 *MSPE*"与"干预前 *MSPE*"的比值最高，达到 15.750，这说明通过合成控制法得出的上海市自贸区的经济效应结果是稳健的。如果通过随机给予的方法设立自贸区，那么要获得与上海一样高的 *MSPE* 值的概率为 1/26＝0.038，即 3.80%，这表明在 96.2% 的显著性水平下接受上海自由贸易试验区的设立对上海市创新能力产生显著正向影响的假设并不是偶然因素引起的。

二、稳健性检验二：DID 方法与合成控制法的对比

合成控制法相对于 DID 方法在选取对照组时更为科学，为了验证这种科学性，我们在稳健性检验中使用 DID 方法评估了上海自贸区的设立对创新的影响，其中 DID 模型设定如下：

$$I_{it} = \beta_0 + \beta_1 Reform \times Time + \beta_2 X_{control} + \delta_i + \gamma_i + \varepsilon \qquad (6.7)$$

式（6.7）中，I 是发明专利授权量，上海市的 $reform = 1$，对照组城市的 $reform = 0$，2013 年 10 月开始 $Month = 1$，之前 $Month = 0$，$X_{control}$ 为控制变量，分别包括工业增加值、固定资产投资、对外开放度、软件和信息技术企业数。δ_i 为个体固定效应，γ_i 为时间固定效应，$Reform \times Time$ 前的系数 β_0 即为上海自由贸易试验区的设立对创新的净效应。具体估计结果如表 6 - 2 所示。

表 6 - 2　　　　　　　　　稳健性检验结果

变量	系数	标准误	T 值	P > |t|
$Reform \times Time$	0.424 ***	0.062	6.843	0.000
ind	0.001	0.004	0.352	0.725
inv	0.175 ***	0.019	9.405	0.000
$open$	0.410 ***	0.020	20.628	0.000
tec	0.427 ***	0.021	19.883	0.000
$\_cons$	- 4.503 ***	0.336	- 13.386	0.000

注：*** 、** 、* 分别代表显著性水平小于 1%、5% 和 10%。
资料来源：作者根据 Stata12.0 分析结果整理。

从表 6 - 2 可以看出，平均"处理效应"为 0.424，与合成控制法的结果符号一致，这亦证明上述结果为稳健的。但是合成控制法的平均"处理效应"为 0.150，DID 方法对上海自贸区设立对创新影响效果高估了 0.274，高估的原因可能是当出现共同冲击作用于处理组和参照组时，如国家实施创新驱动发展战略时，处理组和对照组的反映幅度不同，当处理组的反映高于

对照组时，使用 DID 方法就会出现高估。

本章在理论分析自贸区建立影响区域创新能力内在机制的基础上，运用合成控制法，通过数据信息赋予参照组合适的权重，以得到一个与上海市在政策实施前的经济运动趋势一致的对照组，再将合成控制法构造出的"反事实"现象与真实的上海市创新情况进行对比。主要的研究发现和启示有：

上海自由贸易试验区的设立在微观层面上会通过对竞争效应、中观层面上通过溢出效应、宏观层面上通过国际贸易效应影响上海地区的创新生产活动，促进上海市创新能力的提升。合成控制法的结果也表明上海自由贸易试验区的设立对上海市的创新生产活动有显著的正向影响，上海市实际的发明专利授权量与没有设立自由贸易试验区的"反事实"上海之间具有正的差距，且考察期内的平均差距率约为15%。这些结果通过了稳健性检验。

鉴于此，我们要加快构建开放型经济新体制，完善自由贸易试验区的体制机制建设，实现区内货物、服务、资本和人才的自由流动，建设公平、竞争、效率与国际经济一体化的中国自由贸易试验区，使得自由贸易试验区内的知识存量增加，创新意识增强，信息流通便利，进而地区促进创新能力的提升。此外，我们要加快复制、推广已建立的自由贸易试验区的经验，加强自由贸易试验区域周边地区间的联动和溢出，从而实现"全国范围"内更具特色的百花齐放模式，促进我国创新水平的提升，进而提高我国的国际地位和竞争力。

第四节 国际科技创新中心建设进展及相关建议
——以粤港澳国际科技创新中心为例

建设国际科技创新中心是新时代下粤港澳大湾区践行"创新"发展理念，贯彻落实创新驱动发展战略，提升中国国际竞争力的关键举措。通过对粤港澳大湾区国际科技创新中心建设现状进行梳理，发现当前粤港澳国际科技创新中心建设的制度框架已经基本形成，粤港澳三地的创新水平得到提升、区域协同创新能力持续增强、技术交易市场不断完善，但是仍然面临基础研究能力偏弱、创新要素跨境流动限制较多、粤港澳三地创新软环境联结不畅等一系列问题。本章认为，粤港澳大湾区国际科创中心建设应该在建设区域创新共同体、打造包容开放的创新软环境、以深港融合为主要抓手、加强内地与港澳知识产业保护制度方面的衔接、构建高端产业体系、推动创新成果从数量驱动到质量驱动等方面着手，推动粤港澳大湾区创新能力的进一步提升。

一、粤港澳国际科技创新中心建设进展

当前，在日益全球化的创新发展格局中，研发创新活动已经逐渐突破地理边界的限制，而更多地以区域协同和合作的方式展开（傅超和张泽辉，2017）。在此情形下，建设具有研发创新、科学研究、文化引领和产业驱动的国际科技创新中心是增强区域创新实力，提升一国科技竞争力的关键。粤港澳大湾区作为我国参与国际合作进行对外交流的重要平台，在大湾区内建设区域性的国际科技创新中心是贯彻"创新"发展理念、构建新发展格局的重要举措。本节通过梳理粤港澳国际科技创新中心建设的进展、面临的问题和挑战，在此基础上针对性地提出了全面推动港澳和内地创新协同、以开放包容的理念构建粤港澳国际科技创新中心的政策建议。

（一）粤港澳国际科技创新中心的制度框架基本形成

粤港澳国际科技创新中心（以下简称"粤港澳国创中心"）的成立和发展是我国落实创新驱动发展战略，实现科学技术的自立自强，进而推动经济高质量发展的重要方面。自2021年"粤港澳国创中心"在广州揭牌成立以来，制度和规划体系逐渐完善，初步形成了以《粤港澳大湾区发展规划纲要》（以下简称《纲要》）为核心、"1＋9＋N"的科技发展布局体系，其中"1"是指"粤港澳国创中心"这个核心总部，总部主要以关键核心技术攻关为核心任务，以"事业单位—基金—公司"为主要运行模式，致力于打造国际型科创中心；"9"是指独立运行的9个分中心，如清华大学研究院（深圳）、香港中心、澳门中心等；"N"是整合粤港澳大湾区现有创新资源，支持大湾区内的高水平科研机构，力图在粤港澳大湾区打造出良好的科技创新生态。

制度完善和制度创新是推动"粤港澳国创中心"高质量建设的前提。"粤港澳国创中心"作为我国建设国际科创中心的"试验田",对我国的科技体制改革、实现科技自立自强具有重要的意义。《纲要》的出台标志着国家层面上国际科创心中建设从设想走向落地,明确了在粤港澳大湾区建设开放型科技创新联盟、建立外向型高水平科技创新平台、以点带面优化区域创新环境。除《纲要》以外,其他一些配套的政策措施也为粤港澳国际科创中心建设提供了金融、要素流动、人才等方面的支撑。例如,《关于金融支撑粤港澳大湾区建设的意见》从顶层设计的角度明晰了创业投资基金资本跨境流动的制度体系,构建了以金融工具为核心的科技创新活动投融资制度体系,并且明确了政府财政资金支持科技创新中新型主体的具体方式,规定以财政补助的方式为研发机构提供资金支撑,形成金融资本对科技创新的制度化支撑,对于解决国际科技创新活动中投融资问题具有重要意义;此外,粤港澳三地对高端和紧缺人才出具了优惠的个人所得税优惠政策,政策规定超过应缴税额15%的个人所得税部分,由九市政府进行补贴,该项政策营造了良好的人才发展环境,为大湾区吸引人才、留住人才提供了良好的机遇;另外,广东省政府重视各类孵化器、科技园、创新平台等的建设,引导并支持科技成果转化,尽力优化粤港澳三地的创新环境。

(二)粤港澳大湾区创新能力迅速提升

粤港澳国际科技创新中心成立以来,科技创新能力大幅度提升。据《博鳌亚洲论坛创新报告2023》中的公开数据,2021年粤港澳三地发明专利为44.96万件(不含非公开专利),增长21.74%,分别为纽约湾区、旧金山湾区和东京湾区的9.66倍、7.07倍和3.11倍,科技创新能力明显增强。从学术论文和PCT发明专利方面来看,学术论文和PCT专利申请数量迅速提升,向世界一流湾区创新集群看齐,自2020年开始,广州、深圳两地论文发表数量和PCT发明专利数量居于全国前列。以深圳市为例,《深圳市2022年知识产权白皮书》的数据显示,2022年深圳市PCT专利申请量占全国PCT申请总量的23%,居于全国首位。与高速增长的论文数量和PCT发明专利数量相配套的是,深圳市的知识产权保护体系也较为完善,2022

年深圳市发行知识产权证券化产品125.46亿元，领跑全国。从粤港澳大湾区整体的论文发表和PCT专利申请数量来看，《博鳌亚洲论坛创新报告2023》中的公开数据显示，大湾区整体的论文发表和PCT专利申请数量呈上升趋势，2020年，粤港澳共计发表论文7.7万余篇，为旧金山湾区的2.5倍，纽约湾区和东京湾区的1.5倍，发明专利申请数量也远超国际上的其他湾区。虽然粤港澳大湾区的创新成果在数量上具有优势，但是在创新成果质量上还有明显的差距，2020年粤港澳大湾区发表在国际期刊 *Nature*，*Science* 上的论文只为旧金山湾区和纽约湾区的30%左右，东京湾区的60%左右，并且从专利的引用数量来看，旧金山湾区的专利平均引用量是粤港澳大湾区的4倍多。总体来讲，粤港澳大湾区创新成果的数量处于领先地位，但是创新成果的质量仍需提升。

（三）粤港澳大湾区产学研协同创新能力不断增强

自粤港澳国创中心建立以来，粤港澳三地区域创新协同能力不断提升，为粤港澳大湾区参与国际科技活动和创新竞争提供了重要支撑。粤港澳大湾区通过设立知识产权服务联盟、深港科技创新合作区、联合实验室以及合作发展基金等提高三地的创新一体化水平，促进粤港澳三地创新资源的整合和流通。《前海方案》《南沙方案》《横琴方案》等区域建设、改革方案为粤港澳三地深化协同合作提供了长期支持和保障。创新要素的自由流动是区域实行协同创新的前提，目前粤港澳大湾区通过平台搭建、项目合作、设施互联等路径推进产学研协同创新。具体的产学研合作模式和典型案例如表6-3所示。当前粤港澳的产学研协同创新模式以市场需求为主导，呈现出多样性和灵活性的趋势，吸引了国外、香港、澳门、内地等创新主体的参与，构建起以技术创新共同体为抓手的全球型创新平台和创新体系。总体而言，粤港澳大湾区内各种产学研创新模式将国内国际两个市场上的高校和科研机构的技术优势整合到大湾区内，与大湾区内的制度环境和市场优势结合起来，促进科技成果就地进行产业化和商业化，重视科技型产业和紧缺型人才，有利于形成具有活力的创新生态系统。

表6－3　　　　　　　　　　粤港澳产学研协同创新模式和案例

模式	协同方式	典型案例
产业联盟	由高校—企业—科研院所组建创新联盟，协同开展研发活动、投资活动、成果转化活动等	深圳市在云计算、机器人、移动互联网等领域已成立45个产学研资联盟，开展协同创新
合作办企	企业以资本入股，高校和科研院所以技术入股合作成立创新型企业	中科院先进技术研究院（深圳）以专利入股，与乐普医疗联合成立公司，占公司总股份的25%
科技成果转化	通过技术交易平台，最大限度地将科技成果转让给企业，实现技术的产业化和商业化应用	粤港澳大湾区联合前海股权交易中心、国家技术转移南方中心等提供技术交易和科技成果转化服务
科技服务	科研院所、高校为企业提供技术咨询、项目攻关、人才培训等科技服务	中科院先进技术研究院（深圳）为粤港澳大湾区内的企业提供多种类型的科技服务，服务的企业数量超过500家
联合研发	高校—科研院所—企业共同建设项目研发中心，成立研究团队，面向企业需求解决技术难题	深圳大学与深圳建业工程集团合作，成立研究团队，联合研发共建技术研发中心

（四）粤港澳大湾区技术交易市场活力不断提升

技术交易是实现技术经济价值的重要渠道。粤港澳国创中心成立以来，粤港澳大湾区的技术交易市场展现出了巨大的活力，技术交易合同数和技术交易成交额稳步提升。从表6－4可以看出，2021年粤港澳大湾区技术市场中输出技术的成交额为4 123.2亿元，吸纳技术的成交额为5 460.5亿元，输出技术合同数为47 746项，吸纳技术合同数为67 728项，粤港澳技术交易市场中吸纳的技术超过输出的技术，需要进一步提升技术创新水平，研发出国际领先的技术，力争在技术交易市场中处于领先地位。在粤港澳大湾区内，广州市、深圳市、珠海市、佛山市、惠州市在技术交易市场中无论是输出技术还是吸纳技术方面均处于领先水平，而香港特别行政区和澳门特别行政区在技术交易市场中还处于劣势地位，进一步提升香港和澳门地区的技术交易活跃度，增加粤港澳大湾区内香港和澳门特别行政区与内地技术市场的融合水平，对于打造包容开放的国际型科技创新中心具有重要意义。技术交易水平的提升具有重要的意义：第一，能够促进科技的成果转化和技术增值，促进技术创新；第二，能够促进技术资源在供需双方间的优化配置，降低研发成本，提升创新效率；第三，有利于资本要素和技术要素的整合，促进产业结构升级，环节企业融资约束；第四，有利于知识溢出和技术扩散，促进新技术的市场化发展，在社会中形成创新的良性循环。

表 6-4　　　　　　　　粤港澳技术交易合同数和成交额

地区	输出技术		吸纳技术	
	合同数（项）	成交金额（亿元）	合同数（项）	成交金额（亿元）
广州	24 977	2 338.1	19 490	1 446.9
深圳	15 364	1 633.2	28 668	2 488.6
珠海	459	46.6	1 945	210.9
佛山	4 733	20	6 366	155.2
惠州	563	10.2	1 405	94.7
东莞	301	13.1	5 163	502.2
中山	460	20.6	1 323	84.2
江门	583	5.2	1 317	125.3
肇庆	191	5.1	692	69.3
香港	108	30.8	1 307	279.9
澳门	7	0.3	52	3.3
合计	47 746	4 123.2	67 728	5 460.5

资料来源：2022 年《中国火炬统计年鉴》。

二、粤港澳国际科技创新中心发展存在的问题和挑战

（一）基础研究和前沿研究能力偏弱

在世界排名前 100 的高校中，香港特别行政区就有 5 所，除此之外，由前述分析可知粤港澳大湾区专利申请数量和科技论文发表数量在国际湾区中虽然处于前列位置，但是从基础研究和前沿研究来看，粤港澳大湾区与东京

湾区、旧金山湾区、纽约湾区相比还有一定的差距。基础研究在创新链中处于源头地位，人类历史上的科技革命均是在基础学科上取得了突破。具体来看，粤港澳大湾区的基础研究呈现出"数量多、质量低"的基本特征，尤其是基础学科的学科布局还不完善，存在改进空间。当前粤港澳大湾区的技术创新在大多数研究领域还处于跟跑地位，原始创新和基础研究领域的突破仍然较少，科技创新成果缺乏国际影响力。特别是除了香港地区以外，大湾区内其他城市的原始研究能力离建成国际科创中心的目标还有很大的差距（刘毅等，2022）。在基础研究的学科布局上，粤港澳进入全球 ESI 排名前1‰的学科还没有力学等基础学科，并且在原创性、前沿性技术理论方面的研究水平还很低，核心技术攻关的科研团队会还比较短缺，在国际科研创新中还处于低端位置。除此之外，粤港澳大湾区内的优质高校和科研院所还较少，仅有的少数也主要集中在广州和香港两地，虽然深圳市近年来创造各种有利条件吸引国内优质高校和科研院所设立分校，但是粤港澳大湾区内的东莞、中山、肇庆、佛山、澳门等城市仍然缺乏优质高校和科研院所，在基础研究和研发创新方面仍有较大差距。

粤港澳大湾区内的产业技术创新水平也较低，在国际上处于边缘位置。此外，相较于国际上的其他湾区，粤港澳大湾区的专利被引数量很低，这表明粤港澳大湾区内专利的技术含量和质量还不高。粤港澳大湾区发明专利施引次数占发明专利总数的比例仅为 0.9，而旧金山湾区该项指标为 4.35，东京湾区和纽约湾区这项指标的比例也均超过 1，这也在一定程度上说明了当前粤港澳大湾区中科技创新能力与国际上的大湾区比还有一定的差距，基础创新能力和前沿研究能力还有待提高。

（二）粤港澳大湾区跨区域协同创新水平较低

跨区域间的协同创新是提升创新资源配置效率，提高区域内整体创新水平国际竞争力、建设创新型国家的必然选择。粤港澳大湾区建设国际科技创新中心，需要与之相配的跨区域协同创新系统。香港和澳门与内地城市分属于两套制度安排和两个市场，因此粤港澳大湾区内的跨区域协同创新关系到两个层面，即大湾区内内地城市间的协同以及内地城市与港澳城市的协同。从第一个层面来看，粤港澳大湾区内地九市通过政策引导，跨城市协同创新水平不断提升，特别是近年来珠三角九市协同创新的政策已经陆续出台，如《广深科技创新走廊规划》《珠三角科技创新一体化行动计划（2014～2020年)》。但是从现实来看，珠三角地区协同创新环境还未形成，地区间协同创新的动力不足，开展协同创新的市场机制还不够完善。另一方面，虽然粤港澳大湾区技术交易市场的活跃度不断提升，但是科技成果转化率与欧美国家相比还存在很大的差距，仍然有巨大的上升空间。另外，粤港澳大湾区国内龙头企业有千余家，但是以华为等为代表的龙头骨干企业很少，在区域内的辐射带动作用较弱，大量小型科技公司没有核心技术，抗风险水平较弱。从第二个层面看，虽然"广深港澳"科技走廊已经有一定的基础支撑，但是受限于制度和法治环境的差异，内地和港澳间的区域协同创新水平还较低，仍需进一步突破壁垒，提高跨区域协同创新水平。

（三）粤港澳三地创新软环境联通不畅

粤港澳三地在管理理念、科技发展理念等方面存在一些差异，从而导致三地的科技创新软环境并不畅通。香港和澳门地区奉行"小政府、大社会"的发展理念，而内地政府在科技创新方面的主导作用还较大。具体来讲，香港和澳门地区对科研项目的管理等更倾向于市场化，束缚较少，几乎均对国际团队开放，而内地的科研项目管理体制仍然较为复杂，受到各项流程的制约，因此香港和澳门与内地的科研创新思维、创新环境、创新体制暂时还难以打通，创新资源的共享还存在一些障碍，创新成果难以相互融通。虽然2018年科技部和财政部出台了一些制度，解决了中央财政资金"过河"到香港和澳门的问题，但是在风险投资、科研资金流通方面仍然采取的是外汇管理办法，对三地之间的创新合作和交流造成了极大的障碍。除此之外，内地的很多科技创新政策还未覆盖到香港和澳门地区，因而无法实现创新资源的共通。

另外，在知识产权方面，香港的知识产业保护制度对标国际水准、较为完整健全，相较之下，内地对于知识产业的侵权成本相对还较低，从而不利于对原创性成果的保护，也不利于从香港引进技术。目前，虽然已经建立了粤港知识产权保护专责小组，但是相关的执法信息仍然没有互享互通，相关的跨地区执法方案也没有出台。由此可见，粤港澳三地在科技创新软环境、政策制度、创新理念上应继续加强衔接和联通，打通三地间研发创新的制度和环境约束。

（四）创新平台建设仍处于起步阶段

粤港澳国际科创中心的建设需要高水平的创新平台作为支撑，如大科学装置平台、国家实验室平台等。但是当前粤港澳的创新平台建设和发展仍处于起步阶段，关键设备数量较少，核心技术人才短缺，总体实力不强的趋势还未得到转变。除此之外，粤港澳大湾区内各级创新平台之间合作和共享明显不足，各平台之间还出现了对创新资源的抢夺、重复低效研发和浪费等现象，国家实验室和大科学装置平台还未形成对其他中小型创新平台的引领和带动作用。与科技创新平台建设紧密相关的是研发人才，而目前粤港澳大湾区内的人才存在着结构性矛盾。珠三角地区高校本地科技创新人才培养数量较少，并且珠三角地区早期发展中吸引到了大量的低技术劳动力，对高端劳动力的吸引力不足，珠三角地区在产业转型、高质量发展过程中积累了大量的高端人才缺口。目前，粤港澳大湾区内从事教育、医疗和金融等行业的人才占比较低，高等院校毕业生从事研发和技术服务的仅占毕业生总数的5%左右，人才结构性矛盾突出。《粤港澳大湾区人才发展报告（2022）》指出，粤港澳部分产业和行业面临人才供需矛盾，如电子通信业、能源化工业人才需求较多，但是高质量人才供给却相对不足。相较于京津冀和长三角，粤港澳大湾区内具有硕士学位和博士学位的人才占比相对较低，大湾区内的人才大多集中在深圳和广州两个城市，剩余城市的人才引进压力较大。

（五）创新要素跨境流动的限制较多

目前，粤港澳大湾区内香港、澳门与珠三角地区之间对人才、技术、资金、设备的流通还存在一定的限制和障碍，从而使得粤港澳大湾区内的科研资金、科研数据、科研数据等的跨境流通受到限制，制约了创新要素的跨境自由流动。首先，在人员流动方面，香港和澳门地区的注册会计师、规划师、建筑师、医师、律师等专业技术资格在内地地区并不认可，子女入学、购房、开设银行账户等基本生活服务方面不能享受同等待遇，导致港澳居民和人才在大湾区内生活、工作、居住无法获得良好的体验感和归属感。其次，在研发样品、设备的流动方面，粤港澳实行的是不同的海关关税制度，海关检验标准和管理体制有较大差异，实行研发物资小物流、一次放行、绿色通道建设等还比较困难，通关障碍多、通过效率低，很多的研发用设备、样本等难以进入珠三角内地。最后，在资金流动方面，香港、澳门目前虽然与内地金融市场有业务互通通道，但是仍然是"限流举措"较多，科研资本、风险投资、创业资金等的跨境流动还不够顺畅，研发项目的进入和退出手续繁杂，跨境支付还存在一定程度的障碍。创新要素的自由流动是提升创新效率、开展跨区域创新合作的前提，通过要素间的相互碰撞激发出新的思想和创新发现。但是，粤港澳大湾区内各种限制创新要素自由流动的障碍，在一定程度上降低港澳和内地之间的科技合作，限制了粤港澳国创中心的发展。

三、进一步推动粤港澳国际科技创新中心发展的政策建议

（一）构建大湾区区域科技创新共同体

粤港澳建设国创中心需要高度重视三地创新资源的整合和协同，提高三地间创新资源的配置效率，以创新资源的统筹构建跨区域创新共同体。具体来看，第一，要强化粤港澳区域内各城市的一体化，以地区合力参与国际科技竞争、在全球范围内吸引优质的创新要素入驻大湾区（符正平和刘金玲，2021）。其中的关键举措是，在内地层面重点推动珠三角内其他城市与广州和深圳的协同，在内地和港澳地区间，要重点推进香港和澳门融入粤港澳区域创新共同体，在不断加强"广深港"科技走廊的基础上，辐射联动科技走廊周边的城市，争取建成高质量的湾区科技创新共同体。第二，加强各创新平台之间的协同，使粤港澳大湾区内各层次的科研创新平台、人才中心和孵化中心之间的连接和对接，结成强弱帮扶对，推动大湾区内国家级、省部级、地市级、民营企业之间的对接和互动发展，在提升各种创新资源配置效率的同时，构建起创新共同体下整体性和系统性的创新生态。第三，加强创新和产业的相互匹配和融合，实现创新链和产业链的融合发展，促进科技创

新和产业发展的相互促进、相互支撑的创新链—产业链利益共同体。为企业和科研机构共同开展研发创新活动提供优惠政策，不仅能够使科研机构和企业成为利益共同体，共担风险、共享收益；还能促进科研机构与企业所反馈到的需求精准对接，开展面向社会需求的研发创新活动。第四，打通国家科技资源、民间科技资源之间的通道，鼓励科技企业的研发者申请国家自然科学基金、支持龙头企业去组建国家实验室，推动国家创新资源逐渐向社会开放，在大湾区内形成整个社会的良性循环。

（二）促进科技创新成果从数量驱动转向质量驱动

粤港澳国创中心成立以来，取得了一些显著成效和科技成果。新时代，要"把关键核心技术掌握在自己手中"，因此粤港澳大湾区的创新发展要走质量驱动型路径，走出一条高质量发展的创新之路。国家将粤港澳区域的创新发展路径定位为国际科技创新中心，因此创新新发展需要有国际视野和高目标性。第一，应该在基础研究上发力，加大对基础研究的投入力度，研发投入强度向一流创新型国家看齐，布局与基础研究相配套的基础设施，国家工程技术中心、国家实验室等，成为基础研究人才向往的地方。第二，在技术方面，要将着力点放在关键核心技术的研发上，在关键核心领域实现突破，解决"卡脖子"问题，引领产业发展，使我国科技创新的某些方面在国际上产生影响力。第三，在产业创新方面，依托国创中心培育先进的高精尖产业，促进基础研究、产业和企业之间的联通，使科技创新的成果面向产业发展，以创新促进产业发展；在大湾区内建设创新产业集群，充分发挥龙头企业和中小型科技企业的活力和动力。第四，继续秉承包容、开放的创新理念，致力于将大湾区国创中心建设成为链接全球创新活动的港湾，依托于香港和澳门的国际化优势，将大湾区内有条件的企业在海外设置研究机构，通过"走出去"连接国际研究前沿，并逐渐提升大湾区对全球资源创新的集聚能力，提升运用和驾驭全球创新资源的能力，提质增效，促进我国创新质量的稳步提升。第五，依托粤港澳国创中心的制度优势，在大湾区内建立起教育高地和人才高地，为创新中心建设提供人才支撑，将大湾区在国际上打造成创新人才科研工作和生活的沃土，实行编制改革，畅通高端科技人才在高校、科研院所和科技企业间的流动机制，保护创新的收益，让科技人才更愿意成为企业创新的引领者。第六，制定国际型高端人才引进制度，使得国际人才与本地居民享有平等的社保、医保和住房制度，建立香港、澳门和内地的人才公共资源共享和高技术人才资质互认机制。

（三）加强港澳与内地在知识产权制度和规则方面的衔接

加强港澳与内地在科技制度和规则方面的衔接是确保粤港澳国际科创中心平稳运行的基石。在科技创新活动中，完善的知识产权制度尤为重要，因为知识产权制度是保障科研人员拥有持续创新动力、保障大湾区国际科创中心顺利运行的基础。当前，大陆地区经济社会发展还不协调，除了深圳和广州以外，一些地市想要快速推进知识产权制度与国际标准接轨还比较困难，因此可以在粤港澳大湾区内进行试点。建议可以首先在广东省实施，由国家知识产权局支持，广东省知识产权局具体实施，在粤港澳大湾区内建立适合香港和澳门的知识产权制度，柔性学习香港特别行政区的知识产权制度，包括知识产权的归属、保护、运用、服务、管理等方面，渐进式地在大湾区学习、探索与国际标准一致的知识产权制度，这次过程中逐渐实现港澳与内地地区在科技制度和规则方面的接轨。

（四）以深港两地科技融合合作为基石

深圳和香港两地是当前粤港澳大湾区中科技创新发展较好的地区，因而也是粤港澳国创中心高质量发展中的重要极点，需要将深港两地的科技融合作为粤港澳国际科技创新中心建设的撬动点，以此推进珠三角九市和港澳科技的逐步融合，从而催生出更多的合作项目和创新平台。具体来讲，第一，香港的科研机构、实验室、高校研究院所可以在深圳市设立分中心，充分发挥分中心的带动作用，以"本部—分中心"模式对接深圳和香港的研发要素、科技项目、科技基础设施，增加港深科技创新的合作交流，加快两地的科技融合。第二，选拔精锐力量，成立深港科技创新融合领导小组，在深圳设立实体办公室，完善港深两地科技合作、协调、运行、决策机制，以项目合作深港两地科技合作。第三，深圳和香港两地政府携手合作，争取国际、珠三角、港澳企业共同成立深港产业创新发展专项基金，依托该项资金在国际市场和大湾区内进行科创投资，以金融手段为港澳科技合作争取更多的资金支持。

（五）在大湾区内建设具有全球影响力的高端产业体系

高端产业体系是粤港澳大湾区国创中心建设的实体支撑。第一，大湾区要围绕新兴产业，集聚一批创新型企业，培养一批龙头企业，引进一批高端人才，在粤港澳内结合各地方优势，发展新兴主导产业，推进新产业和新技术的应用，提高粤港澳大湾区内新产品和新技术的推广应用，在粤港澳建设高端产业体系，进而提升粤港澳国创中心的国际影响力，吸引更多的交流和合作。第二，推动产学研间的深度融合，围绕产业发展需求布局研究，围绕国家重点领域，培育创新龙头企业，在此基础上以融资和税收优惠实施中小型科技企业培育计划，以"政府＋创新龙头企业＋中小型科技企业"的三级主体模式开展关键核心技术的攻关，发挥新型举国体制优势。第三，组织优秀新兴产业的示范引领工程，创新科学技术方面的政府采购制度，实行创新产品远期约定采购、研发式采购，推进创新产品的商业化应用。第四，定期更新新兴产业的技术标准，确保技术创新与技术标准相匹配，形成科技支撑产业发展的良性循环。

（六）构建包容开放的科技创新氛围

粤港澳国际科创中心的建立需要有包容开放的创新氛围作为支撑。第一，打造宜居、开放的城市形象，优化城市公共服务和便利度，建设安全、便捷的交通体系，公平、高质量的教育体系，高效的医疗和人才公寓体系，营造出尊重人才、尊重知识的社会风气，规范市场运行，降低创业企业的准入门槛，加大对侵犯知识产业行为的惩戒力度，保证创新人才对创新成果的合法性权益。充分发挥市场的作用，主动加强与其他国家的科技合作，积极对接创新资源，从环境、制度等各个方面构建包容开放、具有吸引力的国际科技创新中心。第二，加快政府在科技创新的职能从创新管理到创新服务转变，推动审批事项网上办理，降低创新创业活动的制度性交易成本。第三，破除粤港澳大湾区内创新要素跨境流动的各类障碍，尤其是珠三角和港澳之间资金、设备、人才、信息、数据、技术等要素自由流通的体制机制障碍，建立健全香港和澳门两地承接内地科研项目的管理和经费使用办法。第四，依托"一带一路"机遇，在粤港澳大湾区内营造开放型的创新体系，构建包容、多元化的创新环境，通过良好的环境和入驻政策，吸引国际上有名的研发机构和优质创新企业在粤港澳大湾区入驻，与此同时，鼓励粤港澳大湾区内的创新型企业主动走出去，在全球合适的区位设置分支机构，联通全球的创新资源。

第七章

科技人才流动对区域创新
差距收敛性的影响

本章揭示科技人才的跨区域流动与地区创新收敛之间的关系。运用引力模型对科技人才的跨省流动量进行测算，并在此基础上采用空间计量分析技术，实证考察了科技人才的区际流动是否对地区间创新的收敛有促进作用。研究发现，科技人才的区际流动能够显著促进中国地区创新的收敛；其中，户籍制度改革对科技人才的流动有显著的推进作用，而创新驱动战略的实施对科技人才的流动并没有显著的影响。本章结论为促进科技人才的合理流动，统筹区域创新发展，进而促进中国经济的健康增长提供有益参考。

第一节　科技人才的优化配置
与区域间创新差距

改革开放以来，中国经济在保持高速增长的同时，区际间经济发展差距也迅速扩大（林毅夫等，1998；李晶和汤琼峰，2006）。区域发展差距的持续扩大，一方面会影响我国整体经济的运行效率，造成社会资源的无效率配置，进而阻碍国民经济的可持续增长；另一方面，其所伴随的地域性收入分配差异也不利于我国社会福利水平的整体提升和政治生活的稳定（蔡昉和都阳，2000）。因此，如何缩小地区间经济发展差距以保持国民经济的持续稳定增长已成为经济增长理论研究的焦点问题之一。

目前，学界对区域经济发展差距与收敛的研究均是沿着新古典经济学中人均产出差异或者人均资本差异的分析路径进行（Carlino and Mills，1993；沈坤荣和马俊，2002；彭国华，2005；滕建州和梁琪，2006），鲜有人从区域间技术创新水平差异的视角展开阐述。然而，新增长理论的研究表明，技术创新是影响经济持续增长的内生动力，各个区域在创新资源和创新能力层面存在的差异才是形成区域经济增长差距的深层力量（Prescott，1998；孙建，2010）。Grossman 和 Helpman（1994）在新增长理论基础上的研究发现，作为经济增长内生动力的技术创新是导致不同区域经济差距的根本源泉，Archibugi 和 Pianta（1994）发现，如果一国的技术创新水平趋于收敛，那么该国的人均产出或人均生产率也可能会出现收敛。由此可见，区域间技术创新水平的差异在很大程度上决定了经济增长的差异。

携带着技术知识的科技人才是保障各地区创新活动顺利开展的重要战略资源。伴随着我国户籍制度的松动和创新驱动战略的不断实施，科技人才在区际间的流动规模越来越大。科技人才在"趋利性"特征支配下的自由流动以及各个地区对科技人才的争夺，使创新水平较高的地区不断利用其科研优势，吸引更多、更高素质的科技人才流入，以推动其创新能力的进一步提升，从而拉大与落后地区间的创新差距，进而使地区间的创新水平趋于发散。然而，科技人才在区际间的流动也具有促使区域间创新水平趋于收敛的动力。科技人才在区际间的流动，一方面能够引致创新知识和技术在空间范围内的溢出，另一方面可以促进区域间创新知识的互动和交流，加速跨区域创新合作网络的形成。这些特征的存在均可以缩小落后地区和先进地区之间的创新差距，促使不同区域的技术创新水平逐渐趋于收敛。那么，科技人才的区际流动究竟是否会促进我国地区间创新水平的收敛呢？如果是促进，应该如何加强？如果是抑制，又应该如何改善呢？无疑，科学引导科技人才的合理流动，最大限度地发挥科技人才流动在缩小地区创新差距中的积极作用，对我国实现创新资源的优化配置、统筹区域创新发展具有非常重要的意义。

本章拟聚焦于科技人才流动这一新的问题，重点考察科技人才在区际间的流动对地区创新收敛的影响以及影响科技人才跨区域流动的相关因素。以期通过本研究，为我国科技人才的合理流动以及区域创新的协调发展提供理论依据和政策参考。

与以往研究相比，本章的贡献主要体现在：第一，将携带更多知识和技术的科技人才在区际间的流动纳入到区域创新收敛的分析框架中，探究科技人才流动对区域创新收敛的影响，进而为促进我国科技人才的合理流动，统筹区域创新发展，从而实现宏观经济的可持续增长提供有益的政策参考；第二，考虑科技人才的区际间流动可能产生的地域间空间相关效应，应用空间计量经济学的理论与方法，实证考察科技人才流动和地区创新收敛性之间的关系。

本章后续的安排为：第二部分设定考虑空间效应的收敛模型，并对所采用的变量与数据进行简要介绍；第三部分对实证结果进行分析和讨论，并对回归结果的稳健性进行检验；最后给出结论及相应的政策建议。

第二节　模型的设定、变量与数据

本部分内容主要报告了本章研究中所使用的计量模型以及相关变量的测算方法和数据的说明。

一、检验创新活动空间相关性的 *Moran I* 指数

根据新经济地理学理论，各区域开展的创新生产活动并不是相互独立的（Krugman，1991）。科技人才的趋利性流动及其溢出效应、各地区对科技人才的争夺以及地方政府的相互竞争行为的存在均会导致各地区与其周边地区发生空间联系。基于此，本章选用空间统计学中的空间 *Moran I* 指数来检验中国的区域创新活动是否具有空间自相关的特征。如果检验结果表明区域创新活动具有显著的空间相关性，经典经济计量分析中的假定条件将不再满足，其估计结果也会出现偏误，就需要选用能够将区域间空间相关性考虑在内的空间计量分析技术进行实证研究。

在计算区域创新空间相关程度的 *Moran I* 指数时，首要的工作就是需要选用合适的变量表征区域创新活动的开展情况，而专利就是一个经常被选用的指标（Nasierowski and Arcelus，2003；池仁勇等，2004；白俊红和王钺，

2015）。由于专利申请量会受到专利审查机构审查能力的限制而存在一定的时滞期，而且申请的专利可能并没有达到准许授权的条件，因此专利申请量并不能准确地衡量区域创新产出水平。相比之下，专利授权量更能客观地反映一个地区的创新能力和科技综合实力。基于此，本章选取各省份的专利授权数量作为衡量区域创新水平的指标。检验区域创新活动空间相关性的 Moran I 指数的计算公式如式（7.1）所示。

$$Moran\ I = \frac{\sum_{i=1}^{n} \sum_{j=1}^{n} W_{ij}(cre_i - \overline{cre})(cre_j - \overline{cre})}{S^2 \sum_{i=1}^{n} \sum_{j=1}^{n} W_{ij}} \tag{7.1}$$

式（7.1）中，n 为考察的区域个数，本章中 $n = 30$；cre_i 和 cre_j 分别表示第 i 空间单元和第 j 空间单元的专利授权量，S^2 表示 30 个省份专利授权数量的方差，$\overline{cre}$ 为 30 个省份专利授权量的均值，W_{ij} 为空间权重矩阵。根据空间计量经济学理论，区域间空间相互关系的强弱会随着距离的增加而不断衰减（Tiiu and Friso，2007），因此，本章选用空间距离权重矩阵来表示区域间的空间效应，即：$W_{ij} = \begin{cases} \dfrac{1}{d^2}, & i \neq j \\ 0, & i = j \end{cases}$，其中 d 为两个省份地理中心位置之间的距离。

Moran I 指数的取值范围为 [-1，1]。该指数大于 0 表示经济行为空间正自相关，小于 0 则表示经济行为空间负相关。指数的绝对值越大，表示区域创新活动的空间相关性越强。

本章运用 Geoda 软件，对中国各区域创新活动间的空间相关性进行检验，测算出其 Moran I 指数。表 7-1 报告了 2000～2012 年我国各省创新产出的 Moran I 指数。

表 7-1　　　　2000～2012 年我国各省创新产出的全局 Moran I 指数

年份	2000	2001	2002	2003	2004	2005	2006
Moran I	0.552 ***	0.102 ***	0.108 ***	0.029	0.668 ***	0.431 ***	0.127 ***
P 值	0.000	0.001	0.000	0.109	0.000	0.000	0.009

年份	2007	2008	2009	2010	2011	2012	总样本期
Moran I	0.071 ***	0.060 *	0.162 ***	0.071 ***	0.172 ***	0.162 ***	0.151 ***
P 值	0.008	0.057	0.002	0.005	0.002	0.002	0.007

注：括号内数字为显著性概率，***、**、* 分别代表显著性水平小于 0.01、0.05 和 0.1。
资料来源：作者根据 GEODA 分析结果整理。

从表 7 - 1 可以看出，在考察期内，我国各省份专利授权量的总 Moran I 指数在 1% 的水平下显著为正，并且大部分年份的 Moran I 指数也通过了显著性检验。这表明区域创新活动并不是处于随机的状态，而是受到与之相邻省份的影响，在空间分布上具有明显的正向相关性。这为本章使用空间计量模型进行分析奠定了基础。

二、考虑空间效应的收敛模型

在新古典增长理论中，有一个重要的概念的就是 β 收敛，其主要是指落后地区比发达地区具有更高的增长率，这样不同地区的经济水平就会在长期内趋向收敛的状态（Ramsey，1928）。目前，学界研究收敛问题时常用的模型有绝对 β 收敛模型和条件 β 收敛模型两类。绝对 β 收敛表示在不受其他因素影响的情形下，各地区创新会自发收敛到相同的稳态水平。当绝对 β 收敛不存在时，如果将影响区域创新的其他相关因素考虑在内，在模型中加入能够代表这些因素的条件变量以后，使地区创新的收敛性发生了变化，此时即为条件 β 收敛。受区域初始发展状态的影响，各区域很难在其他条件都不变的情况下，收敛到同一稳态水平，因此几乎所有的研究都证实了绝对 β 收敛并不存在，而条件 β 收敛则得到了一致的肯定（Barro and Sala-i-Martin，1992）。鉴于此，本章将在条件 β 收敛模型下，考虑科技人才的跨区域流动与地区创新之间的关系。由于传统的 β 收敛模型没有将区域创新生产活动的空间相关性考虑在内，而空间相关性检验表明了我国各区域的创新生产活动存在着显著的空间相关性，我们在传统的条件 β 收敛模型中加入空间权重矩阵 W_{ij}，构建能够将经济活动的空间相关性考虑在内的条件 β 收敛模型。

根据空间计量经济学理论（Anselin，1988），空间相关性主要有以下两种表现形式：一是某个区域的创新生产活动可能与其周边区域，或者整个系统内的创新生产活动有所关联；二是某个区域的创新活动不仅与该地区初始的创新生产水平有关，同时还与周边地区创新活动的随机误差项有关。根据空间相关性的两种表现形式，经济学家建立了两种不同类型的空间计量模型，即在经典回归模型中引入因变量空间交互项的空间自回归模型（Spatial Autoregressive Model，SAR）以及引入误差剩余项，假定空间相互作用是由外生冲击产生的空间误差模型（Spatial Error Model，SEM）。本章构建的空间计量模型的基本形式如下：

（一）空间自回归模型（SAR）

条件 β 收敛的 SAR 模型表达式分别为：

$$\frac{\ln(cre_{it}/cre_{i0})}{T} = \alpha + \rho W\left[\frac{\ln(cre_{it}/cre_{i0})}{T}\right] + \beta \ln cre_{i0} + \beta_1 \ln FP_{it} + \beta_2 \ln X_{control} + \varepsilon_{it}$$

$$(7.2)$$

式（7.2）中，β 为收敛系数，如果 $\beta < 0$，则说明地区间创新水平区域收敛，反之则发散；cre_{i0} 为各省区期初的创新产出量，cre_{it} 为期末的创新产出量，T 为样本期的时间跨度，α 为常数项；ρ 为空间自回归系数，反映了样本观测值的空间依赖作用，即相邻地区的创新活动对本地区创新活动开展影响的方向和强度，W 为空间权重矩阵；FP_{it} 为 i 区域在 t 时期的科技人才流动数量，ε_{it} 为服从独立同分布的随机扰动项，满足 $\varepsilon_{it} \sim iid(0，\sigma^2)$；$X_{control}$ 为本章选取的一系列控制变量，在数据说明部分进行具体阐述。本章借鉴 Barro 等（1991）、Shioji（2001）等的研究，取 $T = 1$，也即模型中的被解释变量为当期的增长率。

（二）空间误差模型（SEM）

条件 β 收敛的 SEM 模型表达式分别为：

$$\frac{\ln(cre_{it}/cre_{i0})}{T} = \alpha + \beta \ln cre_{i0} + \beta_1 \ln FP_{it} + \beta_2 \ln X_{control} + \varepsilon_{it}$$

$$\varepsilon_{it} = \lambda W\mu_{it} + \mu_{it}$$

$$(7.3)$$

其中，λ 为空间误差系数，μ_{it} 为服从独立同分布的随机误差项向量，满足 $\mu_{it} \sim iid(0, \sigma^2)$，其余变量的含义与式（7.2）相同。

此外，根据收敛系数 β 的具体估计值，可以计算出收敛的速度 v，相应的计算公式分别为：

$$v = -\ln(1+\beta)/T \tag{7.4}$$

三、变量说明

（一）科技人才流动量的测度

迄今为止，测算人口迁移最流行的模型为引力模型（gravity model）。引力模型是物理学的万有引力定律在经济学中的成功应用，其主要用来研究经济事物的空间交互作用问题，该模型能够把人口迁入地、迁出地的经济特征和两地间的距离联系起来，综合考虑影响人口迁移的各项因素（Zipf，1946）。目前，国内外众多学者都使用引力模型对跨区域人口迁移进行测算研究。Crozet（2004）使用引力模型研究了欧洲 5 个国家在 1980~1990 年的人口迁移情况，研究发现人口更加倾向于流向市场潜力更高的地方；Joshua 和 Hendrik（2008）利用 OECD 国家 1991~2000 年的面板数据，验证引力模型对人口迁移的解释力，结果表明该模型具有很高的解释力；刘生龙（2014）利用引力模型对中国跨省区人口迁移问题进行研究；白俊红和蒋伏心（2015）使用引力模型测算了研发要素在区际之间的流动量。当前，引力模型已经被广泛应用于国际贸易量测算、人口迁移以及空间相互关联等研究领域，并逐渐发展成为测算人口流动量的一个主流模型。鉴于此，本章采用引力模型对我国科技人才的区际流动量进行测算。

引力模型的基本表达式为：

$$F_{ij} = \frac{G_{ij} \cdot N_i^{\alpha^i} \cdot N_j^{\alpha^j}}{R_{ij}^b} \tag{7.5}$$

式（7.5）中，F_{ij} 为 i 地区对 j 地区的吸引力；G_{ij} 为 i 地区和 j 地区间的引力系数，一般取 1；N_i 和 N_j 是某种社会要素的测度（如人口）；α^i 和 α^j 为引力参数，一般均取 1；R_{ij} 为两地区之间的距离；b 为距离衰减指数，一般取 2。

在现实经济研究过程中，经济学家基于社会要素的具体特征以及信息获取的差异对引力模型的一般形式做了恰当的变化。根据社会要素流出地和流入地的具体推拉力量以及能够掌握的起点与终点信息数量，可以将引力模型分为以下 3 种形式：同时引入推动力变量和吸引力变量的全部流量约束引力模型、只引入吸引力变量的产出约束引力模型以及只引入推动力变量的引力模型。以 Lee（1966）为代表的劳动经济学家在研究中指出，人口流入地区的吸引力（例如高工资）是导致人口流入的主要动力。基于此，本章选取只引入吸引力变量的产出约束双对数引力模型来测度科技人才的流动数量。假设地区 i 流动到地区 j 的 R&D 人员数量为 FP_{ij}，则：

$$FP_{ij} = \frac{\ln N_i \cdot \ln Wage_j}{R_{ij}^2} \tag{7.6}$$

上式中，N_i 为 i 省的科技人才数量，$Wage_j$ 为 j 省的平均工资水平，表征 j 省对 i 省科技人才的吸引力。R_{ij} 是两地区省会城市之间的距离，该距离根据国家地理信息系统网站上 1：400 万的电子地图用 Geoda095i 软件测量得到。

i 省科技人才在统计年度内的总流动量 FP_i，可用下式求得：

$$FP_i = \sum_{j=1}^{n} FP_{ij} \tag{7.7}$$

其中，n 为 i 省的科技人才在统计年度内流向的总地区个数。本章选用各省份的 R&D 人员全时当量来表征科技人才数量。

（二）控制变量的说明

为了更准确地描述科技人才流动对区域创新收敛性的影响，本章对一些相关变量进行了控制。主要包括：反映区域教育发展环境的人力资本水平（lab）、反映地方政府行为的政府财政支出（gov）、反映区域创新环境（env）的 R&D 资本存量水平以及反映区域金融发展环境（fin）的科技经费筹集中来自金融机构的贷款额等。

人力资本水平（lab）：人力资本是影响区域经济发展差距的重要因素之一。一方面，人力资本质量的提升，可以提升对新知识的学习能力，从而能够高效率地从科技人才流动所伴随的知识溢出效应中获取收益，使这些新知识快速转化为自身的创新生产能力，提升本地区创新水平，进而促进地区创新的收敛；另一方面，由于落后地区学习现有技术知识的成本远远低于发达地区的开发创新成本，进而也可能会导致区域创新收敛（蔡昉，2000）。本章选用平均受教育年限来衡量各省份的人力资本水平，具体计算方法由各学历层次所需年限数乘以各学历人才占总人口的比重加总得到。

财政支出（gov）：相关研究表明，政府对经济的过度干预是影响区域发展差距的重要原因（张焕明，2007）。首先，政府对经济过高规模和过强程度的干预会影响市场机制的有效运行，扭曲资源的最优配置，降低生产效率；其次，政府的过度干预会导致寻租和腐败行为的频发，影响经济的运行效率。本章选用各省区的财政支出数据考察政府的行为对创新收敛的影响。

创新环境（env）：创新是经济发展的不竭动力（Schumpeter，1934），创新环境较好的地区，能够为创新活动的开展提供较为完善的基础设施条件并且可以吸引到更多高素质人员流入，因而也有利于创新活动的开展。此外，优越的创新环境，能够提高科技人才工作的舒适感，激发其创新的积极性，进而生产出更多的创新成果。一般来说落后地区改善创新环境的欲望和潜力往往大于发达地区，因此，区域的创新环境对创新收敛发挥着不容忽视的作用。本章选取各省份的 R&D 资本存量数据作为衡量创新环境的指标。

由于《中国科技统计年鉴》只报告了各年度的 R&D 经费支出数据，而 R&D 经费支出反应的是本年度内 R&D 经费的投入量，是一项流量指标。但是不管是 R&D 过程本身或者是 R&D 活动的成果，其对经济的影响均不仅局限于当期。同时，当前年度内的 R&D 产出可能是以往 R&D 知识活动积累起来的成果。基于此，本章参照 Goto 和 Suzuki（1989）、杨志江和罗掌华（2011）以及白俊红（2011）的做法核算 R&D 资本存量。

具体的测算方法如式（7.8）所示：

$$R_{it} = (1 - \sigma) \times R_{i(t-1)} + K_{i(t-1)} \tag{7.8}$$

其中，R_{it} 和 $R_{i(t-1)}$ 分别为区域 i 在 t 时期和 $t-1$ 期的 R&D 资本存量，$K_{i(t-1)}$ 为 $t-1$ 期的 R&D 经费现值，σ 为折旧率，本章采用国际上通用的做法取 $\sigma = 15\%$。

由式（7.8）可以看出，R&D 资本存量的核算需要确定 R&D 经费的现值，而确定 R&D 现值的关键是要明确 R&D 支出价格指数。本章参照了 Loeb 和 Lin（1977）、李瑞茜和白俊红（2013）等的研究，从 R&D 经费支出的明细构成来对 R&D 支出价格指数进行构造。经计算最终得出 R&D 支出价格指数 $= 0.6 \times$ 消费价格指数 $+ 0.4 \times$ 固定资产投资价格指数。

基期 R&D 资本存量（R_0）可以用式（7.9）求得：

$$R_0 = K_0 / (\eta + \sigma) \tag{7.9}$$

其中，K_0 为基期的 R&D 经费投入实际值，η 为考察期内 R&D 经费支出的增长率，经计算 η 的值为 26%。

金融发展环境（fin）：金融机构发展的成熟与否是影响区域创新差距的主要原因之一。许多地区的创新活动正是由于缺乏足够的资金支持，才导致了技术创新进展的缓慢，而良好的金融发展环境可以为 R&D 执行单位提供充足的资金支持，借此来缓解其研发创新活动的资金约束问题；此外，良好的金融发展环境还表现为金融机构能够与科技活动密切融合，从而为创新生产活动提供相应的风险预测服务，进而促进研发活动的有效开展。本章选用各省科技经费中来源于金融机构贷款的对数值来表征各省的金融环境。

文中原始数据来源于 2000 ~ 2014 年 30 个省级行政区（西藏由于数据不全，不予考虑）的《中国统计年鉴》和《中国科技统计年鉴》，并且所有数据以 2000 年为考察基期。其中，测算创新产出增长率数据所用的时间跨度为 14 年（2000 ~ 2013 年），所测算出来的专利产出增长率有 13 年的数据，因此在空间面板计量模型中各变量的时间跨度为 2000 ~ 2012 年。表 7 - 2 给出了本章选取变量数据的描述性统计结果。

表 7 - 2　　　　　　　　　　　变量的描述性统计

变量名	符号	单位	样本数	均值	标准差	最小值	最大值
专利授权量增长率	Y	/	390	1.214	0.238	0.567	2.490
专利授权量	cre	件/年	420	14 175.060	31 526.670	70.000	269 944.000
R&D 人员数量	N	百人/年	390	580.967	666.440	813.000	4 923.269
R&D 人员流动量	FP	千人/年	390	665.037	876.649	21.777	4 245.256
R&D 经费支出	E	亿元/年	390	110.877	160.450	0.831	963.123

变量名	符号	单位	样本数	均值	标准差	最小值	最大值
平均工资	*wage*	百元/年	390	163.452	99.784	41.930	527.860
人力资本	*lab*	年/人	390	8.456	1.027	6.040	11.836
财政支出	*Gov*	亿元/年	390	1 410.000	1 300.000	60.838	7 390.000
创新环境	*env*	亿元/年	390	313.858	468.797	2.026	2 970.000
金融发展环境	*fin*	万元/年	390	91 850.700	123 721.900	1.000	814 164.100

资料来源：作者根据 Stata12.0 分析结果整理。

第三节　实证结果及分析

一、条件 β 收敛的空间面板计量模型回归结果

利用 Matlab R2014b 软件对式（7.2）和式（7.3）的条件 β 收敛的空间计量模型进行估计。经 Hausman 检验，我们选用固定效应模型，具体估计结果如表 7-3 所示。其中，根据固定效应模型对地区和时间两类非观测效应的不同控制，我们分别对无固定效应（*nonF*）、地区固定时间不固定（*sF*）、时间固定地区不固定（*tF*）以及时间地区均固定（*stF*）四种效应进行了估计。

表 7-3　　　　　　　　　条件 β 收敛的空间面板计量回归结果

变量	SAR				SEM			
	nonF	*sF*	*tF*	*stF*	*nonF*	*sF*	*tF*	*stF*
ρ	0.160 * (0.066)	0.120 (0.168)	0.230 *** (0.005)	0.190 ** (0.014)	/	/	/	/
λ	/	/	/	/	0.622 *** (0.000)	0.492 *** (0.000)	0.441 *** (0.000)	0.347 *** (0.000)

续表

变量	SAR				SEM			
	nonF	sF	tF	stF	nonF	sF	tF	stF
α	0.568 *** (0.001)	/	/	/	0.940 *** (0.000)	/	/	/
β	-0.051 ** (0.026)	-0.254 *** (0.000)	-0.074 *** (0.001)	-0.307 *** (0.000)	-0.033 (0.145)	-0.215 *** (0.000)	-0.068 *** (0.007)	-0.317 *** (0.000)
FP	0.017 (0.195)	0.491 (0.155)	0.019 (0.155)	0.747 ** (0.036)	0.022 (0.148)	0.342 (0.299)	0.026 (0.115)	0.718 * (0.053)
lab	-0.029 ** (0.023)	-0.037 ** (0.032)	-0.028 ** (0.023)	-0.023 * (0.099)	-0.011 (0.458)	-0.025 (0.254)	-0.021 (0.139)	-0.029 * (0.070)
gov	0.011 (0.196)	0.018 ** (0.031)	0.009 (0.174)	0.018 *** (0.005)	0.011 (0.338)	0.020 (0.130)	0.007 (0.356)	0.018 ** (0.017)
env	0.109 *** (0.000)	0.335 *** (0.000)	0.152 *** (0.000)	0.348 *** (0.000)	0.025 (0.387)	0.297 *** (0.000)	0.142 *** (0.000)	0.383 *** (0.000)
fin	-0.001 (0.937)	-0.027 ** (0.089)	-0.005 (0.674)	-0.042 *** (0.008)	0.019 * (0.088)	-0.008 (0.584)	-0.003 (0.787)	-0.035 ** (0.033)
v	0.052	0.293	0.077	0.367	0.034	0.242	0.070	0.381
$Adj-R^2$	0.184	0.334	0.076	0.263	0.312	0.390	-0.016	0.203
$Log-L$	45.583	85.399	-4.444	45.529	67.171	95.997	-2.076	47.524

注：括号内数字为显著性概率；***、**、*分别代表显著性水平小于0.01、0.05和0.1；"/"表示此项为空。

资料来源：作者根据 Matlab R2014b 分析结果整理。

从表7-3的估计结果可以看出，时间和地区均固定效应（stF）下的空间误差模型的回归系数显著的个数最多，并且其空间误差系数（$\lambda = 0.347$，且在1%的显著性水平下显著）和极大似然值（$Log-L = 47.524$）也较高，可见地区和时间均固定的 SEM 模型具有最优的拟合效果，因此，本章主要选择该模型进行分析。

从 stF 效应的 SEM 模型的估计结果来看，区域创新活动的条件收敛系数 β 在1%的显著性水平下显著为负。根据 β 收敛理论，收敛系数 $\beta < 0$ 说明创新落后地区的增长率大于先进地区的增长率，这表明在考察期内，科技人才

的流动对我国地区创新的收敛具有显著的推进作用。根据收敛系数 β 的具体值，可以计算出地区创新的收敛速度为 0.381。鉴于此，地方政府应该进一步破除地区壁垒，完善区域间科技人才流动的机制体制，积极创造各种有利于科技人才流动的条件，鼓励科技人才在区际间的自由流动，从而加速地区创新的收敛。

二、拓展性分析

表 7-3 显示了科技人才的流动对地区创新收敛的影响作用。那么，一个值得进一步思考的问题是，科技人才的流动会受到什么因素的影响呢？对该问题的考察无疑可为科技人才的合理流动、缩小区域创新发展差距，进而促进我国经济的持续健康增长提供有益参考。本章拟从创新驱动发展战略的实施以及户籍制度松动两个方面对其进行初步考察。自国家高度重视创新发展以来，各地区不断加大对创新要素的投入，积极创造各种优越条件吸引科技人才流向本地区；此外，户籍制度的逐步松动在为我国科技人才的跨区域流动提供了便利的条件的同时，也减弱了科技人才流动的心理成本。基于此，本章进一步在模型中加入了创新发展虚拟变量与科技人才流动的交互项以及户籍制度改革虚拟变量与科技人才流动的交互项，借此来探究创新驱动战略和户籍制度的松动是否能够促进科技人才区际流动进而加速地区创新的收敛。

2006 年的全国科学技术大会明确提出了要以创新引领未来经济的发展，自此，各地区高度重视生产创新，并致力于自主创新能力的提升。创新驱动发展战略正是对上述认识的深入扩展和精辟总结。因此，关于创新驱动发展虚拟变量（P）的设定，本章将 2006 年以前设置为 0，2006 年之后设置为 1。

统一的户籍登记管理制度于 2003 年 5 月 1 日起全面实行，人员准入条件与落户手续的松动，使人员在我国的跨地区流动变得更加方便。因此，关于户籍制度虚拟变量（H），本章将 2004 年以前设置为 0，2004 年之后设置为 1。

加入交互项的条件 β 收敛空间计量模型的估计结果如表 7-4 所示。经过 Hausman 检验，仍采用固定效应模型。

表 7-4　　　　加入交互项的条件 β 收敛空间面板计量回归结果

变量	SAR				SEM			
	nonF	sF	tF	stF	nonF	sF	tF	stF
ρ	0.127 (0.159)	0.116 (0.188)	0.198 ** (0.011)	0.181 ** (0.014)	/	/	/	/
λ	/	/	/	/	0.537 *** (0.000)	0.482 *** (0.000)	0.428 *** (0.000)	0.355 *** (0.000)
α	0.913 *** (0.000)	/	/	/	1.023 *** (0.000)	/	/	/
β	-0.036 (0.105)	-0.253 *** (0.000)	-0.045 * (0.051)	-0.285 *** (0.000)	-0.033 (0.136)	-0.230 *** (0.000)	-0.043 * (0.081)	-0.292 *** (0.000)
FP	-0.005 (0.708)	0.508 (0.140)	-0.003 (0.807)	0.703 ** (0.048)	-0.009 (0.595)	0.331 (0.312)	-0.010 (0.556)	0.622 * (0.089)
lab	-0.033 ** (0.013)	-0.031 * (0.087)	-0.035 *** (0.006)	-0.019 (0.226)	-0.016 (0.272)	-0.022 (0.323)	-0.033 ** (0.020)	-0.027 (0.127)
gov	0.007 (0.614)	0.006 (0.730)	0.010 (0.473)	0.005 (0.789)	0.011 (0.434)	0.019 (0.337)	0.012 (0.434)	0.008 (0.689)
env	0.046 (0.135)	0.269 *** (0.000)	0.054 * (0.090)	0.262 *** (0.000)	0.016 (0.581)	0.229 *** (0.002)	0.035 *** (0.287)	0.268 *** (0.000)
fin	0.016 (0.186)	-0.031 * (0.050)	0.013 (0.302)	-0.048 *** (0.003)	0.024 ** (0.039)	-0.010 (0.490)	0.018 (0.157)	-0.040 ** (0.013)
$FP \times P$	0.020 (0.180)	0.024 (0.231)	0.015 (0.327)	0.027 (0.178)	0.021 (0.306)	0.019 (0.441)	0.019 (0.240)	0.031 (0.174)
$FP \times H$	0.021 (0.167)	0.003 (0.863)	0.027 * (0.057)	0.004 (0.780)	0.028 (0.120)	0.021 (0.370)	0.039 ** (0.013)	0.014 (0.449)
v	0.037	0.292	0.046	0.335	0.034	0.261	0.044	0.345
$Adj-R^2$	0.222	0.341	0.133	0.274	0.315	0.396	0.092	0.229
$Log-L$	55.145	87.534	13.772	50.151	71.796	98.226	20.276	53.790

注：括号内数字为显著性概率；***、**、*分别代表显著性水平小于 0.01、0.05 和 0.1；"/"表示此项为空。

资料来源：作者根据 Matlab R2014b 分析结果整理。

从表 7 - 4 可以看出，时间固定效应（tF）下，空间计量模型的回归系数显著的个数最多，并且其空间项系数也均显著。由于该效应下的 SEM 模型比 SAR 模型具有更高的调整可决系数（$Adj - R^2$）和极大似然值（$Log - L$），因此我们选择 tF 效应下的 SEM 模型进行分析。

从估计结果可以看出，户籍制度改革与科技人才流动量的交互系数为正，且在 5% 的水平下显著，表明户籍制度的松动有助于显著提升科技人才的跨区域流动进而促进地区创新水平的收敛。近年来，为了保证社会主义市场经济的健康发展需要，促进人才资源的市场化配置，我国逐步加快了户籍管理制度改革的步伐，尽量消除限制人口转移的体制性障碍。落户门槛的不断降低，为科技人才在市场信号指引下的自由流动提供了便利与保障。而创新驱动战略的实施与科技人才流动的交互项的系数并不显著。其原因可能在于，目前我国各地区均在积极开展创新活动，落实创新驱动发展战略。这也表明各地区的创新活动开展情况，已不再是影响科技人才流动的主要因素。

第四节　本章小结

伴随着我国户籍制度的松动和创新驱动战略的不断推进，科技人才在区际间的流动规模逐步扩大。本章 2000~2013 年中国大陆 30 个省级区域的面板数据，运用空间面板计量分析技术，着重检验了科技人才在区际间的自由流动是否会促进地区创新的收敛，并在此基础上探究了影响科技人才区际流动的因素。主要的研究发现有：

我国各省份的创新生产活动之间并不是相互独立的，存在着显著的空间相关性。因此，地方政府在制定各项政策措施以促进本地区创新活动开展和经济增长的同时，需要通盘考虑周边地区的经济发展策略，摒弃并消除地方保护主义行为，加强与周边地区的创新协作与智力互动，积极有效地整合本地区与周边地区的创新要素，从而促进我国经济发展水平的整体提升。

科技人才的流动能够显著促进地区创新的收敛，而户籍制度的松动能够明显促进科技人才的跨区域流动，在考虑多种情形以后，这一结论仍然具有稳健性。上述结论的政策启示在于，科技人才在区际间的自由流动是消除地区间创新差距，统筹区域创新发展，促进经济持续健康增长的重要力量，因此地方政府应该鼓励科技人才在区际间自由流动，破除阻碍科技人才流动的制度性壁垒，进一步加快户籍制度改革的步伐，放松落户门槛，为科技人才的自由流动开辟"绿色通道"，以此促进地区创新的协调的发展。

第八章

金融资本流动与区域创新的动态空间收敛

　　本章旨在揭示资本的跨区域流动与区域创新动态空间收敛之间的关系。在充分考虑创新活动空间相关性的基础上，运用动态空间面板分析技术，从地区差异和时间差异两个层面实证研究了资本的区际流动对我国区域创新协调发展的影响。研究发现，中国区域创新生产活动的空间分布特征在东部和中西部地区具有明显的差异，东部地区的创新生产呈现出高—高或者高—低集聚的特征，而中西部地区则呈现出低—低或者低—高集聚的态势；全国、东部以及中西部地区的创新发展均呈现出发散的趋势，且资本的流动显著推动了全国及东部地区创新活动的区域发散，而对中西部地区没有显著的影响。本章的结论为合理引导资本的跨区域流动，统筹区域创新发展提供了有益参考。

■ 第一节　金融资本的优化配置与区域间创新差距

　　如何实现生产要素在空间上的合理配置，统筹区域协调发展是长期备受关注的理论与现实问题。从 20 世纪 80 年代初到 2013 年，我国东中西三大经济带间人均 GDP 的比例关系从最初的 1.8：1.18：1 扩大到了 2.03：1.24：1，并逐渐发展成为经济差距较大的国家之一。造成上述现象的原因是多方面的，如各地区在利用市场或发展机会上的差异性等（林毅夫等，1998），但其根本原因主要是我国区域间的技术创新水平差异问题，因为，创新是影响区域经济发展能力的深层决定力量（Prescott，1998）。如果一个地区的创新水平较高，则能够通过区域间生产要素的流动，整合外部资源，从而促进地区创新水平的进一步提升。反之，生产要素会流出区域，投入其他区域的创新生产活动中。

目前，区域创新的收敛性问题已经引起了部分国内外学者的关注。Patel和Pavitt（1994）最早以 OECD 国家为样本，研究了 OECD 国家技术创新的收敛性；Rondé 和 Hussle（2005）针对法国区域创新能力的分析表明，区域内企业研究人员数量的差异是导致地区间创新能力差异的根本原因；Jung-mittag（2006）以专利作为创新水平的衡量指标，探讨了欧盟 15 个国家间的创新力收敛问题，发现欧盟国家的区域创新具有显著的收敛趋势；陈向东和王磊（2007）利用中国 1996～2005 年各区域的专利创新数据，检验了我国东、中、西部三大经济带之间的创新收敛问题，结果表明我国东、中、西部三大经济带之间并没有出现显著的俱乐部收敛；白俊红等（2008）则主要探究了人力资本、对外开放度、产业结构、政府行为等因素对中国创新效率的条件收敛的影响。

综合上述文献可以发现，目前学界对区域创新收敛的研究主要沿着以下两种路径进行：一是探究区域间的创新是否存在着收敛的趋势；二是对影响区域创新收敛的影响因素进行考察。然而，截至目前，现有文献均只选取一些代表区域自身特征的静态因素，实证考察其对区域创新收敛的影响，忽视了区际间要素流动所伴随的循环累积、空间关联等效应也会对区域的创新收敛产生重要的影响，特别是能够给区域创新生产活动提供金融支持的资本的流动。

从现实的角度来讲，随着我国金融市场的不断完善和发展，资本在区际间的流动变得更加方便和快捷，其流动所伴随的资源配置效应的变化将会对各区域创新活动的开展产生重要的影响。一般而言，在"趋利性"特征的支配下，资本总是从创新水平较低的地区流向创新水平较高的地区，从而使得优势地区获得更多的资本积累，进一步增强其创新实力；与此同时，创新水平较低的地区却因资本的减少面临着创新活动运行缺乏资金支持，创新能力进一步削弱的局面。由此可见，资本在区际间的自由流动可能会扩大区域创新的差距，从而使区域创新水平趋于扩散。然而，资本的流向和规模也能够为各区域创新活动开展的方向提供一定的指引作用，促使各地区淘汰掉落后的创新项目，将资源投向具有更高价值的创新生产活动中去，从而逐渐缩小各区域间的创新差距。此外，资本的流动还作为加强区域合作互动的一种重要形式，其所伴随的知识溢出效应又使得区域创新具有趋向收敛的动力。朱国忠等（2014）在研究中发现，资本跨区域流动所引致的区域间交流与互动是加速区域收敛的重要力量；Sachs 和 Warner（1997）的研究也表明，地区开放交流程度高的国家比开放交流程度低的国家具有更高的收敛速度。因此，科学分析资本的流动对我国区域创新的影响不仅可以促进我国资本要素的合理有效配置，而且还能够为中国区域创新的协调发展提供一定的启示意义。

正如前文指出的，资本在区际间的流动能够使区域之间形成一定的互动关联，因此，为了更准确地反映资本流动与区域创新收敛之间的关系，我们选用能够将区域间的互动关联效应考虑在内的空间计量分析技术进行经验分析。空间计量经济学的概念最早由 Paelinck 和 Klaassen（1979）提出，后经 Anselin（1997）、Elhorst（2005）等的不断完善与扩展逐渐发展成熟。与经典计量模型相比，空间计量模型突破性地摒弃了数据间无关联和均质性的假定，将空间结构权重矩阵纳入到分析框架中，充分考虑了空间相关性对经济活动的影响，从而使得回归结果更贴近客观事实。目前，学者们普遍选用空间静态面板模型对经济问题进行回归分析（符淼，2009；牛欣等，2012；白俊红和王钺，2015），但空间静态面板模型只能考察易于衡量的指标变量对因变量的影响，并不能将模型之外潜在的诸多因素（如制度、文化等）考虑在内，而这种潜在因素对区域创新发展的影响是不容忽视的（李婧等，2010）。空间动态面板模型则可以有效地解决此类问题。

为了准确、客观地考察资本流动对区域创新空间收敛性的影响，本章构建包含因变量一阶滞后变量的空间动态面板模型，并采用无条件极大似然估计方法对模型进行回归估计。设置空间动态面板模型的意义在于：一方面可以将资本流动所引致的空间互动关联效应考虑在内；另一方面将滞后期的因变量作为解释变量引入模型，可以检验未列入计量模型的潜在因素对区域创新空间收敛的影响。

与以往研究相比，本章的贡献主要体现于：在充分考虑区域创新活动空间相关性的基础上，构建了能够将不易衡量的潜在因素（制度、文化）考虑在内的空间动态面板模型，以便更加客观真实地实证考察中国的区域创新收敛问题，这无疑是一个新的尝试。此外，本章主要从资本流动这一新的视角考察中国区域创新的动态空间收敛问题，并在此基础上为我国资本的合理流动以及创新的协调发展提供一定的政策建议。

本章后续的安排为：第一部分阐述本章的研究方法，并构建空间动态条件 β 收敛模型；第二部分对所采用的数据和变量做简要介绍；第三部分对实证结果进行分析和讨论；最后给出结论及相应的政策建议。

第二节　研　究　设　计

一、空间相关性的判定方法

在考虑空间效应的基础上解释资本流动对区域创新动态收敛的影响时，我们首先要明确区域创新活动的空间相关性程度。检验经济事物间是否存在着空间相关性可以通过空间统计学中的 *Moran I* 指数法、Geary 系数法等进行判断，而 *Moran I* 指数法应用最多。*Moran I* 指数分为全局和局域 *Moran I* 指数两种。

全局 *Moran I* 指数主要判断整体经济的空间相关性，计算公式如式（8.1）所示：

$$I = \frac{n \sum_{i=1}^{n} \sum_{j=1}^{n} W_{ij}(XS_i - \overline{XS})(XS_j - \overline{XS})}{\sum_{i=1}^{n} \sum_{j=1}^{n} W_{ij} \sum_{i=1}^{n} (XS_i - \overline{XS})^2} \tag{8.1}$$

其中，$\overline{XS} = \frac{1}{n} \sum_{i=1}^{n} XS_i$，$n$ 为空间单元的个数 XS_i 和 XS_j 分别表示第 i 空

间单元和第 j 空间单元的新产品销售收入，s^2 表示新产品销售收入的方差，$\overline{XS}$ 为新产品销售收入的均值，W_{ij} 为空间权重矩阵。本章选用空间邻接矩阵来表征空间关联特征，即 $W_{ij} = \begin{cases} 0, & i 与 j 不相邻 \\ 1, & i 与 j 相邻 \end{cases}$。$Moran\ I$ 指数的取值范围为 $[-1, 1]$。该指数大于 0 表示存在空间正自相关，小于 0 则表示存在空间负相关。I 指数的绝对值越大，表示区域创新活动的空间相关性越强。

由于我国各个省级行政区的地理位置不同，区域创新发展水平也呈现出较大的差异，为了进一步检验我国区域创新发展的高观测值或者低观测值之间的局域空间相关性，需要借助 $Moran\ I$ 散点图进行描绘与分析。$Moran\ I$ 散点图以 (z, Wz) 为坐标点，把整个空间分解为四个象限（其中，$z_i = XS_i - \overline{XS}$ 为空间滞后因子，Wz 为空间单元观测值的空间加权计算），每个象限对应着省际区域之间不同类型的局部空间联系。其中，第 1、3 象限表示正的空间相关性，第 2、4 象限表示负的空间相关性。第 1 象限代表了高观测值的区域单元被高值区域所包围（H—H）；第 2 象限代表了低观测值的区域单元被高值区域所包围（L—H）；第 3 象限代表了低观测值的区域单元被低值区域所包围（L—L）；第 4 象限代表了高观测值的区域单元被低值区域所包围（H—L）。根据区域所在象限的位置，可以判断出其所属的局域空间集聚类型。

二、动态空间收敛模型的构建

通过 $Moran\ I$ 指数检验确定了区域创新活动存在空间相关性之后，如果继续使用传统计量模型进行分析，得到的结果可能存在一定的偏误，应在充分考虑空间因素的基础上建立相应的动态收敛模型进行分析。在增长理论中，收敛主要是指落后地区比发达地区具有更高的增长率，这样不同地区的发展水平就会在长期内趋向收敛的状态。目前，学界研究收敛问题时常用的模型有绝对 β 收敛模型和条件 β 收敛模型两类。绝对 β 收敛表示在不受其他因素影响的情形下，各地区创新发展会自发收敛到相同的稳态水平。当绝对 β 收敛不存在时，如果将影响区域创新发展的其他相关因素考虑在内，在模型中加入能够代表这些因素的条件变量以后，使得地区创新的收敛性发生了变化，此时即为条件 β 收敛。受区域初始发展状态的影响，各区域很难在其他条件都不变的情况下，收敛到同一稳态水平，因此几乎所有的研究都证实了绝对 β 收敛并不存在，而条件 β 收敛则得到了一致的肯定。鉴于此，本章将在传统的条件 β 收敛模型中加入能够表征区域之间空间联系的空间权重矩阵 W_{ij}，并在此基础上将滞后一期的被解释变量作为解释变量纳入模型，以充分考察模型中除解释变量之外的其他潜在因素对解释变量的影响，构建能够将创新活动的空间相关性考虑在内的空间动态条件 β 收敛模型。

根据空间计量经济学理论，区域间创新活动的空间相关性主要有以下两种表现形式：一是某个区域的创新活动可能与其周边区域，或者整个系统内的创新生产活动有所关联；二是某个区域的创新活动不仅与该地区初始的创新水平有关，同时还与周边地区创新活动所带来的随机冲击有关。根据空间关联的两种表现形式，经济学家建立了两种不同类型的空间计量模型：空间误差模型（SEM）和空间滞后模型（SAR）。本章在充分考虑上述两种空间关联的基础上，构建资本流动对区域创新空间收敛影响的动态空间条件 β 收敛模型，具体形式如下：

动态空间误差条件 β 收敛模型：

$$Y_{it} = \alpha + \sigma Y_{i,t-1} + \beta XS_{i0} + \beta_1 KF_{it} + \beta_2 X_{control} + \varepsilon_{it}$$
$$\varepsilon_{it} = \lambda W\mu_{it} + \mu_{it} \tag{8.2}$$

动态空间滞后条件 β 收敛模型：

$$Y_{it} = \alpha + \sigma Y_{i,t-1} + \rho W Y_{it} + \beta XS_{i0} + \beta_1 KF_{it} + \beta_2 X_{control} + \mu_{it} \tag{8.3}$$

式（8.2）和式（8.3）满足 $\sigma \neq 0$ 且 $\mu_{it} \neq 0$；其中，$Y_{it} = \dfrac{\ln(XS_{it}/XS_{i0})}{T}$，$\beta$ 为收敛系数，如果 $\beta < 0$，则说明区域创新存在空间收敛，反之则发散；XS_{i0} 为 i 区域期初的新产品销售收入，XS_{it} 为 i 区域期末的新产品销售收入，T 为样本期的时间跨度，α 为常数项；ρ 和 λ 为空间相关系数，反映了样本观测值的空间相互影响，即相邻地区的创新发展对本地区创新影响的方向和强度，W 为空间权重矩阵；KF_{it} 为 i 区域在 t 时期的资本流动量，μ_{it}、ε_{it} 为服从独立同分布的随机扰动项，满足 $\mu_{it} \sim (0, \sigma^2)$、$\varepsilon_{it} \sim (0, \sigma^2)$；$X_{control}$ 为

本章选取的一系列控制变量，在数据说明部分进行具体阐述。本章借鉴 Barro 和 Sala – I – Martin（1992）、Shioji（2001）等的研究取 $T=1$，也即模型中的被解释变量使用的是当期的增长率。当 $\sigma=0$ 且 $\mu_{it}\neq0$ 时，该模型为静态空间面板数据模型。

三、模型的估计

空间动态面板模型由 Hepple（1978）首次提出，并指出带有滞后因变量的空间面板模型应该用极大似然法进行估计，但是并未给出模型的估计结果。之后，由于估计技术的限制，学者们一般采用普通动态面板（非空间）或者静态空间面板对区域问题进行研究。直到 2000 年以后，大量学者开始探究空间动态面板模型的估计方法，主要的研究成果可以分为以下两种：一种是在估计之前将数据的空间相关性剔除，然后继续使用经典面板数据的回归方法进行估计（Griffith，2000）；第二种是由 Elhorst（2005）在传统极大似然估计方法的基础上提出的无条件极大似然估计方法。其基本思想如下：首先对空间动态面板模型做一阶差分，以消除面板数据的固定效应，然后用所考察的每个空间单元的一阶差分值的密度函数的乘积构建一阶差分模型的无条件极大似然函数。

事实上，第一种估计方法虽然可以排除空间相关性对模型回归结果的影响，但并不能解释空间因素对经济活动影响程度的大小。鉴于此，本章借鉴 Elhorst（2005）的研究，采用无条件极大似然法对其进行估计。

第三节　变量与数据说明

一、金融资本流动量的测度

目前学界测度金融资本流动的方法主要有以下几种：Feldstein 和 Horioka（1980）构建了跨期储蓄—投资模型（F—H 模型），主要是根据测算的区域投资与储蓄之间的相关性大小来推测资本的跨区域流动情况。基本原理为，如果某地投资与储蓄之间的相关性较高，表明当地的储蓄大部分投资于本地区，本地区的投资也大多依赖于本地的储蓄，则该地区资本的流动性就较差；Shibata 和 Shintani（1998）提出了使用区域间居民消费的相关性大小来推测区际资本流动规模的永久收入法；郭金龙和王宏伟（2003）统计了各省商品流动量的规模和大小，并以此作为衡量资本流动规模和方向的衡量指标；李小平和陈勇（2007）运用各省工业资本在工业总资本中所占比例的变动来衡量资本的相对流动。

目前，我国金融市场的发展受实际利率、政策变动等因素的影响，使得投资与储蓄之间存在着正的相关性；此外，储蓄变量内生性程度较高以及区域一体化程度较低等现状的存在均使得利用 F—H 模型、商品流动规模或居民消费的相关性等方法测度我国的资本流动量时受到一定的限制。基于此，本章借鉴李小平和陈勇（2007）的研究，利用各省份资本存量占全国比例的变动来表征资本在区际间的相对流动。

具体来讲，依据张军等（2004）对中国省际物质资本存量估算方法的研究，对 2000～2013 年中国各省份的资本存量进行估算，然后根据重新估算的中国资本存量数据计算出 2000～2013 年中国各省份的资本存量占全国比重的变动来衡量各省份的年度资本流动情况。由于在使用永续盘存法估算资本存量时，如果基期选择得越早，那么基年资本存量估计的误差对后续年份的影响就会越小（单豪杰，2008），为了保证数据的准确性，我们仍以1952 年为基期。由于重庆的直辖时间较短，缺乏基期的统计资料，本章参照张军等（2004）、单豪杰（2008）的处理方法，将其并入四川的数据进行计算。

二、区域创新能力的表征

在表征区域的创新能力时，专利数量是一个较为常用的指标。其主要原因在于专利数据较为容易获得，并且含有大量关于技术、发明等方面的信息。但是也有研究指出，使用专利表征区域的创新能力时存在着一定的缺陷：一些发明创造并没有申请专利，因此专利并不能反映创新活动的全部成果（Pakes and Griliches，1984）；此外，由于各项专利的质量不同，其在体现创新生产活动的质量以及区域创新成果的经济价值上也存在一定的缺陷（Griliches，1990；吴延兵，2008）。为克服专利在表征区域创新能力大小时存在的缺陷，吴延兵（2008）等学者曾尝试采用新产品开发项目数作为区域创新能力的衡量指标。但是，与专利数目一样，新产品开发数亦是数量指标，并不能体现出创新的质量，也不能全面反映区域创新所伴随的商业价值和经济化水平。与上述只能反映创新数量的指标相比，新产品的销售收入可以有效地反映出创新的质量和商业价值。基于此，本章选取各省份高技术的产业的新产品销售收入数据来表征区域的创新发展水平。

三、控制变量的说明

为了准确描述资本流动与区域创新动态空间收敛之间的关系，本章选取了一些相关变量，并对其进行了控制。主要包括：反映国民经济各产业部门之间构成的产业结构、反映区域开放程度的外商直接投资、反映地方政府财政自主权力的财政分权程度。

产业结构（CY）：产业结构的升迁对缩小地区间差距有重要的作用（沈坤荣和马俊，2002）。一般来说，落后地区的产业结构调整意愿和强度往往高于发达地区，而产业结构的升级换代有利于劳动生产率的提高。本章选用第二产业增加值占 GDP 的比重作为衡量各省份产业结构的指标。

外商直接投资（FDI）：外商直接投资所伴随的知识溢出效应，可以促使东道国的技术水平和组织效率不断得到提升，进而提高整体经济的综合要素生产率（Blomström 等，2003）[1]；此外，外商直接投资水平的高低代表着地区的开放程度，地区越开放，地区间知识的溢出与扩散程度就越高，从而

---

① Bode E. The Spatial Pattern of Localized R&D Spillovers: An Empirical Investigation for Germany [J]. *Journal of Economic Geography*, 2004, 4 (1): 43 –64.

起到缩小地区间差距的目的。本章选取了各省份的外商直接投资实际成交额作为控制变量代入模型。

财政分权程度（FD）：财政分权程度将会对地区创新收敛产生重要的影响。财政分权度高的地区，地方政府拥有更多的财政主权，在国家创新驱动战略的实施下，地方政府会加大对科技的投入，从而促进本地区创新的发展。本章选取各地区人均财政支出占中央人均财政支出的比重来衡量地区的财政分权程度。

文中原始数据来源于《新中国五十年统计资料汇编》、2001～2014 年的《中国统计年鉴》《中国科技统计年鉴》《中国高技术产业统计年鉴》以及各省份的统计年鉴，考察的样本为中国大陆 27 个省际行政区域（西藏、青海、新疆由于数据不全除外；重庆缺失基期数据，纳入四川计算）。其中，测算新产品销售收入增长率所用新产品销售收入数据的时间跨度为 14 年，测算出来的新产品销售收入增长率有 13 年的数据。为了降低异方差的影响，模型中的变量除比例值资本流动量、产业结构以外，均取对数值处理。表 8 - 1 给出了本章选取变量数据的描述性统计结果。

表 8 - 1   变量的描述性统计

变量名	符号	单位	样本数	均值	标准差	最小值	最大值
新产品销售收入	XS	亿元/年	351	464.937	1 090.000	0.010	9 770.000
新产品销售收入增长率	Y	/	351	1.569	1.898	0.015	21.477
资本区际流动率	KF	/	351	0.000	0.001	- 0.006	0.004
第二产业增加值	E	亿元/年	351	5 565.565	5 702.966	133.840	29 427.500
产业结构	CY	1	351	0.468	0.086	- 0.001	0.645
外商直接投资	FDI	亿元/年	351	11 761.340	26 339.590	0.999	269 952.200
财政分权程度	FD	1	351	4.395	2.799	1.178	13.795

资料来源：作者根据 Stata12.0 分析结果整理。

第四节　实证结果与分析

一、区域创新的空间相关性检验

本章运用 Stata12.0 软件，对中国各省份新产品销售收入的空间相关性进行检验，测算出其全局 *Moran I* 指数。具体结果如表 8 - 2 所示。

表 8 - 2　　2001 ~ 2013 年中国各省新产品销售收入的全局 *Moran I* 指数

年份	2001	2002	2003	2004	2005	2006	2007
Moran I	0.056	0.058	0.071	0.089 *	0.050	0.067	0.063
P 值	0.133	0.128	0.106	0.078	0.147	0.104	0.118
年份	2008	2009	2010	2011	2012	2013	总样本期
Moran I	0.058	0.103 *	0.092 *	0.092 *	0.117 **	0.116 **	0.108 *
P 值	0.132	0.057	0.070	0.072	0.041	0.042	0.051

注：***、**、*分别代表显著性水平小于 1%、5% 和 10%。
资料来源：作者根据 GEODA 分析结果整理。

从表 8 - 2 可以看出，2001 ~ 2013 年，我国各省间的新产品销售收入逐渐呈现出显著的正向空间相关性，并且其显著性程度也在逐步提升，此外，在总的样本期内，我国各省份间的新产品销售收入亦呈现出显著的正向空间相关性。这表明随着时间的推移，我国省域创新确实存在非随机的空间相关性。

进一步地，为了更准确地描述区域创新活动在空间分布的局部特征，我们借助于局域 *Moran I* 散点图作进一步的说明。图 8 - 1 和图 8 - 2 分别为 2009 年和 2013 年中国省域创新活动的 *Moran I* 散点图。图中阿拉伯数字 1 ~ 27 依次代表北京、天津、河北、山西、内蒙古、辽宁、吉林、黑龙江、上海、江苏、浙江、安徽、福建、江西、山东、河南、湖北、湖南、广东、广西、海南、四川、贵州、云南、陕西、甘肃、宁夏。

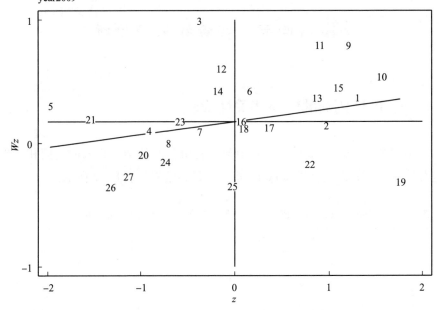

图 8 - 1　2009 年省域创新活动 *Moran I* 散点图

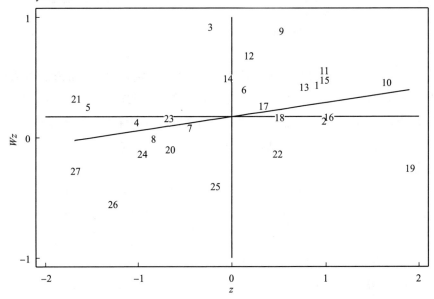

图 8 - 2　2013 年省域创新活动 *Moran I* 散点图

从两个时期的 *Moran I* 散点图来看，大部分省份的空间分布特征并没有发生显著的变化，创新活动的地区分布规律非常明显。其中落入 H—H 和 H—L 区域（第 1 象限和第 4 象限）的大部分为东部沿海城市，而中西部地区普遍落入 L—H 和 L—L 区域。其主要原因在于：东部沿海城市的经济、创新水平较高，金融市场的发展也较为完善，具有较强的资本转移承接能力，对于新流入的资本能够更好地使用到创新项目中去，从而创造出更多的创新产品，进一步促进创新的发展，形成资本流入与创新发展相互促进的良性循环。而对于地处中西部的大部分地区来讲，由于创新、金融发展水平相对较低，其未能充分有效地利用资本资源，甚至会面临资本流失的困境，再加上周边地区的创新水平欠佳，对本地区创新活动的开展也没有起到有益作用。区域新产品销售收入分布不平衡的空间结构在一定程度上解释了中国区域创新发展不平衡的现象。加快实现区域创新的协调发展刻不容缓。

二、考虑空间因素的条件 β 收敛分析

从上述 *Moran I* 散点图的分析结果可以看出，我国东部地区和中西部地区的创新发展水平存在较大的差异，而且两大区域带间创新活动的空间分布特征也不尽相同，所以为了更准确地描述资本流动对区域创新动态收敛的影响，我们分别对全国、东部地区、中西部地区的样本数据进行回归。为了比较，首先对式（8.2）和式（8.3）对应的空间静态条件 β 收敛面板模型进行估计（$\sigma = 0$，$\mu_{it} \neq 0$），然后考虑区域创新活动的空间相关与时间滞后的双重影响，对空间动态条件 β 收敛面板模型进行估计。经 Hausman 检验，空间静态条件 β 收敛面板模型应选用固定效应模型。并且静态 SAR 模型的估计结果比静态 SEM 模型具有更高的对数似然值（$\text{Log} - L$）以及 R^2，表明静态 SAR 模型的拟合效果较好，因此我们选择静态 SAR 模型进行分析。具体估计结果如表 8 - 3 所示。

表 8 - 3　　　　　　　　　　静态空间条件收敛结果

变量	全国	P 值	东部	P 值	中西部	P 值
ρ	- 0.066	0.374	- 0.079	0.111	- 0.293 ***	0.000

续表

变量	全国	P 值	东部	P 值	中西部	P 值
β	0.476 ***	0.000	0.426 ***	0.000	0.482 ***	0.000
KF	52.833	0.107	59.694 ***	0.001	− 13.169	0.864
CY	− 0.763	0.247	− 2.016	0.101	− 1.039	0.241
FDI	0.023	0.245	0.055	0.145	0.078 *	0.099
FD	− 0.922 ***	0.000	− 0.683 ***	0.000	− 0.768	0.289
R^2	0.263	/	0.259	/	0.267	/
Log − L	− 9.994	/	− 105.417	/	− 160.424	/

注: ***、**、* 分别代表显著性水平小于 1%、5% 和 10%;"/"表示此项为空。
资料来源: 作者根据 Matlab R2014b 分析结果整理。

从表 8 - 3 的结果来看,中西部地区的空间相关系数通过了 1% 水平下的显著性检验,这表明我国中西部地区的创新发展具有显著的空间相关性。全国和东部地区的空间相关系数并没有通过显著性检验,可能的原因在于,区域间文化、制度等潜在因素的相似性均会对地区间的空间相关性产生重要的影响,而静态空间面板模型并没有把这些潜在因素考虑在内,从而对地区间空间相关性的估计出现偏误。

由于静态空间面板的条件 β 收敛模型忽略了模型包含变量的以外因素 (如制度因素、文化环境等) 对创新收敛的影响,而这些因素往往是至关重要的。由此,我们用被解释变量的一阶滞后量表征模型以外的其他潜在因素对创新活动的影响,建立能够将这些潜在因素包括在内的空间动态条件 β 收敛模型,即当式 (8.2) 和式 (8.3) 满足 $\sigma \neq 0$ 且 $\mu_{it} \neq 0$ 时所对应的空间面板计量模型。选用无条件极大似然法对式 (8.2) 和式 (8.3) 所对应的空间动态条件 β 收敛面板模型进行估计。经 Hausman 检验,动态空间条件 β 收敛的面板模型仍然选择固定效应的 SAR 模型。具体估计结果如表 8 - 4 所示。

表8－4 动态空间条件收敛结果

变量	全国	P 值	东部	P 值	中西部	P 值
ρ	－ 0. 120 *	0. 057	－ 0. 178 **	0. 031	－ 0. 124 ***	0. 007
$Y_{i,t-1}$	－ 0. 377 ***	0. 000	－ 0. 305 ***	0. 000	－ 0. 410 ***	0. 000
β	0. 551 ***	0. 000	0. 506 ***	0. 000	0. 575 ***	0. 000
KF	62. 128 *	0. 095	88. 182 ***	0. 000	16. 337	0. 854
CY	－ 1. 136 **	0. 025	－ 1. 292 *	0. 084	－ 1. 100 *	0. 067
FDI	0. 012	0. 346	0. 015	0. 557	0. 013	0. 419
FD	－ 1. 064 ***	0. 000	－ 0. 790 ***	0. 000	－ 1. 142 ***	0. 000
R^2	0. 367	/	0. 311	/	0. 415	/
Log － L	－ 230. 258	/	－ 93. 531	/	－ 134. 19	/

注：***、**、*分别代表显著性水平小于1%、5%和10%；"/"表示此项为空。
资料来源：作者根据 Matlab R2014b 分析结果整理。

　　从表8－4可以看出，在考虑被解释变量一阶滞后项的动态空间条件β收敛面板模型中，全国、东部以及中西部地区的空间相关性系数均通过了显著性检验，这与静态空间条件β收敛模型的空间相关性结果并不一致，同时被解释变量一阶滞后项的估计系数也均显著。该回归结果印证了上面的观点，表明区域创新生产活动作为一个连贯、动态的经济系统，仅仅用地理邻接来表征其内部的空间相关性特征是不够的，系统内部的文化差异、制度环境差异等潜在因素对区域创新系统的影响也是至关重要的。由此可见，忽略潜在因素影响的静态空间模型可能并不能够真实客观地反映实际情况，特别是动态空间条件β收敛模型中空间相关性系数的显著性程度或方向的变化，以及自变量中显著的滞后一期的新产品销售收入增长率，均能反映出建立动态空间条件β收敛模型的重要性。

　　使用动态空间模型进行估计后，全国范围内的区域创新条件β收敛系数在1%的水平下显著大于零，表明当前我国各区域的区域创新发展处于发散的状态，地区间创新水平的差距在逐渐扩大，同时中西部地区和东部地区的创新发展也没有出现显著的俱乐部收敛特征。一般而言，在"趋利性"特征的支配下，资本等生产要素总是从创新水平较低的地区流向创新水平较高的地区，从而使创新优势地区获得更多的资源支持，进一步增强其创新能力；与此同时，创新水平较差的地区却因资本等资源的减少面临着创新能力进一步削弱的局面，在这种循环累积效应的作用下，区域间的创新发展差距不断拉大，逐步趋于发散。全国和东部地区的资本流动显著地推进了地区创新的发散，而中西部地区的资本流动系数并不显著。造成这种现象的可能原因在于，目前我国大部分地区的金融市场发展比较完备，资本的流动更加方便和快捷，而中西部某些落后地区的金融发展还相对比较滞后，资本在整个区域内部的自由流动还会受到一定程度的限制或者时滞，因此资本的流动可能在中西部地区对创新差异性的影响并不显著。

鉴于目前资本在地区间的流动显著推进了我国区域间创新差距的扩大，各级政府应该积极制定出适宜的制度安排，以合理的引导我国资本的流向，积极激励并引导资本等生产要素向中西部等创新水平较低的地区流动，同时向中西部地区提供一定的技术帮助和金融支持，从而促进中西部地区创新水平的提升，缩小东部与中西部地区间的创新发展差距。由于东部和中西部两大经济带内部也呈现出显著的俱乐部发散的趋势，因此各经济带内的地方政府应该进一步破除地区保护主义壁垒，积极进行交流与合作，以促进区域内部创新的共赢发展。此外，鉴于区域间的创新活动是空间相关的统一整体，区域内部的优势创新省份应该积极向创新水平较低的省份提供一定的技术咨询与指导服务，从而推动整个区域创新的协调发展。

三、考虑不同时间段的动态空间条件 β 收敛分析

在考虑空间以及区域间潜在因素的基础上，探讨了资本流动对不同区域的创新收敛性影响之后，我们继续在时间上分阶段讨论，以对比不同时间段下资本流动对区域创新动态收敛的影响。我们将考察期分为以下三段，分别为 2001～2004 年、2005～2008 年、2009～2013 年。之所以选择 2004 年和 2008 年为分界点主要是因为从 2004 年开始，央行首次决定不再设定金融机构人民币贷款利率的上限及存款利率的下限，这标志着我国金融市场的逐步完善与发展，从而有利于资本在区际间的自由流动。此外，2004 年实施的

国有企业改革、中部崛起等政策，使我国市场经济的发展逐步趋于完善，且资源在区域间的配置也趋于合理；2008 年为我国实行改革开放政策的第 30年，经过不断的努力，社会主义市场经济体制已经逐步建立，中国已经逐渐步入了市场化和国际化的进程，创新基础条件较好的地区可以凭借优越的条件获得更多的发展机会，这将会对我国区域创新的协调发展带来新的契机与挑战。各个时段的估计结果如表 8－5 所示。

从表 8－5 中全国样本数据的估计结果来看，2001～2008 年中国各省间的创新活动并没有呈现出显著的空间相关性特征，2009～2013 年我国各省间的创新活动呈现出了显著的空间相关性，该结果与全局 *Moran I* 指数的空间相关性检验结果是一致的。这表明在 2009 年以前，我国区域间创新活动的空间联系还较少，地区间的行政壁垒还比较高，随着市场经济的不断发展和区域创新一体化进程的加快，地区间创新的空间关联程度不断加深。2001～2004 年，我国区域创新存在着显著的发散趋势（$\beta > 0$），同时资本流动的系数显著为负，2005～2008 年，我国区域创新仍然存在着显著的发散趋势，但是资本流动对区域间创新差距的影响并不显著。由此可见，2004 年实行的金融利率改革对资本在区际间的流动产生了重要的影响。随着金融市场的不断完善与发展，资本能够在区域之间自由的流动，资本的流动可能已经不再是影响区域创新水平的重要因素，因此 2004 年以后资本在区际间的流动对区域创新收敛的影响并不显著。

从各地区的估计结果来看，东部地区的创新发展在三个时间段内均具有显著的空间发散态势，并且 2001～2004 年资本的流动对东部地区的创新收敛没有显著的影响，2005～2013 年资本的流动能够显著地推动东部地区之间创新的发散；中西部地区在 2001～2013 年的创新发展一直处于发散的态势，并且资本的流动对创新收敛性的影响也并不显著。随着 2004 年利率制度改革、国有企业改革等政策在东部沿海地区较快的实施与落实，资本等要素的束缚逐渐减弱，资本能够在区域间按照趋利性的特征不断向创新发展较好的地区流动，因此资本对东部地区创新发散的影响逐步显著，而中西部地区的发展比较滞后，资本等要素在区际间的流动还受到一定程度的限制与障碍，因此资本流动对中西部地区创新收敛的影响并不显著。

表 8−5

分时段动态空间条件收敛结果

变量	2001~2004 年 全国	东部	中西部	2005~2008 年 全国	东部	中西部	2009~2013 年 全国	东部	中西部
ρ	-0.013 (0.895)	-0.495*** (0.000)	-0.023* (-0.085)	-0.190 (0.392)	-0.342* (0.065)	0.098 (0.443)	-0.220** (0.025)	-0.271** (0.012)	-0.017*** (0.000)
$Y_{i,t-1}$	-0.522*** (0.000)	-0.574*** (0.000)	-0.491*** (0.000)	-0.338** (0.010)	-0.132 (0.332)	-0.557*** (0.000)	-0.302** (0.016)	-0.423*** (0.000)	-0.238 (0.133)
β	1.222*** (0.000)	1.016*** (0.000)	1.213*** (0.000)	0.877*** (0.000)	0.964*** (0.000)	0.834*** (0.000)	0.810*** (0.000)	0.521*** (0.000)	0.909*** (0.000)
KF	-131.405** (0.040)	-72.519 (0.199)	-80.047 (0.395)	84.102 (0.265)	272.218*** (0.000)	52.345 (0.560)	118.823 (0.178)	55.844* (0.059)	202.515 (0.156)
CY	1.594** (0.031)	3.912*** (0.000)	1.068 (0.193)	-1.933* (0.051)	-1.073 (0.204)	-2.719** (0.020)	-1.215*** (0.007)	-0.848* (0.070)	-1.600*** (0.003)
FDI	-0.039 (0.280)	-0.075*** (0.008)	-0.004 (0.937)	0.079 (0.112)	0.062 (0.277)	0.096 (0.115)	0.046 (0.118)	-0.027 (0.216)	0.073* (0.091)
FD	-1.559*** (0.000)	0.982* (0.092)	-2.049*** (0.000)	-0.157 (0.810)	-0.670 (0.281)	-0.318 (0.539)	-2.144*** (0.000)	-0.540* (0.446)	-2.686*** (0.000)
R^2	0.879	0.900	0.891	0.572	0.763	0.725	0.691	0.780	0.730
Log−L	10.846	28.982	2.231	-8.217	14.177	-0.168	-1.056	6.715	-3.115

注：括号内数字为显著性概率；***、**、*分别代表显著性水平小于 1%、5% 和 10%；"/" 表示此项为空。

资料来源：作者根据 Matlab R2014b 分析结果整理。

第五节　本章小结

本章运用动态空间条件收敛模型，从分地区和分时间段两个视角，实证检验了 2001～2013 年中国省际资本流动对区域创新动态空间收敛的影响。主要的研究发现有：

我国各省份的创新活动之间并不是相互独立的，存在着显著的空间相关性。其中东部沿海地区与中西部地区创新活动的空间相关性类型并不相同，东部地区普遍处于高观测值被高观测值包围（H—H）或者高观测值被低观测值包围（H—L）的空间分布结构中，而中西部地区处于低观测值被低观测值包围（L—L）或者低观测值被高观测值（L—H）包围的空间分布结构中。鉴于此，政府在保证东部地区创新活动正常开展的同时，应该加大对中西部地区创新发展的扶持力度，并积极创造各种有利条件鼓励高技术人才向中西部地区就业，以期促进中西部地区创新的发展，从而缩小创新发展差距。此外，地方政府在制定本地区的创新发展策略时，应该综合考虑周边地区的各项发展情况，摒弃并消除地方保护主义行为，积极利用周边地区的优势创新要素，加强与周边地区的互动和交流，从而促进我国整体创新水平的提升与发展。

在整个考察期内，资本的流动显著推动了全国、东部以及中西部地区创新差距的形成。鉴于此，地方政府应该积极制定各种激励政策，以合理引导资本向创新水平较低的地区流动，从而为这些地区创新活动的顺利开展提供足够的资金支持，同时创新能力较低的省份应该适当增加对作为经济增长内生动力的创新的资金投入，并积极向创新水平较高的地区学习。此外，金融机构可以设立创新资金管理专项部门，为各地区创新活动的顺利开展提供相应的资本预测与风险服务，引导资本流动到最大需求量而不是最大获益量的创新项目中。

从分阶段的估计结果来看，金融市场的逐步完善和市场机制的发展带动了资本不断流向初始创新水平较好的地区，加速这些地区的资本积累，而循环累积效应的自我实现机制又会进一步推动创新优势地区的发展，从而导致区域创新的非均衡发展。因此，在金融和市场不断健全的同时，各级政府应该加大对创新发展水平较低地区的创新投入力度，以促进区域创新的协调发展。

第九章

房地产价格、要素空间关联与区域创新绩效

从社会经济特征、人力资本特征和创新要素的流动三个视角，系统剖析了区域创新活动间产生空间关联的根本原因，随后利用包含双重空间效应的空间 SDM 模型，实证考察了房价上涨对区域创新绩效的影响及其影响机制。研究发现，我国东部和西部地区的房价上涨呈现出显著的空间溢出效应，而中部地区房价上涨的空间溢出效应并不显著；在考虑了地区间的人力资本差异和创新要素的流动性以后，全国、东部、中部和西部地区的房价上涨均对区域创新绩效都产生了显著的抑制作用；传导机制检验结果显示，成本效应、人力资本错配效应、产业结构效应和企业家精神扭曲效应的传导作用显著，而融资约束效应的传导路径并不成立。

第一节 房地产价格与区域创新绩效

伴随着中国特色社会主义进入新时代，我国经济逐渐由高速增长转向高质量发展阶段，在此背景下，各地区都面临转变粗放型的经济发展方式，以效率提升和技术创新重构经济增长动能，已经成为新时代区域经济实现高质量发展的重要内涵。但综观现实，当前我国的经济发展仍然没有从根本上摆脱粗放型增长模式下的投资驱动轨道，特别是过度依赖土地和房地产开发，将房地产业视为主导产业，加大对房地产及其关联产业的投资，进而促进各地区 GDP 增长的中国式经济增长，一方面快速推动中国的城镇化进程，带

动房价上涨，城市经营理念风生水起，地方政府成为房价上涨的推手之一，但也因城市品质的改善提升吸引更多生产要素流入。另一方面，房价作为地区和城市营商环境的一个考核指标，高房价对其他生产要素的挤出效应可能导致经济增长的内生动力趋向衰减。作为生产要素中重要组成部分的创新要素，一方面对大学和科研机构相对聚集，容易产生创新思想互动与碰撞，从而激发创新活力的城市倍加青睐；另一方面，创新主体中的中小企业，以及中端及以下的创新要素，事实上难以承受高房价等创新成本，从而产生离散的力量。区域或城市的房价水平与创新活动之间可能存在某种关联，而近年来中国整体而言急速上涨的房价对区域创新活动以及创新绩效可能产生怎样的影响？这是一个值得思考的问题。

目前学界关于房地产业过度发展对实体经济影响的研究，存在针锋相对的两类观点：一方面，房价上涨所伴随的流动性效应能够缓解融资约束，从而提高企业的生产能力。Chaney et al.（2012）使用1993~2007年美国上市公司数据的研究发现，房价上涨能够提高企业固定资产的价值，使企业获得更多的信贷资源，并且资本的分配和投资效率也会随之提高。Miao and Wang（2014）的研究表明，中国房地产泡沫提升了企业的融资能力，通过流动性效应，缓解企业的资金约束，促进企业生产水平的提升。另一方面，也有学者认为，房地产行业的高回报率将会引起整个社会投资重心的转移，从而对生产性投资产生一定的挤出效应，影响实体经济的发展。Paul（1992）基于内生增长模型的研究表明，当房地产等非生产性资产产生泡沫时，投机性的泡沫就会挤出生产性投资，加大生产性行业的融资约束，从而不利于企业的生产活动；王敏和黄滢（2013）的研究发现，房价的持续快速上涨会促使企业家投资回报率较高的房地产行业的高速增长，从而减少对企业创新的投入；刘斌和王乃嘉（2016）利用中国2000~2006年的工业企业数据实证检验了房价上涨对企业出口的影响，研究发现房价上涨会增加企业的用工成本、加大企业的融资约束，并且还会减少企业的产品种类，降低企业的竞争力，从而减少企业的出口数量。

可以发现，上述关于房价上涨对实体经济影响的研究均忽视了能够对经济高质量发展产生重要影响的研发创新活动的考察。事实上，创新生产活动具有"投入大、周期长、风险高"的特点，在短期收益最大化目标的驱使下，创新生产活动最容易受投机性泡沫的影响，并且该影响并不仅局限于工业企业的创新活动，而是会波及整个区域内的创新生产，那么，一个值得关注的问题是，房价的上涨对我国区域创新绩效的影响如何？是激励还是抑制了我国的区域创新绩效？其内在的传导机制又是什么呢？上述问题的科学解决对我国创新驱动战略的成功实施以及经济的高质量发展具有重要的现实意义。城市化的发展可能带来生产要素，特别是创新要素的聚集，但房价上涨可能相伴而生。而房价上涨到一定程度后，对包括创新要素在内的生产要素就可能产生驱逐效应，本章将从理论和实证两个层面考察房价上涨对区域创新绩效的影响，以期通过本章的研究，为我国经济高质量发展进程中如何在合理发展房地产与实现经济动能向创新驱动转换之间寻找可行的政策平衡点。

将本研究主题拓展到区域层面时，一个不容忽视的问题就是区域间的空间相关性。Anselin（1988）指出，几乎所有的空间活动都具有空间依赖性或者空间相关性的特征，区域创新问题也不例外。如果某个地区具有较高的创新水平，那么与之相邻或者相近的地区可能会受到溢出效应的影响，从而也会有比较高的创新水平。此外，如果相邻或者相近区域的创新能力得到提高的情况下，地方政府在晋升压力的驱动下也会制定相应的政策来提高本地区的创新能力。因此，如果在分析中忽略了区域创新生产活动的空间相关性，可能会造成模型估计结果与现实的偏离，影响结果的有效性。基于此，本章选用能够将区域空间相关性考虑在内的空间计量模型进行分析。

与以往研究相比，本章的贡献主要体现在：第一，将房价上涨纳入到区域创新绩效的分析框架中，深入揭示房价上涨影响中国区域创新绩效的内在机制，从理论上阐释房价变动与创新活动绩效之间的关联性；第二，立足于社会经济特征、人力资本特征和创新要素的动态流动三个视角，系统剖析了区域创新生产活动产生空间关联的根本原因，并在此基础上分别建立起经济距离、人力资本距离和创新要素动态流动的空间权重矩阵，以期精确地衡量出区域创新的溢出效应；第三，充分考虑区域创新活动的空间相关性以及各区域创新生产活动的不同特征，应用空间计量经济学的理论与方法，实证考察房价上涨对区域创新绩效的影响，并对房价上涨影响区域创新绩效的内在传导机制进行了检验，从而可以为相关政策的制定提供参考。

本章后续的安排为：第二部分从理论上阐释房价上涨影响区域创新绩效的内在机制；第三部分设定空间计量模型，并介绍相关变量与数据；第四部分对实证结果进行分析和讨论；第五部门对传导机制进行检验；最后给出结论及相应的政策建议。

第二节　房价上涨影响区域创新
绩效的内在机制

本章主要从房价上涨所引发的"成本效应""融资约束效应""人力资本错配效应""产业结构效应"及"企业家精神扭曲效应"五个层面，分析房价上涨影响区域创新绩效的内在机理。具体分析如下。

一、房价上涨的成本效应抬升创新活动的成本

房价的不断上涨一方面会让劳动者的预期收入值增加，无论是为了留住熟练员工还是招募新的员工，企业需要支付的工资成本都会上升，特别是对创新活动而言更为重要的人力资本的工资上升幅度会超越一般劳动力；另一方面，房价上涨的波及效应会使厂房、写字楼等企业的空间成本随之上升，从而使得投资者的预期收益下降。在利润最大化目标的驱使下，投资者选择投资成本高昂的高技术项目的意愿就会降低，区域创新生产活动受损（Acemoglu，1997）。此外，过去相当一段时期内中国地方政府过度依赖土地资源获取财政收入，导致了建筑土地的过量使用以及房价和地价的飙升（宫汝凯，2012），这不仅抬高了新兴产业和初创企业的成本，还加大了创新创业者的心理成本，不利于区域创新的发展。因此，从房价上涨的成本效应来看，房价的上涨可能抑制区域创新绩效的提升。

二、房价上涨的融资约束缓解效应具有时期相异性

有学者指出房价的上涨能够提升企业的土地、抵押品等的价值，缓解融

资约束（Gan，2007；Chaney et al.，2012），但是研发创新活动需要依赖长期的外部融资，否则可能会因为研发资金的不足，造成研发过程的中断，而房价快速上涨带来的资金高回报率可能迷惑包括银行等金融机构在内的经济主体的理性选择，对房地产业高回报率的追逐导致社会资本脱实向虚，研发创新活动所需要的长期融资可能得不到保障（王文春和荣昭，2014）。可见，房价的上涨对企业而言虽然可能在一定程度上缓解融资约束，在短期内充盈创新所需资金，但是由于研发创新投资具有风险高、周期长、回报率不确定等特点，即使房价上涨引致的土地、房产等固定资产价值提升，也不能满足企业研发活动的长期资金需求。此外，房价上涨普遍提高房地产业的投资回报水平，使得包括实体企业在内的各经济主体都倾向于将更多的资金投入到房地产市场中去，这会对研发资金产生一定的挤出效应。鉴于此，房价上涨的融资约束效应可能抑制区域创新绩效的提升。

三、房价上涨所伴随的人力资本错配效应削弱区域创新绩效水平

当房价的上涨幅度超过工资的上涨幅度时，房价就会成为影响劳动力流动的重要因素之一。Hanson（2005）的研究指出区域内较高的房价会影响劳动者的相对效用水平，从而抑制劳动力向本地区流动。Rabe 和 Taylor（2012）的研究也表明区域内的高房价是阻碍劳动力流入，造成劳动力紧缺的主要原因之一。当前，我国房价较高的一、二线城市也是科技研发的重地，需要大量的科技人才作为支撑，然而较高的房价成本却可能让研发人员望而却步，倾向于流入房价较低的地区就业，从而引发区域间的高技术人力资本的错配。高技术人力资本的错配深刻影响着区域创新绩效的提升（Acemoglu，1997）。因此，房价上涨的人力资本错配效应会阻碍区域创新绩效的提升。

四、房价上涨所伴随的产业结构效应对区域创新绩效产生不确定性

高速上涨的房价致使居民和企业的用房成本上升，从而促使劳动力和企

业选择向低房价的城市进行转移，阻碍城市劳动力密集型企业的正常生产活动，进而对城市的产业结构产生影响。此外，谷卿德等（2015）、赵祥和曹佳斌（2017）等在研究中指出，脱离实际需求的房价上涨不仅提升了人们的生活成本，还会改变居民的消费结构，降低消费者和生产者的效用水平，削弱人才的集聚能力，而这些因素的改变不仅会降低劳动力的积极性，还会减缓相关产业的技术进步水平，并最终抑制到产业结构的优化升级。事实上，创新发展水平往往是与一定的产业结构相对应的，合理的产业结构能够为创新活动的开展提供较好的物质基础、创新环境和创新基础，进而提升创新生产的质量。相反，如果地区的产业结构与创新生产不相匹配，例如服务业水平无法与创新活动进行适配互补，将会造成创新投入的极大浪费，降低创新绩效。

五、房价上涨所伴随的企业家精神扭曲效应削弱企业家的创新意愿

创新是企业家的灵魂。然而在房价快速攀升的情况下，企业家却有更大的动机投资于房地产行业，以寻求企业利润的最大化（王敏和黄滢，2013），从而使得企业家的创新精神不能得到有效的发挥。Li 和 Wu（2014）利用中国的房地产市场数据和人口调查数据，实证考察了高房价对创新创业行为的影响，研究发现高房价降低了企业家选择高风险创业投资的可能性，阻碍了社会创新活动的顺利开展。此外，企业家所具有的创新精神在一定程度上决定了生产和市场的边界，当房价持续快速增长时，企业家更倾向于追求房价上涨所带动的短期利益，开发新产品和开拓新市场的决心和意志会逐步降低，进而阻碍了新产品的开发和创新活动的广泛开展。

第三节　计量模型设定、变量与数据

一、计量模型的设定

（1）检验区域创新绩效空间相关性的全局 *Moran I* 指数。在建立空间计

量模型之前，需要首先对因变量究竟是否存在空间性进行检验。目前研究大多采用 *Moran I* 指数来检测变量的空间相关性，如式（9.1）所示。

$$I = \frac{\sum_{i=1}^{n} \sum_{j=1}^{n} W_{ij}(x_i - \bar{x})(x_j - \bar{x})}{S^2 \sum_{i=1}^{n} \sum_{j=1}^{n} W_{ij}}$$

(9.1)

其中，$S^2 = \dfrac{\sum_{i=1}^{n}(x_i - \bar{x})}{n}$。式中，$n$ 为样本个数；x_i 和 x_j 分别为第 i 和第 j 个样本观察值，这里取区域创新绩效值，$\bar{x}$ 为区域创新绩效的均值。S^2 为样本的方差，W_{ij} 为空间权重矩阵。在 *Moran I* 先验检验中，本章采用经济地理距离空间权重矩阵，后文中有详细介绍。

Moran I 指数的取值在 −1 到 1 之间。当指数值大于 0 时，表示区域之间的创新绩效具有正向的相互促进作用，存在着"正空间自相关"，且指数值越大，地区间的正空间自相关性越强；当指数值小于 0 时，表示区域创新绩效之间存在着"负空间自相关"的特征，其绝对值越大，区域创新绩效之间的负空间自相关性越强；当其取值为 0 时，表示地区间的创新绩效是随机分布的，相互之间不存在空间自相关效应。

本章选用 Stata12.0 软件，测算出中国区域创新绩效之间的 *Moran I* 指数，具体结果如表 9−1 所示。

表 9−1　　　　　　　　　我国区域创新绩效的全局 *Moran I* 指数

变量	2000 年	2001 年	2002 年	2003 年	2004 年	2005 年	2006 年	2007 年	2008 年
Moran I	0.067 (0.175)	0.132 * (0.088)	0.161 * (0.065)	0.184 ** (0.037)	0.043 (0.263)	0.030 (0.263)	0.092 (0.165)	0.157 * (0.059)	0.157 ** (0.077)

变量	2009 年	2010 年	2011 年	2012 年	2013 年	2014 年	2015 年	2016 年	2017 年
Moran I	0.262 ** (0.019)	0.320 *** (0.006)	0.416 *** (0.002)	0.389 *** (0.003)	0.277 ** (0.011)	0.310 *** (0.000)	0.342 *** (0.000)	0.451 *** (0.000)	0.202 * (0.083)

注：括号内的数字为显著性概率；*** 、** 、* 分别代表显著性水平小于 1% 、5% 和 10% 。
资料来源：作者根据 GEODA 分析结果整理。

由表 9−1 可以看出，大部分年份的 *Moran I* 指数通过了显著性检验，可见我国区域创新绩效的分布并不是处于随机的状态，而是受到与之相邻区域创新绩效的影响，具有明显的正向相关性，因此如若继续使用经典计量模型进行估计可能会造成模型估计的偏误，这为本章使用空间计量模型进行分析提供了依据。

（2）空间面板杜宾模型。鉴于区域创新绩效之间存在着显著的空间相关性，本章选用能够将经济活动的空间相关性考虑在内的空间计量模型进行实证分析。目前，学界对空间计量模型的应用主要有两种，分别为只包含空间被解释变量滞后项的 SAR 模型和只包含空间随机冲击因素自相关的 SEM 模型，然而，在现实的经济运行中，空间效应的传导可能同时发生于变量间的空间相关以及随机冲击所造成的空间关联，此时 SAR 模型和 SEM 模型的估计结果就会出现偏误。幸运的是，我们可以使用空间 SDM 模型克服这一障碍。空间 SDM 模型就是能够综合考虑上述两种空间传导机制的空间杜宾模型，不仅可以考察区域创新绩效受本地区房价上涨的影响程度，还可以考察本地区的区域创新绩效受其它地区区域创新绩效和房价的影响程度。基于此，本章选用空间杜宾模型实证考察房价上涨与区域创新绩效间的关系。模型的表达式如式（9.2）所示：

$$Y_{it} = \beta_0 + \rho \sum_{i=1}^{n} W_{it} Y_{it} + \beta_1 HPR_{it} + \beta_2 X_{control} + \theta_1 \sum_{i=1}^{n} W_{it} \cdot HPR_{it}$$

$$+ \theta_2 \sum_{i=1}^{n} W_{it} \cdot X_{control} + \varepsilon_{it} \tag{9.2}$$

其中，Y_{it} 为各省的创新绩效值，W 为空间权重矩阵；HPR_{it} 为各省的平均房价增长率，$X_{control}$ 为一系列控制变量，包括企业规模、交通基础设施、对外开放程度、市场化程度。

由于空间滞后项和空间交互项的存在，空间杜宾模型中的回归系数并不能直接表征解释变量对被解释变量的影响，通用的做法是把空间计量模型中解释变量对被解释变量的影响分为三种，分别为解释变量 x 对本区域 y 的平均影响，称为直接效应；解释变量 x 对其他区域的 y 的平均影响，称为空间溢出效应；解释变量 x 对所有区域 y 产生的平均影响，称为总效应。

（3）构建能够表征创新活动空间相关性的空间权重矩阵。空间权重矩阵描述了地理单元之间空间相关性产生的原因与程度。目前，学界通常从地理邻接特征、地理距离特征以及经济特征等层面描述空间相关性产生的原因，建立空间权重矩阵。然而，随着互联网等信息技术的发展以及科研人员流动量的不断增加，区域创新活动的空间关联早已突破地理距离的限制，可以在更远的距离上产生溢出效应。从现实来看，地区间创新活动的溢出效应在一定的地理距离上受制于经济发展水平、人力资本水平以及创新要素流动的影响。研发创新活动的空间相关性主要体现在经济发展水平接近、人力资本水平接近以及创新要素区际流动所产生的竞争与溢出关系之中。因此，如果还使用较为传统的邻接权重矩阵和地理距离权重矩阵来表征地区间研发创新活动的空间关联性可能会造成估计结果的偏误。因此，本章拟从经济特征、人力资本特征以及创新要素流动所产生的空间关联三个层面设置空间权重矩阵，以期更加准确地描述区域间区域创新活动空间相关性产生的原因。

虽然创新活动的空间相关性在一定程度上突破了地理距离的窠臼，但是技术创新活动属于地方化的范畴（Caniels，2001），在建立空间权重时，仍然要考虑地理区位因素的影响。并且地理距离较近的城市更容易产生经济关联，这一观点与现实是相符的，比如上海与南京之间的地理距离较近，与黑龙江之间的地理距离较远，因此上海市更容易与距离较近的南京市的创新活动发生联系。总体上社会经济特征权重矩阵、人力资本特征权重矩阵和创新要素流动的权重矩阵均要以地理距离空间权重矩阵为基础，在经典地理距离权重矩阵的基础上做出拓展。林光平等（2006）在空间地理权重矩阵的基础上建立了经济距离权重矩阵，本章参考林光平等（2006）的研究，建立人力资本空间权重矩阵和创新要素流动的空间权重矩阵。在构建能够表征创新活动空间相关性的空间权重矩阵之前，需要明确空间地理距离权重矩阵的构建，具体如下：

经典新经济地理学理论表明区域间的空间相关性与其所处的地理位置有着密切关系（Anselin，1988）。地理区位上临近的区域，经济活动存在着明显的空间相关性，因此，现有研究大多使用邻接空间权重矩阵 W_{ij}^a 来表征区域间的相互邻接关系，矩阵中的元素满足：$W_{ij}^a = \begin{cases} 1, & i \text{ 和 } j \text{ 空间邻接} \\ 0, & i \text{ 和 } j \text{ 空间不邻接} \end{cases}$。

然而，邻接空间权重矩阵似乎并不足以充分反映区域之间空间关联的客观实际，一方面，经济活动的空间效应不只局限于与之相邻的地区，一个省份的经济策略能够被所有其他省份观测到，但相应的影响强度会随着距离的增加而衰减；另一方面，一个省份与所有与之不相邻省份的空间关联强度是不同的，如上海和安徽、新疆都不相邻，在邻接空间权重矩阵中的权重都为 0，但是上海对与之区位相近的安徽的影响肯定要大于与之区位较远的新疆的影响。基于此，Tiiu 和 Friso（2006）等学者开始选用空间距离权重矩阵 W_{ij}^d 来表征区际间的空间效应，其表达式为：$W_{ij}^d = \begin{cases} 1/d^2, & i \neq j \\ 0, & i = j \end{cases}$，其中，$d$ 为两个省份地理中心位置之间的距离，根据国家地理信息系统网站上提供的 1:400 万电子地图，用 Geoda 软件测量得到。本章构建的经济特征权重矩阵、人力资本空间权重矩阵和创新要素流动的权重矩阵均是在经典 W_{ij}^d 权重矩阵的基础上拓展得到的。

经济特征空间权重矩阵。虽然区域间的空间相互关系具有地理属性，但是仅仅从地理特征描述区域间的空间联系显得较为粗糙，并与现实情况不符。事实上，地理距离相近的省份间经济上的关系可能并不完全相同。因此，为了全面客观地刻画区域创新活动间的空间相关性，本章从社会经济特征的层面构建空间权重矩阵。经济特征空间权重矩阵 W_{ij}^e 的表达式如下：

$$W_{ij}^e = W_{ij}^d diag\left(\frac{\overline{Y_1}}{\overline{Y}}, \frac{\overline{Y_2}}{\overline{Y}}, \cdots, \frac{\overline{Y_n}}{\overline{Y}}\right) \tag{9.3}$$

式（9.3）中，W_{ij}^d 为空间距离权重矩阵；$\overline{Y_i}$ 为考察期内地区 i 的 GDP 均值，其计算公式为 $\overline{Y_i} = \frac{1}{t_1 - t_0 + 1} \sum_{t_1}^{t_0} Y_{ij}$；$\overline{Y}$ 为观察期内所有地区的 GDP 均值，其计算公式为 $\overline{Y} = \frac{1}{n(t_1 - t_0 + 1)} \sum_{i=1}^{n} \sum_{t_1}^{t_0} Y_{ij}$。

由上可见，社会经济特征空间权重矩阵既考虑了地区间的经济因素，又考虑了地理距离因素。上述矩阵显示，经济发展较好的地区对经济发展水平较低的地区具有更强的空间辐射作用，例如北京对河北的影响程度大于河北对于北京的影响程度，与现实相符，这在一定程度上弥补了传统的经济距离空间权重中两个空间单元之间的相互影响力是相同的这一明显不足。

人力资本特征空间权重矩阵。人力资本对区域创新活动的开展具有重要的影响。Lucas（1988）在研究中指出，人力资本是决定经济发展的深层力量。当人力资本的积累水平提升时，社会中对知识、技术以及有效信息的学习和运用能力就会增强，从而有利于技术密集属性的创新生产活动的开展。特别是对于中国这样的发展中大国来讲，人力资本存量的变化更会对创新活动产生深刻的影响。对于人力资本水平较高的地区，创新生产活动能够获得更多的人才支持，同时由于"干中学"效应的存在，也能够产生内生性技术进步，进一步促进创新水平的提升；而人力资本水平较低的地区创新水平也较低，但是其可以通过对发达地区先进技术的吸收与模仿，实现创新能力的提升。然而，地区间人力资本水平的差异会对知识在区域间的溢出和扩散产生深刻的影响。当两地区人力资本水平差距较大时，落后地区受限于自身的禀赋条件，并不能够有效地引进、消化和吸收先进地区的技术，或者其引进的先进地区的技术并不能够与当地的创新活动产生良好的互动。相反，当两地区间的人力资本水平相接近时，地区间的人力资本能够较好地实现交流与互动，可以进行有效的学习、引进与吸收，最终实现地区间创新水平的共同提升与进步。由此可见，人力资本水平的地区间差异将会对区域创新活动产生重要影响。

为了表征区域人力资本水平对创新活动空间相关性的影响，本章建立如下形式的人力资本空间权重矩阵，具体如式（9.4）所示：

$$W_{ij}^H = W_{ij}^d diag\left(\frac{\overline{H_1}}{\overline{H}}, \frac{\overline{H_2}}{\overline{H}}, \cdots, \frac{\overline{H_n}}{\overline{H}}\right) \tag{9.4}$$

式（9.4）中，W_{ij}^d 为空间距离权重矩阵；$\overline{H_i}$ 为考察期内第 i 省的人力资本存量平均值，其计算公式为 $\overline{H_i} = \frac{1}{t_1 - t_0 + 1}\sum_{t_1}^{t_0} H_{ij}$；$\overline{H}$ 为考察期内所有地区的总人力资本存量均值，其计算公式为 $\overline{H} = \frac{1}{n(t_1 - t_0 + 1)}\sum_{i=1}^{n}\sum_{t_1}^{t_0} H_{ij}$。对于人力资本存量的衡量，大多数文献使用平均受教育年限作为衡量指标（徐现祥和舒元，2005；赵伟和汪全立，2006；等等），也有一部分学者使用 15 岁以上人口识字率衡量人力资本水平（蔡昉和都阳，2000；等等）。事实上，受过高等教育的劳动力与一个只有小学文化的劳动力对于识字率的贡献大致相同，但是二者却对创新活动的开展存在显著的差异。基于此，本章选用平均受教育年限衡量地区的人力资本存量水平。此外，由于人力资本对区域创新活动的影响存在时滞效应，本章选用滞后 1 年的人力资本数据建立权重矩阵。

空间人力资本权重矩阵可以更好地揭示出区域间人力资本差异对研发创新活动的影响。从式（9.4）可以看出，当地区间的人资资本存量占总存量的比重较大时，人力资本权重矩阵中元素的数值越大，其对周边地区的影响也越大，也即当 $\dfrac{\overline{H_1}}{H} > \dfrac{\overline{H_2}}{H}$ 时，有 $W_1^H > W_2^H$。

创新要素流动的空间权重矩阵。创新要素的流动是解释创新活动空间相关的重要来源（白俊红和蒋伏心，2015）。由于创新要素的稀缺性特征，各地区纷纷创造各种有利条件吸引创新要素向本地区流动，而创新要素则在利益最大化目标的约束下，选择从边际收益低的地区流向边际收益高的地区（杨省贵和顾新，2011）。鉴于区域间的要素禀赋以及资源配置效率存在差异，这种"择优机制"会促使创新要素在地区间进行流动，以期寻找最优收益，从而使得区域创新生产活动产生空间关联。R&D 人员作为创新生产活动中最基础和最具有活力的生产要素，其在追求自身利益最大化目标的基础上，会通过"用脚投票"的方式在区际间迁移，逐步流向那些就业条件好、创新环境优越、发展机会多的区域，而其在流动过程中所产生的知识溢出效应、规模经济效应以及资源优化配置效应将会对区域创新生产活动产生显著的影响。因此，本章选用 R&D 人员的区际流动作为创新要素流动的代理变量，构建 R&D 人员流动的空间权重矩阵。

R&D 人员流动所引致的空间关联是建立空间权重矩阵的关键。本章借鉴 Zipf（1946）、白俊红和蒋伏心（2015）、王钺和刘秉镰（2017）的研究，采用引力模型对区域间的研发要素流动的空间相互作用进行测量。引力模型源于物理学中的牛顿万有引力定律，现已经被广泛应用于国际贸易流量测算、人口迁移等领域。Zipf（1946）最早将引力模型引入到空间关联的领域，使用城市间人口数量的乘积与距离的比值来反映由人口流动所产生的空间相关性。之后，经过 Witt 和 Witt（1995）、白俊红和蒋伏心（2015）的进一步研究和拓展，逐渐发展成为衡量要素流动空间相关性的主流模型。一个简化的要素流动空间关联的引力模型形式为：

$$F_{ij} = \frac{K M_i M_j}{d^2} \tag{9.5}$$

式（9.5）中，F_{ij} 表示区域 i 和区域 j 之间的要素流动数量；K 为常数项；M_i 和 M_j 分别表示区域 i 和区域 j 中经济变量，如人口数量、贸易量等；d^2 表示两地区间中心位置距离的平方。

虽然引力模型来源于实际经验，但其理论基础同样深厚（Roy，2004）。因此，本章使用引力模型衡量 R&D 人员流动所产生的空间关联效应，并在此基础上构建相应的空间权重矩阵。具体的测算公式为：

$$FS_{ij} = \frac{K P_i P_j}{d^2} \tag{9.6}$$

式（9.6）中，FS_{ij} 表示区域 i 和区域 j 间的 R&D 人员流动空间关联程度；$K=1$；P_i 和 P_j 分别表示 i 地和 j 地的 R&D 人员数量，其他变量的含义与式（9.5）相同。

在式（9.6）的基础上，本章建立起创新要素流动的空间权重矩阵，具体形式如下：

$$W_{ij}^F = \begin{cases} FS_{ij}, & i \neq j \\ 0, & i = j \end{cases} \tag{9.7}$$

可以看出，创新要素流动的空间权重矩阵能够在考虑地理距离的基础上，更好地揭示出区域创新活动的空间关联，从动态的视角揭示出区域创新活动空间相关性产生的根本性原因是 R&D 人员的流动。

综上所述，区域创新活动空间相关性权重矩阵见表 9－2。

表 9－2　　表征区域创新活动空间相关性空间权重矩阵的内容与含义

类别	符号	定义
地理距离权重矩阵	W_{ij}^d	矩阵元素为两地区中心位置距离平方的倒数
经济距离权重矩阵	W_{ij}^e	矩阵元素为两地区中心位置距离平方倒数与其 GDP 水平占总体平均水平比重的乘积
人力资本距离权重矩阵	W_{ij}^H	矩阵元素为两地区中心位置距离平方倒数与其人力资本存量与总体平均水平之比的乘积
创新要素流动权重矩阵	W_{ij}^F	矩阵元素为两地区 R&D 人员的流动数量

二、变量与数据

（1）创新绩效的测算。关于区域创新绩效的测算，本章主要需要解决以下两个方面的问题：第一，测量指标的选取；第二，测算方法的选择。

在测量指标的选取方面，大量学者单一地选用了专利数或者新产品销售收入作为区域创新能力的衡量指标。专利作为技术创新的成果，反映了区域创新和发明的信息，可以作为区域创新绩效的表征变量，但是专利并不能较好地反映创新成果的质量以及创新成果的市场化和商业化水平。与专利相比，新产品销售收入虽然可以反映创新成果的应用性和市场化程度，但却忽视了创新活动中的知识创造过程。因此，单一地选取专利数或者新产品销售收入来衡量区域创新绩效存在着一定的缺陷。

为了克服上述缺陷，一些学者开始测算创新活动的效率来反映区域的创新水平。创新效率综合考虑了研发创新活动的投入、产出过程，如果一个地区用较少的创新投入获得了较多的产出，那么该地区的创新效率就较高。创新效率的高低能够更加科学地反映出一个地区的创新绩效与水平，因而是衡量区域创新绩效较好的指标。基于此，本章选用区域创新效率水平来衡量区域创新的质量，并采用数据包络分析（DEA）法对创新效率进行测算。

在 DEA 模型中区域创新的投入变量主要有 R&D 人员和 R&D 资本两种，R&D 人员的投入主要用 R&D 人员全时当量衡量，R&D 资本主要采用永续盘存法将 R&D 经费支出核算成 R&D 资本存量。对于区域创新的产出变量，本章选取了专利授权数量和新产品销售收入两项指标，前者反映了区域的知识创新，后者反映了创新成果的市场化程度。

（2）相关变量说明。本章中的房价上涨变量使用房价年增长率表示，具体计算公式为：

$$HPR_{it} = (hou_{it} - hou_{i(t-1)})/hou_{i(t-1)} \tag{9.8}$$

其中，hou_{it} 表示 i 地区在 t 时期商品房平均销售价格。

为了更准确地描述房价上涨对中国区域创新绩效的影响，本章控制了一些相关变量，主要包括企业规模、交通基础设施、对外开放度、市场化程度等。

企业规模。一方面，与小企业相比，大企业有实力承担高额的研发费用，并且其抵御风险的能力也较强，同时大企业还可以凭借其垄断优势获得较高的创新利润。但是，另一方面，企业规模较大可能会导致其管理配置上的无效，以及"搭便车"的存在，降低了 R&D 人员的积极性以及 R&D 资本的使用效率等。相反，小企业组织结构灵活、信息传递迅速，并且小企业在高竞争压力下创新动力也较强。本章对企业规模进行控制，并采用各省工业企业资产总额除以企业单位数来表征企业的平均规模。

交通基础设施。交通基础设施的便利与完善不仅可以缩减科技人员区际流动以及研发设备区际运输的时间成本和流动成本，从而有效地促进研发要素的跨区域迁移以及创新知识的溢出，促使研发资源得到有效的配置；还可以为创新活动的开展提供便利的条件支撑，降低交易成本，助推创新活动产业链的形成。本章选取公路里程数来表征各省的交通基础设施。为了降低异方差的影响，采用公路里程数的对数形式。

市场化程度。市场化程度的高低反映了市场调节资源配置的能力。一方面，较高的市场化程度减少了行政性垄断对资源的扭曲，使得创新要素能够依照市场信号进行有效的配置，进而促进区域创新绩效的提升；另一方面，市场化程度的提升会促进区域间产学研合作创新机制的实施。高校和科研机构的科研经费主要来源于政府的直接补贴，但是政府经费往往不足且来源单一，极大地限制了高校和科研机构的研发创新活动。市场化程度的提升使得企业可以利用招标的方式与高校和科研机构合作，建立专门的科研基金项目，从而使得创新活动能够顺利开展。本章利用中国分省份市场化指数报告中的市场化指数来表征区域的市场化程度。

对外开放程度。一方面，对外开放度较高的区域具有知识分散速度快、科研机构合作范围广、风险投资规模较高等特点。这些因素均有利于创新活动的开展以及创新生产绩效的提升。但是另一方面，对外开放度高的区域可能会面临着过度依赖外部创新技术以及内部技术知识的泄露等风险。本章用各省的进出口总额除以各省的 GDP 来表征地区的对外开放度。鉴于《中国统计年鉴》中各省进出口总额单位是万美元，而 GDP 的单位是亿元，故采用当年的汇率将进出口总额换算成亿元。

（3）数据来源。由于测算区域创新绩效时用到的 R&D 人员、R&D 经费等变量，目前只能在省级层面上获得，各地级市并没有报告上述数据，因此，文章中的数据来源于省级层面。文中原始数据来源于2001～2018年各省的《中国统计年鉴》《中国房地产统计年鉴》《中国科技统计年鉴》，部分数据来自国泰安数据库，并且所有数据均以2000年为考察基期。其中，计算房价增长率数据所用的时间跨度为18年，计算出来的房价增长率有17年的数据。另外，本章选取了中国大陆30个省级行政地区为考察对象，西藏由于数据不全，分析中不予考虑。

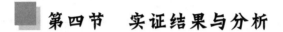

第四节 实证结果与分析

一、回归结果分析

在考察期内，房价上涨较快的城市大多位于东部地区，而中部地区的房价增速又高于西部地区，并且我国东部地区具有较高的经济发展水平，区域创新环境相对健全，而中西部地区经济发展水平相对较低，创新基础也比较薄弱。鉴于我国东、中、西部地区的经济与创新发展存在的较大差异，为了更准确地描述房价上涨对区域创新绩效的影响，本章将进行分地区样本回归。

为了便于比较分析，本章首先使用 OLS 法对房价上涨与区域创新绩效之间的关系进行估计，在估计中采用了地区和时间均固定的固定效应模型，具体结果如表9-3所示。

表9-3 　　　　　　　　　　　　OLS 回归结果

变量	全国	东部	中部	西部
HPR	-0.068 *** (0.003)	-0.038 (0.359)	-0.020 (0.171)	-0.017 (0.401)
控制变量	是	是	是	是
R^2	0.327	0.291	0.297	0.269

注：括号内的数字为显著性概率；*** 、** 、* 分别代表显著性水平小于1%、5%和10%。
资料来源：作者根据 Stata12.0 分析结果整理。

从表9-3可以看出，全国范围内房价上涨率的系数显著为负，表明我国房价的上涨显著地抑制了区域创新绩效的提升。东部、中部以及西部地区的房价上涨对区域创新绩效的影响并不显著，但是房价上涨率对区域创新绩效的回归系数都为负值，这也在一定程度上表明了房价的上涨可能会对区域创新绩效的提升产生抑制性影响。

由表9-1中 *Moran I* 指数的检验结果可知，我国各省份的区域创新绩效之间存在着显著的空间相关性，而 OLS 估计方法并不能将这种空间相关性考虑在内，所得的回归结果可能存着一定程度的偏误。因此，本章选用能够将空间因素考虑在内的空间面板计量模型考察中国各地区房价上涨对区域创新绩效的影响，并将其与 OLS 估计结果进行比较。除了报告经济距离权重矩阵、人力资本距离权重矩阵以及创新要素流动权重矩阵以外，本章还报告了经典的地理距离权重矩阵，从而使得研究结果更加全面可靠。

利用 Matlab R2014b 软件对式（9.2）的空间杜宾模型进行估计。Husman 检验结果显示，无论选用哪种空间权重矩阵，均应该选择固定效应模型进行估计。具体结果如表9-4所示。

表9-4　　　　　　　　　　空间杜宾模型回归结果

变量	地理距离空间权重矩阵				经济距离空间权重矩阵			
	全国	东部	中部	西部	全国	东部	中部	西部
HPR	-0.018 ** (0.034)	-0.074 * (0.067)	-0.049 * (0.095)	-0.038 (0.147)	-0.029 * (0.091)	-0.094 ** (0.046)	-0.054 ** (0.017)	-0.030 (0.144)
$W \times HPR$	-0.025 (0.346)	-0.148 * (0.068)	-0.125 (0.241)	0.066 (0.275)	0.052 (0.294)	-0.191 * (0.070)	-0.101 (0.334)	0.035 (0.485)
控制变量	是	是	是	是	是	是	是	是
R^2	0.786	0.861	0.579	0.790	0.791	0.824	0.552	0.791
Log - L	328.014	117.983	124.451	121.928	332.547	119.375	127.111	109.597
Wald	36.378 *** (0.000)	16.267 *** (0.006)	52.043 *** (0.000)	17.779 *** (0.003)	10.497 * (0.062)	28.202 *** (0.000)	54.439 *** (0.000)	10.497 ** (0.062)

续表

变量	人力资本距离空间权重矩阵				创新要素流动空间权重矩阵			
	全国	东部	中部	西部	全国	东部	中部	西部
HPR	-0.043 ** (0.037)	-0.105 *** (0.008)	-0.062 *** (0.007)	-0.039 ** (0.046)	-0.052 *** (0.009)	-0.166 *** (0.005)	-0.057 ** (0.023)	-0.041 ** (0.014)
$W \times HPR$	-0.065 * (0.069)	-0.310 * (0.078)	-0.121 (0.525)	-0.067 * (0.078)	-0.073 * (0.052)	-0.045 * (0.065)	-0.038 (0.441)	-0.050 * (0.054)
控制变量	是	是	是	是	是	是	是	是
R^2	0.803	0.770	0.631	0.728	0.660	0.538	0.649	0.708
$Log - L$	392.150	241.747	208.114	223.095	422.935	375.518	285.346	305.327
Wald	11.236 *** (0.000)	15.029 ** (0.030)	37.825 ** (0.026)	22.486 *** (0.000)	17.336 *** (0.006)	25.653 *** (0.000)	19.084 *** (0.000)	16.463 ** (0.025)

注：括号内的数字为显著性概率；*** 、** 、* 分别代表显著性水平小于1% 、5%和10% 。
资料来源：作者根据 Matlab R2014b 分析结果整理。

从表9 - 4可以看出，无论采用哪种类型的空间权重矩阵，各模型的估计结果均能通过 Wald 检验，这表明 SDM 模型能够对样本进行较好的拟合。从 SDM 模型的估计结果来看，在地理距离空间权重矩阵和经济距离空间权重矩阵中，全国、东部和中部地区的房价上涨均对区域创新绩效有显著的影响，西部地区的房价上涨对区域创新绩效的影响并不显著，但是回归系数均为负，表现出抑制的趋势；而在人力资本距离空间权重矩阵和创新要素流动空间权重矩阵中，房价上涨对区域创新绩效影响系数的绝对值均有所增大，并且西部地区的房价涨价对区域创新绩效的回归系数也变为显著，这说明地区间的人力资本差距和创新要素在区际间的流动更能表征出创新活动的空间关联性，从而使得回归结果更加准确。由于空间杜宾模型的回归结果并不能直接反映出自变量对因变量的影响，要通过直接效应、空间溢出效应和总效应来具体表征，因此本章将房价上涨率对区域创新绩效影响的三种效应的具体值报告于表9 - 5中。

表 9 – 5　　　　　空间杜宾模型的直接效应、空间溢出效应和总效应

变量		地理距离空间权重矩阵				经济距离空间权重矩阵			
		全国	东部	中部	西部	全国	东部	中部	西部
直接效应	HPR	– 0.018 ** (0.035)	– 0.034 * (0.055)	– 0.042 ** (0.025)	– 0.043 (0.171)	– 0.027 * (0.095)	– 0.083 * (0.086)	– 0.045 ** (0.025)	– 0.035 (0.425)
溢出效应	HPR	– 0.034 (0.272)	– 0.142 * (0.100)	– 0.073 (0.350)	0.064 (0.261)	0.016 (0.641)	– 0.141 ** (0.032)	– 0.058 (0.453)	0.023 (0.961)
总效应	HPR	– 0.053 * (0.077)	– 0.176 * (0.071)	– 0.114 * (0.066)	0.021 (0.574)	– 0.012 * (0.072)	– 0.224 * (0.059)	– 0.104 ** (0.034)	– 0.012 (0.980)
变量		人力资本距离空间权重矩阵				创新要素流动空间权重矩阵			
		全国	东部	中部	西部	全国	东部	中部	西部
直接效应	HPR	– 0.025 * (0.062)	– 0.029 * (0.058)	– 0.017 ** (0.034)	– 0.015 ** (0.016)	– 0.031 ** (0.022)	– 0.033 * (0.060)	– 0.018 ** (0.041)	– 0.009 * (0.073)
溢出效应	HPR	– 0.042 (0.090)	– 0.168 * (0.073)	– 0.172 (0.036)	– 0.083 * (0.058)	– 0.165 (0.064)	– 0.247 ** (0.050)	– 0.243 (0.074)	– 0.085 ** (0.018)
总效应	HPR	– 0.072 ** (0.046)	– 0.197 ** (0.015)	– 0.189 * (0.053)	– 0.098 * (0.062)	– 0.196 *** (0.000)	– 0.280 * (0.082)	– 0.261 ** (0.024)	– 0.094 * (0.089)

　　注：括号内的数字为显著性概率；***、**、*分别代表显著性水平小于1%、5%和10%。
　　资料来源：作者根据 Matlab R2014b 分析结果整理。

　　从表9–5可以看出，在地理距离空间权重矩阵和经济距离空间权重矩阵中，全国、东部和中部地区房价上涨对区域创新绩效影响的总效应显著为负，而西部地区房价上涨对区域创新绩效影响的总效应并不显著。当把空间权重矩阵换成人力资本距离和创新要素流动时，西部地区房价上涨对区域创新绩效影响的总效应变得显著，并且全国、东部和中西地区也依然显著为负，除此之外，各地区房价上涨对区域创新绩效影响的总效应回归系数均有所增大，这也说明相比于地区间的地理距离和经济发展水平差异，人力资本差距和创新要素的流动更能对区域创新活动空间关联产生影响。因此，接下来本章选用人力资本距离空间权重矩阵和创新要素流动空间权重矩阵进行分析。

　　从人力资本距离空间权重矩阵和创新要素流动空间权重矩阵SDM模型的直接效应来看，全国、东部、中部和西部地区房价上涨的直接效应均显著

为负，这表明在房价的上涨会对本地区创新活动的开展产生抑制作用。从 SDM 模型的空间溢出效应来看，东部和西部地区房价上涨对区域创新绩效影响的空间溢出效应显著为负，而全国和中部地区房价上涨的溢出效应均不显著，表明在东部地区和西部地区范围内，本地区房价的上涨会对其他地区的创新绩效产生抑制作用，而这种影响在全国和中部地区内并不明显存在。从 SDM 模型的总效应来看，各地区回归结果中房价上涨对区域创新绩效具有明显的抑制作用，这与本章的理论分析是一致的，认为房价上涨所伴随的成本效应、融资约束效应、人力资本错配效应、产业结构效应和企业家精神扭曲效应会抑制区域创新绩效的提升。与 OLS 估计系数相比，SDM 模型中房价上涨对区域创新绩效的直接影响效应估计系数更小，这在一定程度上说明了 OLS 估计由于没有考虑区域创新活动的空间效应，使得模型的估计结果出现了偏误。

综上可知，全国范围内，房价上涨对区域创新绩效的提升具有明显的抑制作用，并且这种抑制作用主要体现在房价的上涨对本地区创新活动的影响上，而对其他地区创新活动的开展没有显著的影响。东部沿海各省和西部地区房价的上涨显著地抑制了东部地区创新绩效的提升，并且这种抑制作用不仅体现在本省份的创新活动中，同时也影响到了周边地区创新活动的顺利开展，可见我国东部沿海地区和西部地区创新活动的空间相关性较强。这一结论与当前的现实相符，东部沿海地区开放较早，市场化程度较高，创新要素的流动也较为频繁，因此东部地区间的空间关联性较强；而随着经济相对发达地区的产业向西部地区转移趋势的不断推进，西部地区的人口也呈现出明显的回流态势，并且人口的跨省份流动也变得日益频繁，西部地区经济活动的空间联系日益增强。中部地区的房价上涨也会通过直接效应影响本地区创新绩效的提升，并不会对其他地区产生溢出影响。可能的原因在于，目前我国中部地区产业集群发展规模较小，相对中庸保守的思想在中原地区的影响也较为深远，使得地区间的交流相对比较少，区域关联性不强。

二、内生性检验

前文的估计过程可能会存在一定的内生性问题。房价上涨和区域创新绩效之间产生内生性的原因可能有：第一，遗漏变量。模型在估计过程中可能遗漏了其他影响区域创新绩效的重要变量。第二，互为因果关系。房价上涨会对区域创新绩效产生影响，而区域创新绩效的高低也可能会影响资金流向，从而影响到房地产市场。例如，如果一个地区的创新绩效较高，那么投资者将资金从创新行业转向房地产业的意愿就会相对降低。

　　然而上述实证研究中采用的极大似然估计方法并不能有效地处理内生性问题，从而可能使模型的估计结果存在偏差。因此本章参照白俊红等（2017）的研究利用空间 SAR 模型的 GMM 估计方法进行实证结果的再检验，GMM 估计方法能有效解决模型可能存在的内生性问题。由于上述分析可知，人力资本空间权重矩阵和创新要素流动空间权重矩阵更能反映出创新活动的空间关联性，因此本章只报告了人力资本空间权重矩阵和创新要素流动空间权重矩阵的内生性检验结果，具体的回归结果如表 9-6 所示。

表 9-6　　　　　　　　　　　内生性检验结果

变量	人力资本距离空间权重矩阵				创新要素流动空间权重矩阵			
	全国	东部	中部	西部	全国	东部	中部	西部
HPR	-0.089^{**} (0.047)	-0.225^{*} (0.058)	-0.219^{*} (0.074)	-0.103^{**} (0.011)	-0.144^{***} (0.008)	-0.192^{**} (0.031)	-0.257^{*} (0.076)	-0.014^{*} (0.092)
控制变量	是	是	是	是	是	是	是	是
$Spatial-\rho$	-0.185^{***} (0.000)	-0.291^{***} (0.003)	-0.173^{***} (0.002)	-0.247^{***} (0.001)	-0.303^{***} (0.000)	-0.276^{***} (0.004)	-0.188^{**} (0.031)	-0.265^{**} (0.014)
R^2	0.445	0.560	0.329	0.417	0.524	0.383	0.301	0.495
$Log-L$	154.302	189.034	270.163	134.527	245.085	124.309	158.025	204.146

注：括号内的数字为显著性概率；***、**、*分别代表显著性水平小于1%、5%和10%。
资料来源：作者根据 Matlab R2014b 分析结果整理。

　　由表 9-6 的估计结果可以看出，考虑了模型可能存在的内生性以后，各地区回归系数的方向和显著性均没有发生明显的变化。可见上述结果具有稳健性。

第五节　传导机制检验

如前文所述，房价上涨可能会通过成本效应、融资约束效应、人力资本错配效应、产业结构效应和企业家精神扭曲效应五种机制对区域创新绩效产生影响，本章将从这五个方面对房价上涨影响区域创新绩效的传导路径进行检验和识别。

一、中介效应模型设定

就研究方法而言，本部分内容依然在空间面板杜宾模型的基础上构建中介效应模型。首先选取成本效应、融资约束效应、人力资本错配效应、产业结构升级抑制效应和企业家精神扭曲效应的衡量指标，并考察房价上涨对这五个路径的影响。在此基础上，分别以这五个路径为自变量，考察其对区域创新绩效的影响效应。具体的中介效应模型式（9.9）所示：

$$med_{it} = \beta_0 + \rho \sum_{i=1}^{n} W_{it} med_{it} + \beta_1 HPR_{it} + \beta_2 X_{control} + \theta_1 \sum_{i=1}^{n} W_{it} \cdot X_{whole} + \varepsilon_{it}$$

$$Y_{it} = \beta_0 + \rho \sum_{i=1}^{n} W_{it} Y_{it} + \beta_1 med_{it} + \beta_2 HPR_{it} + \beta_3 X_{control}$$

$$+ \theta_1 \sum_{i=1}^{n} W_{it} \cdot X_{whole} + \varepsilon_{it} \tag{9.9}$$

上式中，med_{it} 为传导变量，其他变量的含义与式（9.2）相同。

就指标选取而言，对于成本效应，其主要体现在社会房价上涨使劳动力的名义工资上升，从而使投资者的预期收益下降，减少对成本高昂的创新项目投资。因此，本章选取劳动力的平均名义工资衡量，以各地区的名义工资总额除以工人总数衡量（林炜，2013）。对于融资约束效应，主要体现在房价上涨使企业的固定资产升值，更容易获得银行贷款，本章使用企业利息支出与固定资产的比值衡量（孙灵燕和李荣林，2011）。对于人力资本错配效应，主要表现为劳动力的空间配置效率，参考白俊红和卞元超（2016）的研究方法，基于生产函数法测算出各地区的劳动力要素错配系数。对于产业结构效应，本章采用较为常用的第二产业比值占地区生产总值的比重进行衡量。对于企业家精神扭曲效应，李宏彬等（2009）和陈逢文等（2018）在研究中指出私营企业的就业人数能够反映出企业家精神，基于此，本章以国有企业就业人数占私营企业就业人数的比重来衡量企业家精神的扭曲效应。

二、传导机制的检验结果

传导机制的具体检验结果如表9-7所示。

表9-7　　　　　　　　　传导机制检验结果

	人力资本距离空间权重矩阵				创新要素流动空间权重矩阵			
	全国	东部	中部	西部	全国	东部	中部	西部
成本效应								
	成本效应对区域创新绩效的影响							
直接效应	-0.012** (0.014)	-0.006* (0.057)	-0.010*** (0.000)	-0.014* (0.063)	-0.013*** (0.000)	-0.005* (0.069)	-0.017** (0.041)	-0.004* (0.052)
间接效应	-0.005 (0.235)	-0.002*** (0.000)	-0.004 (0.244)	-0.006** (0.043)	-0.009 (0.537)	-0.001*** (0.000)	-0.003 (0.159)	-0.012* (0.071)
总效应	-0.017*** (0.000)	-0.008*** (0.002)	-0.014*** (0.000)	-0.019** (0.038)	-0.021*** (0.000)	-0.006*** (0.003)	-0.020*** (0.005)	0.017** (0.025)
	房价上涨对成本效应的影响							
直接效应	0.037*** (0.000)	0.051*** (0.000)	0.020** (0.025)	0.011** (0.011)	0.043*** (0.000)	0.016*** (0.000)	0.032*** (0.000)	0.027** (0.014)
间接效应	0.020 (0.436)	0.039 (0.280)	0.046 (0.388)	0.028 (0.294)	0.013 (0.305)	0.017 (0.428)	0.032 (0.292)	0.008 (0.174)
总效应	0.056*** (0.000)	0.090*** (0.000)	0.065** (0.028)	0.039** (0.014)	0.055*** (0.000)	0.034*** (0.003)	0.065*** (0.002)	0.034** (0.045)

续表

	人力资本距离空间权重矩阵				创新要素流动空间权重矩阵			
	全国	东部	中部	西部	全国	东部	中部	西部
融资约束效应								
	融资约束效应对区域创新绩效的影响							
直接效应	0.006 (0.245)	0.003* (0.074)	0.012 (0.236)	0.009 (0.407)	0.016 (0.539)	0.004* (0.092)	0.013* (0.063)	0.008 (0.256)
间接效应	0.014 (0.734)	−0.007 (0.652)	−0.010 (0.469)	0.002 (0.554)	0.005 (0.347)	0.012 (0.284)	0.005 (0.445)	0.007 (0.306)
总效应	0.020 (0.443)	−0.004 (0.325)	0.003 (0.217)	0.010 (0.406)	0.021 (0.180)	0.017 (0.214)	0.018 (0.300)	0.015 (0.249)
	房价上涨对融资约束效应的影响							
直接效应	0.021 (0.204)	0.037 (0.375)	0.026 (0.324)	0.058 (0.561)	0.014 (0.435)	0.032 (0.269)	0.065 (0.231)	0.042 (0.335)
间接效应	0.082 (0.167)	0.014* (0.069)	0.035 (0.331)	0.022 (0.439)	0.018 (0.202)	0.050* (0.085)	0.043 (0.336)	0.191 (0.265)
总效应	0.102 (0.524)	0.050 (0.413)	0.062 (0.445)	0.079 (0.382)	0.031 (0.205)	0.082 (0.371)	0.107 (0.493)	0.232 (0.274)
人力资本错配效应								
	人力资本错配效应对区域创新绩效的影响							
直接效应	−0.004*** (0.000)	−0.006*** (0.000)	−0.007** (0.034)	−0.003* (0.056)	−0.014*** (0.002)	−0.005*** (0.000)	−0.002* (0.061)	−0.003** (0.015)
间接效应	−0.017 (0.139)	−0.016* (0.073)	−0.010 (0.481)	−0.015* (0.052)	−0.011 (0.218)	−0.023** (0.017)	−0.014 (0.228)	−0.019** (0.045)
总效应	−0.020*** (0.000)	−0.022*** (0.000)	−0.018** (0.024)	−0.019** (0.012)	−0.024*** (0.000)	−0.029*** (0.001)	−0.017** (0.045)	−0.021** (0.026)
	房价上涨对人力资本错配效应的影响							
直接效应	0.054*** (0.000)	0.027*** (0.000)	0.031*** (0.001)	0.042** (0.041)	0.059*** (0.005)	0.038*** (0.000)	0.027** (0.016)	0.040** (0.023)
间接效应	0.018*** (0.002)	0.023** (0.015)	0.009*** (0.000)	0.016** (0.024)	0.020*** (0.003)	0.016*** (0.002)	0.005*** (0.004)	0.014* (0.056)
总效应	0.071*** (0.000)	0.051** (0.044)	0.040*** (0.002)	0.059** (0.027)	0.080** (0.041)	0.055*** (0.000)	0.033*** (0.007)	0.055** (0.016)

续表

	人力资本距离空间权重矩阵				创新要素流动空间权重矩阵			
	全国	东部	中部	西部	全国	东部	中部	西部
产业结构效应								
	产业结构效应对区域创新绩效的影响							
直接效应	− 0.008 ** (0.021)	− 0.013 * (0.066)	− 0.005 * (0.054)	− 0.007 * (0.078)	− 0.011 *** (0.000)	− 0.009 ** (0.013)	− 0.006 * (0.075)	− 0.004 * (0.068)
间接效应	− 0.014 (0.217)	− 0.004 *** (0.002)	− 0.017 (0.244)	− 0.011 ** (0.053)	− 0.006 (0.729)	− 0.010 *** (0.000)	− 0.017 (0.308)	− 0.019 ** (0.035)
总效应	− 0.021 ** (0.035)	− 0.016 ** (0.050)	− 0.023 ** (0.062)	0.019 ** (0.028)	− 0.015 *** (0.000)	− 0.020 *** (0.009)	− 0.024 ** (0.017)	− 0.022 * (0.067)
	房价上涨对产业结构效应的影响							
直接效应	− 0.012 *** (0.000)	− 0.017 *** (0.001)	− 0.008 ** (0.014)	− 0.005 *** (0.002)	− 0.016 *** (0.000)	− 0.020 *** (0.000)	− 0.004 ** (0.025)	− 0.006 ** (0.016)
间接效应	− 0.025 ** (0.016)	− 0.033 ** (0.021)	− 0.042 (0.308)	− 0.029 (0.449)	− 0.047 * (0.057)	− 0.036 ** (0.045)	− 0.024 * (0.081)	− 0.047 (0.562)
总效应	− 0.037 *** (0.003)	− 0.049 *** (0.007)	− 0.051 ** (0.027)	− 0.030 ** (0.010)	− 0.063 *** (0.008)	− 0.055 *** (0.000)	− 0.029 * (0.094)	− 0.054 ** (0.031)
企业家精神扭曲效应								
	企业家精神扭曲效应对区域创新绩效的影响							
直接效应	− 0.006 *** (0.001)	− 0.015 *** (0.000)	− 0.003 ** (0.037)	− 0.007 ** (0.021)	− 0.014 *** (0.003)	− 0.005 ** (0.050)	− 0.002 * (0.081)	− 0.008 ** (0.325)
间接效应	− 0.017 (0.298)	− 0.004 ** (0.016)	− 0.009 (0.349)	− 0.019 *** (0.000)	− 0.008 (0.254)	− 0.015 *** (0.007)	− 0.028 (0.265)	− 0.013 *** (0.000)
总效应	− 0.023 *** (0.002)	− 0.020 *** (0.001)	− 0.012 ** (0.035)	− 0.025 *** (0.006)	− 0.022 *** (0.000)	− 0.019 *** (0.004)	− 0.031 * (0.067)	− 0.021 ** (0.032)
	房价上涨对企业家精神扭曲效应的影响							
直接效应	0.215 ** (0.021)	0.107 *** (0.000)	0.135 *** (0.000)	0.114 * (0.062)	0.209 *** (0.000)	0.228 *** (0.004)	0.183 ** (0.047)	0.142 * (0.090)
间接效应	0.033 (0.323)	0.025 (0.149)	0.046 (0.281)	0.053 (0.406)	0.107 (0.325)	0.124 (0.284)	0.028 (0.118)	0.035 (0.294)
总效应	0.247 ** (0.018)	0.131 ** (0.024)	0.180 *** (0.005)	0.166 ** (0.011)	0.315 *** (0.003)	0.352 *** (0.004)	0.211 *** (0.000)	0.177 * (0.074)

注：括号内的数字为显著性概率；*** 、** 、* 分别代表显著性水平小于1%、5%和10%。
资料来源：作者根据 Matlab R2014b 分析结果整理。

由表 9-7 的传导机制检验结果可知，对于成本效应而言，无论是人力资本距离权重矩阵还是创新要素流动权重矩阵，房价上涨对成本效应的直接效应和总效应在全国以及东部、中部和西部地区均显著为正，也即房价上涨显著增加了创新活动的成本。进一步地，全国、东部、中部和西部地区的成本效应对区域创新绩效的直接影响和总影响均显著为负，说明房价上涨所引致的成本上升将会对区域创新绩效产生抑制作用。以上研究结论验证了房价上涨影响区域创新绩效的成本效应传导机制的存在性。

对于融资约束效应而言，无论是人力资本距离权重矩阵还是创新要素流动权重矩阵，在全国、东部、中部以及西部地区的回归中结果中，融资约束效应对区域创新绩效的总影响效应均不显著，并且房价上涨对融资约束效应影响也不显著。可能的原因在于，由房价上涨部分获取的融资在总融资中所占的比重较小，因此房价上涨对企业的融资的影响较小。可见，房价上涨影响区域创新绩效的融资约束效应传导机制并不显著。

对于人力资本错配效应而言，无论使用哪种类型的空间权重矩阵，房价上涨对人力资本错配效应的直接影响、间接影响和总影响在全国、东部、中部和西部地区均显著为正，说明居高的高房价影响着我国劳动力流动的方向，使得劳动力不能按照市场决定下的帕累托最优的要素状态进行配置，从而造成我国人力资本资源的错配。同时，全国、东部、中部和西部地区的人力资本错配效应对区域创新绩效的总影响在两种空间权重矩阵下均显著为负，也即房价上涨所引致的人力资本错配效应对区域创新绩效产生了显著的抑制作用。以上研究结论验证了房价上涨影响区域创新绩效的人力资本错配效应传导机制的存在性。

对于产业结构效应而言，无论在哪种空间权重矩阵下，房价上涨对产业结构的直接效应和总效应均显著为负，也即房价的上涨能够显著地抑制全国、东部和中部地区产业结构的升级调整。产业结构效应对区域创新绩效的直接影响和总影响在全国、东部、中部和西区地区也显著为负，可见，房价的上涨对我国产业结构升级调整产生了显著的负向影响，而产业结构调整的速度不能跟上技术创新的速度时，就会对创新活动产生抑制作用。该研究结论验证了房价上涨影响区域创新绩效的产业结构效应传导机制在是存在的。

对于企业家精神扭曲效应而言，在两种空间权重矩阵下，无论是全国层面还是东、中、西部层面，房价上涨对企业家精神扭曲效应的直接效应和总效应均显著为正，也即房价的上涨能够致使企业家精神的扭曲效应。并且在各个样本层面上，企业家精神扭曲效应对区域创新绩效的直接效应和总效应均显著为负，可见房价上涨所引致的企业家精神扭曲效应对区域创新绩效产生了显著的负向影响。该研究结论验证了房价上涨影响区域创新绩效的企业家精神扭曲效应传导机制的存在性。

■ 第六节　本章小结

　　本章在理论分析房价上涨影响区域创新绩效内在机理的基础上，通过构建能够反映区域创新活动空间相关性的人力资本距离和创新要素流动空间权重矩阵，运用空间计量分析方法，实证考察了房价上涨与区域创新绩效之间的关系，并对房价上涨影响区域创新绩效的内在传导机制进行了检验。主要的研究发现和启示有：我国各省份的创新活动之间存在着显著的空间相关性，地区间创新活动的开展并不是相互独立的，而是会受到周边地区创新水平的影响。因此，各地区在进行研发创新活动时，不仅要关注本地区的创新资源和创新环境，还需要综合考虑周边地区的创新发展情况，不断加强地区间创新要素的交流，打破地区垄断壁垒，积极构建区域创新合作平台，不断提升人力资本积累水平，有效整合本地区和其他地区的创新资源，这不仅有利于本地区创新绩效的提升，还会推动我国整体创新水平的提高。相比于地理距离和经济发展水平，地区间的人力资本的差异和创新要素的流动才是影响创新活动空间关联的主要原因。在此溢出效应下，房价的上涨显著地抑制了我国区域创新绩效的提升。传导机制检验发现，房价的上涨所引致的成本效应、产业结构效应、人力资本的错配效应和企业家精神的扭曲效应，均会对区域创新活动产生显著的负向影响；与此同时，房价上涨影响区域创新绩效的融资约束效应并不存在，这可能与企业从房价上涨部分获取的融资在总融资额中所占的比重较小有关。

　　鉴于此，在我国建设创新型国家，实现经济高质量发展的进程中，应该充分认识到房地产市场对区域创新活动产生的重要影响，应充分利用税收、信贷政策等方法，在尊重正常投资性市场需求的基础上，维护房地产市场和房价的平稳健康发展。与此同时，要进一步完善我国的官员考核标准，逐步弱化以传统 GDP 作为核心的官员考核标准，改善地方政府之间的竞争结构，将技术创新作为地方政府绩效和官员考核的重要标尺，激励各地方政府围绕技术创新开展有益竞争，从而促进我国房地产业的平稳发展和创新绩效的提升。除此之外，地方政府应该充分认识到人力资本积累水平和创新要素的自由流动在建设创新型国家中的重要作用，要不断加大教育投入，深化教育改革，积极对经济欠发达地区进行教育援助，不断提升全社会的人力资本水平。在此基础上，建设专门的人才交流通道，鼓励科研人员自由流动，加快知识的溢出，从而促进我国创新水平的提升。

第十章

适宜性技术进步路径对区域产业转型升级的影响

立足于地区比较优势的视角，本章探究了各地区如何选择适宜的技术进步路径，促进创新水平的提升，进而实现产业结构的升级发展。在理论分析各地区依照比较优势选择适宜的技术进步路径影响产业结构升级内在机制的基础上，利用面板门槛模型实证检验了在实现产业转型升级的过程中，地区比较优势影响技术进步路径选择的门槛条件，以及相应的门槛效应大小。研究发现，中国的创新资源禀赋在地区间呈现出非均衡分布的特征，受此特征影响，各地区应该选择与本地区创新发展基础相匹配的技术进步路径，提升创新要素的使用效率，从而促进技术进步和产业的转型升级。本章结论为我国加快建设创新型国家，实现产业的高质量发展提供启示。

第一节 中国研发要素区域非均衡分布的特征与原因

我国地大物博，各地区间的经济和产业发展水平存在很大差距，而地区间创新要素禀赋的差距又进一步加剧了区域经济和产业发展的非均衡性，在循环累积因素的作用下，最终形成了创新要素分布的"马太效应"。

一、中国研发要素区域分布现状

创新活动的开展离不开 R&D 人员和 R&D 资本等创新要素的支撑，因而本部分内容主要分析了 R&D 人员和 R&D 资本要素在我国区域间分布的特征。

（一）中国 R&D 人员区域分布非均衡性现状

统计数据显示，当前我国的 R&D 人员主要分布在上海、北京、广东、浙江等东部地区，而东北地区和中西部地区的辽宁、黑龙江、山西、青海、宁夏等省份的比重明显较低，R&D 人员在地区间的分布呈现出明显的非均衡性特征。2010～2018 年中国各省份 R&D 人员数量占全国的比重如表 10－1 所示。

表 10－1　　　　　中国各地区 R&D 人员数量占全国的比重　　　　单位：%

省份	2010 年	2011 年	2012 年	2013 年	2014 年	2015 年	2016 年	2017 年	2018 年
北京	7.585	7.536	7.253	6.855	6.613	6.537	6.533	6.690	6.102
天津	2.301	2.577	2.760	2.837	3.054	3.307	3.078	2.556	2.271
河北	2.440	2.533	2.419	2.535	2.720	2.846	2.872	2.806	2.357
山西	1.812	1.643	1.448	1.388	1.319	1.141	1.138	1.182	1.018
内蒙古	0.970	0.957	0.980	1.055	0.982	1.018	1.018	0.819	0.568
辽宁	3.315	2.809	2.685	2.686	2.684	2.271	2.265	2.777	2.175
吉林	1.774	1.554	1.539	1.359	1.341	1.311	1.244	1.129	0.83
黑龙江	2.422	2.310	2.006	1.774	1.688	1.506	1.417	1.175	0.848
上海	5.284	5.151	4.723	4.692	4.532	4.570	4.743	4.548	4.294
江苏	12.367	11.889	12.379	13.195	13.443	13.842	14.013	13.883	12.787
浙江	8.751	8.800	8.566	8.804	9.12	9.703	9.710	9.869	10.454
安徽	2.513	2.813	3.174	3.378	3.485	3.553	3.502	3.482	3.358
福建	3.005	3.361	3.526	3.469	3.662	3.367	3.408	3.479	3.673
江西	1.364	1.301	1.175	1.232	1.171	1.238	1.305	1.535	1.946
山东	7.453	7.930	7.823	7.907	7.717	7.924	7.774	7.557	7.037
河南	3.973	4.094	3.952	4.310	4.351	4.226	4.288	4.029	3.807
湖北	3.834	3.952	3.781	3.766	3.793	3.604	3.523	3.471	3.550

省份	2010 年	2011 年	2012 年	2013 年	2014 年	2015 年	2016 年	2017 年	2018 年
湖南	2.844	2.976	3.081	2.927	2.895	3.056	3.077	3.243	3.354
广东	13.497	14.25	15.163	14.202	13.66	13.347	13.297	14.014	17.408
广西	1.331	1.392	1.271	1.151	1.111	1.018	1.029	0.914	0.912
海南	0.192	0.187	0.209	0.197	0.203	0.205	0.202	0.191	0.186
四川	1.452	1.412	1.421	1.489	1.573	1.637	1.755	1.962	2.099
贵州	3.281	2.861	3.019	3.105	3.225	3.108	3.213	3.590	3.625
云南	0.591	0.551	0.577	0.676	0.646	0.626	0.622	0.701	0.761
陕西	0.049	0.037	0.037	0.034	0.034	0.03	0.029	0.031	1.134
甘肃	2.867	2.55	2.539	2.646	2.618	2.464	2.443	2.434	0.036
青海	0.848	0.743	0.748	0.709	0.731	0.688	0.664	0.589	2.207
宁夏	0.190	0.174	0.16	0.135	0.128	0.107	0.107	0.14	0.507
新疆	0.250	0.255	0.249	0.233	0.256	0.246	0.232	0.244	0.098

注：这里限于表格宽度，从 2010 年开始报告数据，实证研究中的数据起止年份为 2003。

资料来源：根据历年《中国科技统计年鉴》数据整理绘制。

从表 10-1 可以看出，R&D 人员数量在全国占比较高的省份有广东、江苏、浙江、北京、山东、上海，这些省份均在东部地区，其中，广东省 R&D 人员占比在 2018 年达到了 17.408%，江苏省达到了 12.787%，浙江省达到了 10.454%。这六个省份的 R&D 人员数量在 2010 年占全国的比重为 54.937%，2018 年这一比重更是达到了 58.082%，这表明当前我国的 R&D 人员主要集聚在东部地区，而东北地区、中部地区、特别是西部欠发达地区的 R&D 人员数量较少，R&D 人员区域分布的不均衡性正在不断加深。

为了更清楚地表示 R&D 人员在我国区域间的不均衡性分布，图 10-1 描述了 2010~2018 年我国东、中、西部及东北四大区域① R&D 人员数量占全国的比例。

---

① 四大区域划分标准根据 2011 年国家统计局发布的《东西中部和东北地区划分方法》。

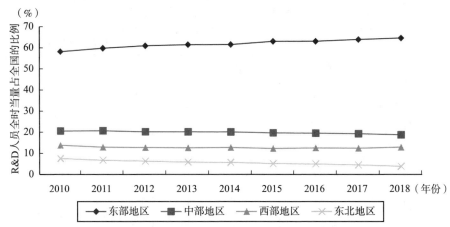

图 10 - 1　2010～2018 年我国四大区域 R&D 人员全时当量占全国比例情况

资料来源：根据历年《中国科技统计年鉴》数据整理绘制。

从图 10 - 1 可以看出，2010～2018 年，我国 R&D 人员全时当量整体呈"东部＞中部＞西部＞东北"分布，并且东部地区的 R&D 人员全时当量远远高于中部、西部和东北地区，甚至东部地区的 R&D 人员全时当量要比东北、中部、西部地区 R&D 人员全时当量的总和还要多。具体来看，东部地区的 R&D 人员全时当量从 2010 年的 58.18% 上升到 2018 年的 64.58%，增加了 6.40 个百分点；中部地区的 R&D 人员全时当量从 2010 年的 20.54% 下降到 2018 年的 18.71%，下降了 1.83 个百分点；西部地区的 R&D 人员全时当量从 2010 年的 13.77% 下降到 2018 年的 12.86%，下降了 0.91 个百分点；东北地区的 R&D 人员全时当量从 2010 年的 7.51% 下降到 2018 年的 3.85%，下降了 3.66 个百分点。可见，随着我国东北、东、中、西部地区间区域差距的不断扩大，R&D 人员更多地向东部地区集聚，除了东部地区的 R&D 人员全时当量呈上升趋势以外，东北、中部、西部地区的 R&D 人员全时当量均呈下降趋势，这些区域的研发人员数量较少并面临流失的困境，R&D 人员在我国东北、东、中、西部地区间分布的不均衡性逐步加深。

进一步地，我们计算了中国 2010～2018 年的 R&D 人员区域分布的变异系数和基尼系数，用来分析 R&D 人员分布的特征，主要从 R&D 人员全时当量和每万人 R&D 人员全时当量两个层面进行测度，如表 10 - 2 所示。

表 10 – 2   中国区域间 R&D 人员分布的不均衡性测度

年份	R&D 人员全时当量		每万人 R&D 人员全时当量	
	变异系数	基尼系数	变异系数	基尼系数
2010	0.962	0.487	1.155	0.475
2011	0.971	0.495	1.151	0.470
2012	0.975	0.499	1.149	0.465
2013	0.980	0.504	1.142	0.467
2014	0.983	0.508	1.141	0.464
2015	0.985	0.510	1.137	0.452
2016	0.994	0.512	1.143	0.461
2017	1.032	0.507	1.144	0.468
2018	1.115	0.515	1.142	0.466

资料来源：根据历年《中国科技统计年鉴》数据整理绘制。

从表 10 – 2 可以看出，无论是从 R&D 人员全时当量还是从每万人 R&D 人员全时当量进行测算，结果均显示以 R&D 人员为代表的创新要素在区域间呈出了非均衡分布的特征。首先，从 R&D 人员全时当量来看，2010 ~ 2018 年的变异系数较大，并且还出现了逐年扩大的趋势，基尼系数均超过了 0.45，也呈现出逐渐扩大的态势，这表明 R&D 人员在我国四大板块间的差距正在逐年扩大；其次，从万人 R&D 人员全时当量来看，虽然同年份的变异系数要大于 R&D 人员区域分布的变异系数，但是变异系数呈现出缩小的趋势，此外基尼系数值均小于同年份的 R&D 人员全时当量，并呈现出缩小的趋势。这表明考虑了地区的人口数量因素以后，R&D 人员在区域间分布的不均衡性虽然较高但是呈现出一定程度的下降趋势。

（二）中国 R&D 经费投入区域分布非均衡性现状

除了 R&D 人员以外，R&D 经费也是非常重要的创新要素，因此本部分内容主要分析 R&D 经费投入的区域分布情况。R&D 经费的来源主要有政府、科研机构和企业三个方面的主体，因而受到地方财政收入、经济发展、营商环境和企业发展水平等因素的影响，造成 R&D 经费投入在地区间的不均衡性。统计数据显示，北京、上海、广东、浙江等地区的 R&D 经费投入水平较高，中部地区的 R&D 经费投入水平低于东部地区，广西、宁夏、新疆等地区的 R&D 经费投入水平又低于中部地区，东北三省的 R&D 经费数量又远低于西部地区，由此可见我国 R&D 经费投入也表现出明显的区域非均衡性特征。经济发达地区有能力和需求将资金向创新研发活动倾斜，因此 R&D 经费投入较高，而 R&D 经费的投入有利于技术的进步，反过来又能够促进经济的进一步增长，而经济越增长越有更多的资金可以投入研发创新活动，促进技术进步，在此循环累积正反馈机制的作用下，R&D 经费投入也呈现出一定程度的"马太效应"。表 10 – 3 报告了中国 2010 ~ 2018 年各地区的 R&D 经费投入强度。

表 10 – 3　　　　　　中国各地区 R&D 经费投入强度　　　　　单位：%

省份	2010 年	2011 年	2012 年	2013 年	2014 年	2015 年	2016 年	2017 年	2018 年
北京	5.822	5.763	5.947	5.984	5.948	6.025	5.783	5.638	6.171
天津	2.488	2.633	2.795	2.964	2.954	3.085	3.004	2.473	2.620
河北	0.762	0.821	0.924	0.990	1.064	1.177	1.195	1.328	1.391
山西	0.976	1.009	1.092	1.223	1.192	1.035	1.016	0.954	1.052
内蒙古	0.545	0.593	0.638	0.692	0.687	0.755	0.813	0.822	0.750
辽宁	1.557	1.636	1.573	1.638	1.520	1.264	1.675	1.836	1.822
吉林	0.874	0.843	0.919	0.917	0.947	0.991	0.945	0.857	0.762
黑龙江	1.186	1.023	1.066	1.140	1.072	1.045	0.991	0.922	0.833
上海	2.806	3.113	3.366	3.560	3.657	3.749	3.723	3.934	4.162
江苏	2.071	2.169	2.382	2.489	2.539	2.568	2.619	2.632	2.701
浙江	1.782	1.851	2.084	2.164	2.259	2.358	2.392	2.446	2.570
安徽	1.324	1.403	1.637	1.831	1.887	1.962	1.946	2.091	2.162

省份	2010 年	2011 年	2012 年	2013 年	2014 年	2015 年	2016 年	2017 年	2018 年
福建	1.159	1.261	1.375	1.436	1.475	1.512	1.576	1.688	1.804
江西	0.922	0.826	0.877	0.940	0.974	1.035	1.121	1.279	1.413
山东	1.715	1.861	2.040	2.128	2.194	2.265	2.302	2.414	2.152
河南	0.914	0.982	1.050	1.103	1.144	1.175	1.221	1.306	1.401
湖北	1.654	1.645	1.728	1.799	1.866	1.901	1.837	1.975	2.090
湖南	1.154	1.176	1.287	1.316	1.348	1.414	1.486	1.677	1.812
广东	1.757	1.964	2.166	2.310	2.367	2.469	2.517	2.613	2.781
广西	0.657	0.691	0.745	0.745	0.714	0.630	0.643	0.768	0.712
海南	0.340	0.411	0.480	0.466	0.483	0.458	0.535	0.518	0.561
四川	1.265	1.282	1.400	1.380	1.415	1.571	1.703	1.877	1.812
贵州	1.537	1.398	1.469	1.515	1.574	1.670	1.704	1.724	0.821
云南	0.651	0.636	0.609	0.583	0.599	0.593	0.623	0.708	1.053
陕西	0.611	0.630	0.667	0.674	0.671	0.797	0.897	0.963	2.184
甘肃	0.287	0.190	0.254	0.282	0.255	0.304	0.192	0.219	1.183
青海	2.148	1.992	1.987	2.115	2.073	2.163	2.162	2.105	0.601
宁夏	1.017	0.966	1.070	1.057	1.124	1.218	1.208	1.185	1.230
新疆	0.736	0.752	0.693	0.648	0.622	0.479	0.544	0.682	0.533

资料来源：根据历年《中国科技统计年鉴》相关数据整理。

从表 10-3 可以看出，2010 年 R&D 经费投入强度排名前 10 的城市分别是北京、上海、天津、青海、江苏、浙江、广东、山东、湖北、辽宁，其中东部地区占 7 席，中部地区占 1 席，西部地区仅有青海 1 席，东北地区仅有辽宁 1 席，R&D 经费投入强度较高的地区大量集聚在我国东部地区。2018 年 R&D 经费投入强度前 10 名的城市变为北京、上海、广东、江苏、天津、浙江、陕西、安徽、山东、湖北，其中东部地区占 8 席，辽宁省退出了前 10 位，安徽省挤入了前 10 位，中部地区占 1 席，西部地区仅有陕西 1 席，可见 R&D 经费投入强度较高的地区仍然集中在东部地区，东北地区的 R&D 经费投入强度最低。

为了更清楚地表示 R&D 经费投入在我国地区间分布的不均衡性，图 10 - 2 描述了 2010～2018 年我国东、中、西部及东北地区的 R&D 经费投入强度。

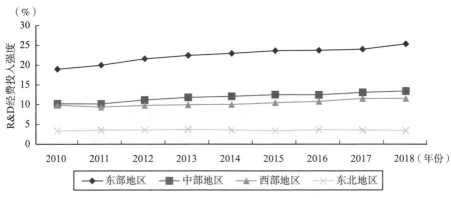

图 10 - 2　2010～2018 年我国四大区域 R&D 经费投入强度

资料来源：根据历年《中国科技统计年鉴》数据整理绘制。

从图 10 - 2 可以看出，无论是经济发达的东部地区，还是经济发展水平较低的中部和西部地区，R&D 经费投入强度均呈上升趋势，其中东部地区上涨的幅度要高于中部和西部地区，中西部地区虽呈上升趋势，但上涨较为缓慢，东北地区的 R&D 经费投入强度变化不明显。与 R&D 人员全时当量的区域分布相同，R&D 经费投入强度也呈现着"东部 > 中部 > 西部 > 东北"的空间分布，并且东部地区要远远高于中部和西部地区，在 2011 年以后甚至高于中部和西部地区的总和，中部地区稍稍高于西部地区，东北、中部和西部地区内的 R&D 经费投入强度均较低。这可能与东、中、西部及东北地区间的经济发展基础和要素禀赋水平有关。

接下来，我们仍然采用通过计算 R&D 经费投入强度的变异系数和基尼系数来考察 R&D 经费投入的空间分布特征。具体如表 10 - 4 所示。

表 10 – 4　　　　　中国区域间 R&D 经费投入的不均衡性测度

年份	R&D 经费投入强度		人均 R&D 经费投入强度	
	变异系数	基尼系数	变异系数	基尼系数
2010	1.342	0.562	1.574	0.598
2011	1.415	0.568	1.623	0.697
2012	1.403	0.567	1.565	0.588
2013	1.388	0.543	1.531	0.584
2014	1.374	0.549	1.528	0.573
2015	1.385	0.532	1.535	0.580
2016	1.296	0.521	1.504	0.571
2017	1.301	0.530	1.497	0.565
2018	1.387	0.548	1.482	0.552

资料来源：根据《中国科技统计年鉴》数据计算所得。

从表 10 – 4 可以发现，我国 R&D 经费投入在地区间的分布也呈现出不均衡性。从 R&D 经费投入强度层面来看，各年份的变异系数均超过 1，基尼系数均在 0.5 以上，且并未出现下降趋势。从人均 R&D 经费投入强度层面来看，变异系数和基尼系数均超过了 R&D 经费投入层面下的数值，也未出现下降趋势，2011 年的基尼系数更是超过了 0.65。可见，R&D 经费在区域间分布的不均衡程度要远远高于 R&D 人员在区域间分布的不均衡程度，可能的原因在于，当前我国中部、西部和东北地区受经济发展水平等的影响，资金有限并且投资思想比较保守，金融市场化程度还不高，因此将资金投向风险较大的研发创新活动的意愿较低。

二、中国创新要素区域非均衡分布的原因

中国东、中、西部及东北四大地区间 R&D 人员和 R&D 资本在空间中分布的非均衡性是我国区域技术创新能力发展非平衡性的重要体现。随着创新

驱动战略的实施，各级政府高度重视地区创新能力的提升，纷纷创造各种有利条件鼓励创新活动开展，吸引创新要素流入。东北地区受制于重工业转型困难和资源型城市瓶颈，经济发展和创新能力较低，研发要素流失严重。得益于国家中部崛起和西部大开发等政策的支持，中部、西部地区的经济发展也取得了明显的进步，特别是郑州、西安、重庆、四川、海南等中部、西部城市的国内生产总值已经名列前位，大量的创新资源也开始向中部、西部地区迁移回流。但是，从总体上看东部沿海地区的 R&D 人员和 R&D 经费等创新要素的集聚程度仍远远高于中部、西部和东北地区。深究地区创新资源禀赋分布非均衡性的原因，一是由地区间的经济发展基础差异决定的，二是由地区间的制度发展差异决定的，三是由地区间城市舒适性水平的差异，造成对人力资本等高技能劳动力的吸引力水平不同决定的。

（一）经济发展基础的差异是造成创新要素区域非均衡分布的根本原因

从各地区的经济发展历程来看，东部沿海地区凭借优越的地理区位条件，成为近代工业和对外贸易的发源地，并且人口相对集中，这为东部地区超过中部、西部、东北地区实现率先发展提供了有利的先天条件。当然，上述只是造成创新要素空间分布差异的原因之一，更多的因素是自然环境、经济因素和社会因素共同作用的结果。首先，从自然因素方面来看，东部沿海地区地势较低，多为平原和丘陵，气候长年湿润温和，雨热同期，较为有利于粮食等作物的生长，并且东部地区的城市大多沿海，便利的海上运输为发展外向型经济提供了优越的区位条件，而中部和西部地区海拔较高，地形较为复杂多变，多属于干旱、半干旱和高寒地区，从而不利于农作物的生长，而农业又是其他产业和经济发展的基础，虽然矿藏和能源资源储存量丰富，但是在经济发展初期开采技术水平有限，无法对矿产资源等进行开采和加工生产，再加上地处于内陆的区位条件，交通和商贸不便利，极大地制约了中部和西部地区的经济发展。东北地区在新中国成立初期凭借丰裕的煤炭、石油等自然资源，优先发展重工业，并取得了良好的效果，然后受资源逐渐的枯竭和产能过剩等因素的制约，东北地区的经济发展水平逐渐下降，研发要素大量外流。其次，从社会因素来看，无论是教育医疗等公共服务水平，还是城市化水平和文化发展水平，东部地区均优于中部、西部和东北地区。最后，改革开放战略的实施加速了东部地区与世界经济的接轨和融合，吸收了大量先进的发展经验和制度措施，保证着与世界前沿技术的密切联系和社会关联。由此可见，地区的经济发展水平能够对创新要素禀赋情况产生重要的影响。

（二）制度的差异加剧了创新要素区域分布的非均衡性程度

我国东、中、西部和东北地区间的所有制结构、市场化程度、对外开放程度等均存在一定的差距。制度是决定区域长期发展的深层力量，能够对区域创新活动的开展和创新要素的空间分布产生重要的影响。

从所有制结构的变迁情况来看，东部地区的私营企业、外资企业等非公有制企业数量最多，并已经形成了多种所有制并存的多元所有制结构，提高了经济发展的活力和资源配置效率，使得研发创新活动能够在各种所有制下开展，提高了创新活动的竞争性和创造力，形成了良好的创新环境，从而吸引大量 R&D 人员和 R&D 资本的流入。中西部地区，特别是东北地区改革开发步伐较慢，受计划经济影响较深，所有制结构转型还比较缓慢，市场活动不足，因而对创新要素的吸引力也较弱。从市场化程度来看，根据樊纲团队编制的《中国分省份市场化指数》可知，我国东部地区的市场化程度最高，东北三省的市场化程度最低。东部地区基本实现了根据市场供求配置资源的能力，从而保证了市场竞争的公平和有效性，而我国中西部和东北地区的政府干预程度还较高，在一定程度上可能会造成创新要素配置的扭曲。从对外开放水平来看，东部是我国最早进行对外开放的地区，因而也吸引到了大量外资入驻，而外资是先进技术的载体，能够增强东部地区的技术积累，提高区域创新水平，在正向循环累积效应的作用下能够进一步吸引 R&D 人员和 R&D 资本向本地区流动。由此可见，东部地区有着先进的发展制度和思想，中西部地区和东北地区的制度更新等较为落后。随着 1999 年西部大开发战略、2004 年振兴东北战略和 2006 年中部崛起战略的实施，我国区域发展开始转向协调发展战略，但是地区间的市场制度差距依然十分明显。

（三）城市舒适性水平的差异进一步加深了创新要素区域分布的非均衡性程度

随着经济的发展和收入水平的提高，城市的舒适性已经成为影响高技能创新要素空间选址的关键。空间均衡理论指出单纯的收入差距并不能反映出地区间效用的差距，收入和地租会彼此不断调整，在均衡时能够保证劳动者在不同地区获得的效用不变，城市间具有"不可贸易"属性的地区舒适度才是决定高技能劳动者空间选址的深层力量。大量研究发现，较低的城市舒适性会影响工作者的情绪和创造力，从而对创新生产活动产生不利的影响，而舒适度较高的地区能够促使个体具有积极的工作状态，容易激发起创造性思维和创新活力，有利于创新活动的开展。具有较高公共服务水平和文化氛围的城市能够吸引更多的高技能人才流入，R&D 人员受教育水平较高，属于高技能劳动力的范畴。根据上述分析可知，随着经济发展和工资水平高的提升，研发人员的迁移决策可能更多的由城市的"不可贸易品"差距决定，如空气质量、公共服务等，学界将前者称为自然舒适度，后者称为人为舒适度。R&D 资本需要依附研发人员的投资决策才能具有主观能动性，在市场经济条件下，地区间"不可贸易品"的差距首先会对 R&D 人员的迁移决策产生影响，进而可能影响依附于 R&D 人员才能发挥主观能动性的 R&D 资本的投资决策，因此 R&D 资本也倾向于流动到舒适性好的城市，形成"钱随人走"的态势。此外，城市的公共服务供给、城市图书馆、文化休闲中心等人为舒适性水平较高的城市，同时也具有更为优越的创新环境，能够吸引创新资本的入驻。

我国东部地区虽然在自然舒适性，如空气质量、人均绿化面积等方面的发展水平较低，但是在城市建设、教育、医疗、文化休闲、投资营商环境等人为舒适性方面的发展水平要远远领先于中部和西部地区。华东师范大学休闲研究中心与上海师范大学休闲与旅游研究中心发布的《2020 年中国城市休闲化指数》（以下简称《指数》）报告能够从一定程度上反映城市的舒适性和生活质量高低，《指数》报告主要从地区的产业与经济发展、交通基础设施、休闲空间与环境、休闲生活与消费以及休闲服务与接待五个层面综合评测了我国 36 个城市的休闲程度，排名靠前的仍然是东部地区的城市。区域发展呈现出"东部地区领先、中部地区崛起、西部和东北地区赶超"的格局，东部地区能够凭借较高的城市舒适性综合水平吸引 R&D 人员和 R&D 经费的流入，而这些高技能创新要素的流入又能进一步促进东部地区经济的发展和创新水平的提高，在此正反馈机制的作用下，东部地区能够进一步吸引更多的创新要素集聚，从而能够地区创新资源禀赋分布的非均衡性。

第二节　中国技术进步路径的演进特点与趋势

本节从当前我国地区间创新要素分布不均衡的特性出发，对比分析了当前我国各地区技术进步路径的演进特点，从而为后续实证模型的建立奠定基础，积极探索我国各地区在产业转型过程中如何选择适宜的技术进步路径，从而提高技术水平和资源配置效率，促进产业转型升级提供指导和借鉴。

一、中国各地区技术引进的基本情况

改革开放初期，我国技术水平较低，技术极度缺乏，还没有形成完善的产业体系，为了实现产业的快速发展，采用了"以市场换技术"的外向型科技发展战略，技术引进与模仿创新为主的技术进步路径在我国技术创新发展初期阶段起到了重要的作用。外商直接投资（FDI）是我国引进外先进技术的主要渠道。统计数据显示，在华外商投资企业是我国技术引进的主力军，这些企业的技术引进金额占技术引进总金额的 2/3 以上。由于外商直接投资的选址需要综合考虑地区的要素禀赋、经济发展水平、交通运输情况、人力资本水平等，因而在对外开放初期，外商更倾向于选址在东部沿海地区，从而逐步形成了技术引进和创新水平的空间分布差异，以及产业发展水平的空间差异。

我们从各地区的国外技术引进合同项数来观察各地在产业发展过程中技术引进的情况和演变特征，具体数据如表 10-5 所示。

表10－5　　　中国各地区在产业生产中引进国外技术的合同数　　　单位：项

省份	2010 年	2011 年	2012 年	2013 年	2014 年	2015 年	2016 年	2017 年	2018 年
北京	1 359	1 388	1 343	1 067	859	634	543	560	510
天津	510	454	512	507	332	245	202	166	147
河北	97	74	62	71	70	68	42	68	77
山西	41	36	17	50	21	17	6	8	6
内蒙古	17	25	19	9	6	5	4	5	10
辽宁	767	356	434	595	406	306	220	227	192
吉林	400	478	627	641	384	119	186	104	98
黑龙江	23	16	27	27	23	15	15	13	14
上海	2 548	2 742	3 081	2 897	2 122	1 792	1 668	2 127	2 140
江苏	907	1 028	1 127	1 190	868	754	755	948	954
浙江	866	529	610	992	725	644	610	641	692
安徽	207	248	272	233	229	203	237	237	277
福建	276	135	117	266	149	134	158	112	88
江西	95	131	128	164	133	132	127	139	137
山东	738	98	133	1 048	989	849	418	477	407
河南	60	68	142	77	50	53	42	32	56
湖北	142	128	70	165	157	212	212	187	176
湖南	61	55	173	105	69	47	57	67	68
广东	1 059	211	69	1 047	833	720	769	645	465
广西	76	137	102	92	59	38	29	23	25
海南	31	103	65	223	77	41	8	13	7
重庆	276	297	326	324	311	280	210	222	220
四川	434	468	475	453	335	278	211	242	260
贵州	10	22	9	10	3	14	7	14	17
云南	104	85	63	54	41	39	23	34	53
陕西	51	48	38	46	26	10	16	15	8

省份	2010 年	2011 年	2012 年	2013 年	2014 年	2015 年	2016 年	2017 年	2018 年
甘肃	6	7	8	6	5	3	1	1	1
青海	13	13	4	1	9	2	2	—	—
宁夏	7	18	26	16	7	2	1	5	2
新疆	16	22	31	23	17	18	26	27	37

资料来源：根据历年《中国科技统计年鉴》数据整理绘制。

从表 10-5 可以发现，2010 年国外技术引进合同数排名前 10 的省份为：上海、北京、广东、江苏、浙江、辽宁、山东、天津、四川、吉林，其中，除了四川省和吉林省和辽宁省以外，均为东部沿海地区。2018 年国外技术引进合同数排名前 10 的省份为：上海、江苏、浙江、北京、广东、山东、安徽、四川、重庆、辽宁，东部地区占 6 席。虽然国外技术引进合同数量在 2010~2018 年以东部地区发达地区居多，但是通过观察可以看出，随着年份的推移，东部沿海发达地区的技术引进合同数量在不断下降，如：北京市从 2010 年的 1 359 项下降到 2018 年的 510 项，下降了 62.72%，上海市从 2010 年的 2 548 项下降到 2018 年的 2 140 项，广东省从 2010 年的 1 059 项下降到 2018 年的 465 项，下降了 56.09%；东北地区的技术引进合同数也在逐年下降，而中部和西部的经济欠发达地区的技术引进合同数量却变化不明显，海南、云南、广西、陕西、福建等省份出现了下降的趋势。出现这种现象可能的原因在于，随着经济的发展和创新基础的积累，东部发达地区的一些企业和科研院所已经具备了自主创新的能力，缩减了对国外技术和设备的引进，逐渐向自主创新为主的技术进步路径上转变，而中部和西部地区在创新驱动战略的影响下，盲目开展一些自主创新项目，没有按照自身的技术比较优势实际，选择适宜性技术进步路径。

除了国外技术引进合同数以外，技术引进合同的金额大小也是反映地区在产业发展过程中技术引进程度的重要指标之一。因此本章使用图 10-3 报告了我国东、中、西部及东北地区国外技术引进合同金额的变化趋势。

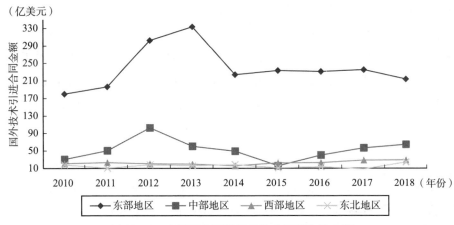

图 10 - 3　中国四大区域国外技术引进合同金额

资料来源：根据历年《中国科技统计年鉴》数据整理绘制。

从图 10 - 3 可以看出，虽然 2010~2018 年东部地区的国外技术引进合同金额要远超过中部、西部和东北地区，其中 2013 年东部地区的国外技术引进合同金额达到最高点，超过了 333 亿美元，而中部地区的国外技术引进合同金额为 60 亿美元左右，为东部地区的 57.858%；西部地区的国外技术引进合同金额为 19 亿美元左右，仅为东部地区的 5.814%，中部地区的 32.257%；东北地区的国外技术引进合同金额为 15 亿美元左右，仅为东部地区的 4.754%，中部地区的 26.378%。但是从趋势上看，东部地区的国外技术引进合同额在 2010~2013 年不断上升，在 2013 年达到最高点之后，呈现出下降趋势，在 2014~2017 年趋势比较平稳，而 2017 年之后表现出下降的趋势；中部地区的国外技术引进合同金额呈现出先上升后下降，在 2015 年之后再上升的趋势，说明随着创新驱动战略的实施，中部地区逐渐探索出了技术引进的路径对于技术要素禀赋较低地区的重要作用，并逐步开始实施通过技术引进促进技术进步的路径；西部地区的国外技术引进合同金额在 2014 年之后呈现出缓慢上升的态势，这可能与当前我国西部地区的经济发展基础有关，资金相对匮乏，因此技术引进合同金额不可能迅速增长，呈现出缓慢增长的趋势。东北地区的国外技术引进合同金额在样本期内均较低，可能跟东北地区的经济发展水平较低，资金紧缺有关。

进一步地，我们分析了各地区在技术引进过程中，纯技术引进和机器设备引进比例的具体情况。需要指出的是，在技术引进的过程中，根据经济体的技术发展水平，首先是对机器设备的引进，随着对设备的掌握和技术的积累，才开始进行纯技术的引进。相比于机器设备的引进，技术的引进对于产业转型升级和创新型国家建设具有更为重要的作用。我国东、中、西部和东北地区间技术引进经费中的纯技术引进费占比情况如图 10 - 4 所示。

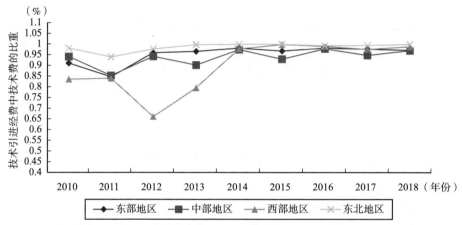

图 10 - 4　中国四大区域在产业生产中引进国外技术的经费中技术费用占比
资料来源：根据历年《中国科技统计年鉴》数据整理绘制。

从图 10 -4 可以发现，无论是东部还是中部、西部、东北地区，纯技术费用引进占比均呈现出先下降后上升的趋势，在 2011 年，东北、中部和东部地区的设备引进经费占比最高，之后设备引进占比开始下降，西部地区在 2012 年的设备引进经费占比最高，之后的年份设备引进占比开始下降，这说明各地区已经注意到纯技术引进对于创新水平提升的重要作用。此外，我国西部地区的技术引进经费中的技术费用占比在 2012 年之后迅速上升，在 2014 年之后已经追上了东部地区，并在 2015 年同时超过了东部和中部地区，这说明我国西部地区已经开始重视到对纯技术的引进。中部地区的技术费用占比略微低于东部地区，并未出现较大的差距，并在 2010 ~ 2018 年呈现出震荡上升趋势。东部地区的技术费用占比在 2012 年之后保持在 96% ~ 98%，技术费用在技术引进经费中占比较高。东北地区的纯技术引进费用占比在考察期内一直在 0.99 附近波动，对纯技术的引进在技术引进中的占比也较高。综上可以看出，我国各地区对于纯技术的引进重视程度较高，并且已经跨过了依靠和重视机器设备引进的阶段。

二、中国自主创新与技术引进：区域维度

"以市场换技术"战略的实施使我国的产业发展水平得到了跳跃式的提升，并积累了一定的创新知识和技术，加上资本积累水平的不断增加，我国的一些地区的优势产业已经开始具备自主创新的能力和基础，例如北京、上海、深圳、浙江、江苏等地区均已经向自主创新为主的技术进步路径迈进。

此外，余泳泽和武鹏（2011）等学者通过计算我国本土高技术产业与外商投资的高技术产业间的技术进步差距，研究发现技术差距呈现出逐年递减的趋势，这在一定程度上说明了我国之前实施的在技术引进基础上的模仿创新策略促进了创新能力的提升，与发达地区间的技术势差正在逐渐缩小，而技术差距的缩小也加速了我国逐步向自主创新为主路径转变的趋势。自2000年我国提出提升自主创新能力之后，各地区不断加大自主创新投入力度，产业发展过程中自主创新和技术引进的比重变化如图10-5所示。

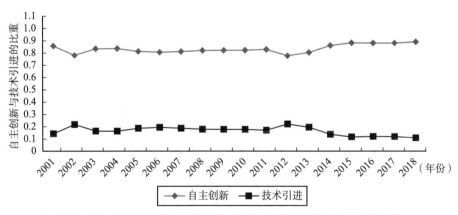

图 10-5　中国产业发展过程中自主创新与技术引进的比重变化趋势

资料来源：根据历年《中国科技统计年鉴》数据整理绘制。

图10-5中的自主创新使用的是R&D经费内部支出数据，技术引进使

用的是国外技术引进合同金额数量，从图 10 - 5 中可以看出，2001～2018 年，我国在产业生产中的自主创新经费投入占比要远高于技术引进经费占比。2018 年自主创新经费支出占比为 89.064%，技术引进经费占比为 10.936%，两者间的差额达到最大，欧忠辉和朱祖平（2014）、李伟（2016）的研究表明，当前我国中部和西部地区的自主创新效率较低，可能是由于中部和西部地区目前的产业发展现状和技术要素禀赋可能并不适合采用自主创新为主的创新路径。可以发现，当前我国中部和西部地区自主创新效率整体偏低，而技术引进效率较高，但是与之对应的确是自主创新投入却比重不断上升，技术引进投入比重不断下降，最终造成了我国创新投入与技术进步并未同步增长的"R&D 生产率困境"局面。余泳泽（2015）的研究也证实了当前我国"R&D 生产率困境"的存在，该文以全要素生产率表征技术进步水平，经过测算发现，中国的全要素生产率在 1992 年之后出现了逐渐下降的趋势，并且在 2000 年之后一直稳定在 -1%、-2%，并未出现增长。

由于我国东、中、西部和东北地区间的创新资源禀赋存在很大差距，那么各区域在产业转型升级过程中的技术进步路径是否与区域本身的比较优势相匹配呢？为了明晰此问题，图 10 -6 报告了中国东部、中部和西部地区产业发展过程中的自主创新经费支出所占比例，自主创新经费支出占比越高，技术引进经费支出占比就越低。具体情况见图 10 -6。

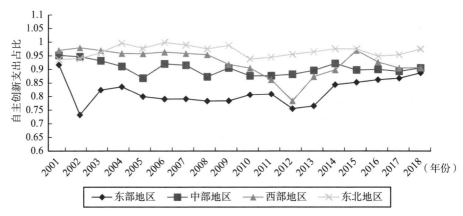

图 10 -6　中国四大区域地区产业发展过程中自主创新支出所占比例

资料来源：根据历年《中国科技统计年鉴》数据整理绘制。

从图 10 - 6 可以发现，2004 年以后东北地区的自主创新经费支出在总的创新经费支出中所占的比例均高于其他三个地区。2001 ~ 2011 年和 2014 ~ 2018 年西部地区的自主创新经费支出在总的创新经费支出中所占的比例高于中部地区，中部地区又高于东部地区；2011 ~ 2014 年中部地区的自主创新经济占比高于西部地区，西部地区又高于东部地区；整个考察期内东部地区的自主创新经费在总的创新经费中的占比不仅低于中部地区，还低于西部地区。上述情况与区域自身的创新发展现状和技术比较优势是相悖的，并没有按照地区的技术比较优势条件选择适宜的技术进步路径，而是一味地陷入"R&D 崇拜"，开展自主创新活动。中部和西部地区的创新资源禀赋和创新能力均较低，应该采用与自身比较优势相匹配的技术引进和模仿创新方式开展创新活动，从而更好地发挥创新资源的使用效率，达到帕累托最优。

由于地区间的创新资源禀赋是非均衡分布的，各地应该选择适合本地区技术进步路径。例如，深圳市将自主创新作为城市和产业发展的主导战略，出台全国第一部《国家创新型城市总体规划》，力图将深圳打造成为自主创新之城。北京市通过打造以中关村为高技术产业龙头的技术创新源泉和以知识创新高地为支撑点的"首都创新战略"，不断提升产业生产的自主创新能力，建设创新城市。上海市将应用性作为自主创新的方向，通过开展原始创新、集成创新、引进消化吸收再创新不断增强自主创新能力。目前，上海市已经成为亚太地区的研发中心之一，知识竞争力排名亚洲前列，知识密集型产业增加值占 GDP 的比重达到 40% 以上。如果一个地区不具备开展自主创新所需要的创新条件和创新要素水平，而选择以自主创新为主的技术进步的路径，这样的技术创新生产活动一方面超过了该地区创新生产的承载能力，从而缺乏自生能力；另一方面，不利于创新要素发挥技术比较优势，从而使得技术进步进程受阻。因此，地区自身的技术比较优势水平会影响到一个地区的适宜性技术进步路径选择，技术进步路径要与地区的技术比较优势相匹配，不断促使技术进步步入良性循环。

三、中国自主创新与技术引进：产业维度

产业结构调整是转变经济发展方式，实现经济高质量发展的重要方面之

一。从长期看，技术的进步是推动产业转型升级的深层力量，首先，产业转型升级的一个重要方面是从劳动密集型转向技术密集型，这一过程主要是由技术进步推动的；其次，产业转型升级的另一个重要方面是出口国际竞争力的提升，向全球价值链高端的攀升，而技术进步也在其中扮演着非常重要的角色。

我国新能源、通信、IT、高端装备制造、生物医药等新兴产业大多分布在北京、上海、深圳、广州等东部沿海地区，不同的产业具有不同的发展和需求特征，对技术进步的要求和贡献性也有差别。傅钰（2019）通过空间重心与标准差椭圆分析对中国上市企业的研究成果也表明，新兴上市企业的空间重心（116.22°N，31.58°E）在传统上市企业空间重心（114.82°N，32.29°E）的东南方向上，文中解释的原因为新兴企业对先进的知识技术、方便完善的金融保险服务，以及更高的市场化程度具有很高的依赖性，而经济发展较好的东南部地区能够满足新兴企业的上述要求，并具有溢出效应，从而提高企业的创新效率，节约成本，获得更多的收益；相比之下，传统企业对劳动力、自然资源的偏好的更高，而中部和西部地区能够满足传统企业的要求。与此可知，新兴产业在地理空间上的分布现状，也对我国各地区按照技术比较优势选择适宜性的技术进步路径，从而促进产业的升级发展提出了要求。

由于技术进步的程度和贡献度在新兴产业和传统产业中的作用不同，不同类型产业所对应的适宜技术进步路径也不相同。以自主创新为主要方式的技术进步路径对于发展新兴产业和高技术产业具有重要的作用，以技术引进和模仿创新为主要方式的技术进步路径更多地适用于传统产业。可见，不同产业对于自主创新和技术引进路径之间的选择的具有异质性。表10-6报告了中国制造业各行业在技术引进和技术研发中的经费支出情况①。

---

① 按照工业划分标准二位码的工业包括39个行业。受时间连续性限制，研究对象剔除了"其他矿采选业""木材及材采运业""其他制造业"后共36个二位码工业行业。

表 10 − 6　　　　中国制造业分行业技术研发和技术引进经费对比　　　单位：万亿元

行业类型	技术开发经费	技术引进经费	比值
煤炭开采和洗选业	98.485	4.272	23.054
石油和天然气开采业	44.124	19.493	2.264
黑色金属矿采选业	7.897	3.136	2.518
有色金属矿采选业	20.645	0.075	5.066
非金属矿采选业	52.827	0.359	15.727
农副食品加工业	25.576	2.42	10.568
食品制造业	49.095	0.641	76.592
酒、饮料和精制茶制造业	49.473	0.407	121.556
烟草制品业	55.348	6.596	8.391
纺织业	35.559	1.066	32.833
纺织服装、服饰业	31.855	0.12	265.458
皮革、毛皮、羽毛及其制品和制鞋业	20.9	0.043	486.052
木材加工和木、竹、藤、棕、草制品业	22.344	0.397	56.281
家具制造业	31.518	0.564	55.883
造纸和纸制品业	45.751	0.065	42.959
印刷和记录媒介复制业	30.942	0.438	70.643
文教、工美、体育和娱乐用品制造业	76.182	3.779	20.159
石油、煤炭及其他燃料加工业	204.333	15.587	13.109
化学原料和化学制品制造业	317.611	2.797	113.554
医药制造业	235.773	10.237	23.031
化学纤维制造业	95.076	1.431	66.44
橡胶和塑料制品业	142.036	4.598	30.891
非金属矿物制品业	171.91	5.198	33.072
黑色金属冶炼和压延加工业	224.963	26.682	8.431
有色金属冶炼和压延加工业	314.034	10.289	30.521
金属制品业	234.064	3.426	68.32
通用设备制造业	270.659	16.923	15.994

续表

行业类型	技术开发经费	技术引进经费	比值
专用设备制造业	400.135	3.874	103.287
铁路、船舶、航空航天和其他运输设备制造业	474.424	30.325	15.645
电气机械和器材制造业	663.117	12.863	51.552
计算机、通信和其他电子设备制造业	433.466	27.065	16.016
仪器仪表制造业	207.414	1.532	135.388
电力、热力生产和供应业	25.549	1.505	16.976
燃气生产和供应业	21.075	1.430	14.738
水的生产和供应业	1.676	0.272	1.922

注：（1）表中的数据为2001~2018年均值。2001~2008年《中国科技统计年鉴》中报告的是分行业技术开发经费，2009~2018年《中国科技统计年鉴》中将技术开发经费名称更换为R&D内部经费支出。本表中统一用技术开发经费表示。（2）技术引进经费支出=技术引进经费支出+技术改造经费支出+消化吸收经费支出+购买国内技术经费支出。

资料来源：根据历年《中国科技统计年鉴》数据整理绘制。

从表10-6可以看出，2000~2010年，煤炭开采和洗选业，酒、饮料和精制茶制造业，纺织服装、服饰业，皮革、毛皮、羽毛及其制品和制鞋业，化学原料和化学制品制造业，专用设备制造业，仪器仪表制造业等工业细分行业的技术开发费用要远远大于技术引进费用。在石油和天然气开采业、黑色金属矿采选业、有色金属矿采选业、烟草制品业、医药制造业、水的生产和供应业等这些行业的技术引进费用相对较高，但还是低于技术开发费用。说明我国各行业的创新发展目前均是以技术开发为主，还未按照行业的特征进行适宜性技术进步路径的选择。技术开发具有风险高、周期长等特点，当企业的技术基础不足以支撑新技术的开发时，很容易面临研发失败，造成技术开发费用的损失，即使有极小概率的研发成功，创新效率较低伴随的是较长的研发周期，影响企业后期的利润回报，可能会造成企业的资金周转困难。

接下来，选取农副产品加工业代表传统产业，以医药制造业代表新兴产业，考察不同类型产业的技术开发费用与技术引进费用比值，也即技术进步路径的演进趋势，具体如图10-7所示。

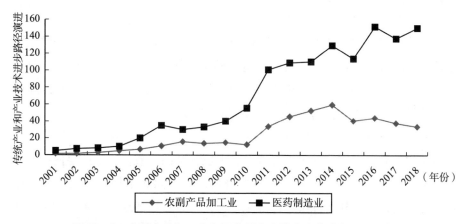

图 10 – 7 农副产品加工业和医药制造业技术进步路径演进趋势

资料来源：根据历年《中国科技统计年鉴》整理绘制。

由图 10 – 7 可以看出，无论是以农副产品加工业为代表的传统产业，还是以医药制造为代表的新兴产业，均在 2006 年之后技术开发经费占技术引进经费的比值开始出现明显上升趋势，也即在 2006 年之后各地区内的各产业均更加倾向于自主创新战略。从总体趋势来看，农副产品加工业的技术发展经费占技术引进经费的比例要明显低于医药行业，医药行业在技术进步的路径选择上，更加重视自主创新，投入的技术开发经费要远高于农副产品加工制造业。2006 年以来，我国的大部分产业都非常重视自主创新，投入了很多技术开发经费，在这一定程度上可能会造成资源的浪费。如果各地区内的各行业均将更多的资金投入到技术开发方面，可以折射出当前我国各地区在创新生产活动中的"R&D 崇拜"趋势明显，没有依照技术要素禀赋条件选取适宜的技术进步路径。

第三节　适宜性技术影响区域产业转型升级的理论机制分析

创新是促进一国技术进步与产业转型升级的内在动力。自创新驱动战略实施以来，中国的 R&D 投入规模持续扩张，然而，与 R&D 投入爆发式增长形成鲜明对比的是我国的技术进步水平并没有得到明显提升，产业转型升级的成效也不甚理想，这种 R&D 投入规模大幅增长与技术进步增速滞缓、产业转型升级缓慢并存的现象与内生增长模型中知识资本规模递增效应相悖。如果这种情况得不到改善，R&D 投入作为生产要素将难以为经济和产业的发展提供内生动力，反而会因此造成资源的错配。

从现实来看，当前我国各地区在资源禀赋、技术基础和经济发展方面存在明显的差异，并在此基础上形成了各地区独特的比较优势。这也使得同样的创新项目和创新投入，处于不同的城市，受不同城市技术比较优势的影响，可能获得不一样的经济产出效果。但是，近年来各地区在布局城市创新发展时，往往陷入了一种"创新崇拜"（余泳泽和张先轸，2015），竞相上马各种"高精尖"创新项目，而不顾这些项目是否适合本地区，是否与本地区的要素禀赋相匹配。事实上，并非所有地区都能如愿地凭借这些所谓的"高精尖"项目形成新的经济增长点，一些地区因为创新基础薄弱等问题，致使项目严重缺乏自生能力，不得不依赖于地区政府持续的资源投入和政策扭曲（林毅夫，2002），长此以往这些"高精尖"项目逐渐成为地区发展过程中的巨大负担。在此背景下，各地区究竟应该如何选择与本地区技术创新能力相匹配的适宜性技术进步路径呢？是否可以一味地追求"高精尖"而忽视其是否适合本地区的技术比较优势水平呢？无疑，这些问题的回答，对于各地区提高创新要素使用效率，加快建设创新型国家，进而促进产业的转型升级具有非常重要的意义。

目前，学界关于创新与产业结构升级的研究大多是在强调创新重要性的基础上，将创新作为促进区域产业转型的一项必要条件，力图通过区域内创新主体的行为以及创新环境的改善来优化区域产业结构，却忽视了各地区选择的技术进步路径是否适合于本地区的创新基础条件。基于此，本章基于地区比较优势的视角，分析考察地区比较优势影响区域适宜性技术进步路径的选择，从而促进地区产业转型升级的内在机制，进而为我国各地区适宜性技术进步路径选择和产业转型升级政策的科学制定提供启示。

本章后续的安排为：首先从理论上阐释人口结构变动引致劳动力配置水平改变，从而促进产业结构升级的内在作用机制；其次设定相应的计量模型，并介绍相关变量与数据；再次对实证结果进行分析和讨论；最后给出结论及相应的政策建议。

一、依照地区比较优势选择适宜性技术进步路径伴随着知识溢出效应

创新是实现产业转型升级的重要方面之一，而知识的溢出是保障产业整体创新能力提升的关键。地区间技术势差的存在，使得技术领先地区的自主研发成果可以对技术落后地区产生知识溢出效应，而技术落后地区可以通过模仿、吸收等更快地掌握新技术，这不仅有利于经济发展进程中的技术突破难题，还对缩小地区间和行业间技术差距具有重要作用，从而对整个经济系统中的产业技术进步和发展产生积极的影响。

首先，在知识溢出的水平效应作用下，相同产业之间可以实现整体的技术进步。具体路径为，技术先进地区可以将自主创新的成果通过专利转让将新技术转移到落后地区的相同产业部门，技术落后地区的产业部门可以通过技术引进直接使用新技术，降低了自主研发的时间和成本风险，在使用中通过对技术掌握和学习，实现对先进地区新技术的模仿创新。吸收能力越高的地区对新技术的学习和模仿能力越强，通过技术的水平溢出，技术落后地区能够以最低的成本享受先进知识，进行产品生产，不断积累技术，从而技术落后地区和先进地区中该类型产业的创新能力得到显著提升，对整个经济系统中该产业的转型升级具有积极的促进作用。

其次，知识的垂直溢出效应效果往往要大于水平溢出效果（潘文卿等，2011），在知识溢出的垂直效应作用下，各产业链条上的企业均能够实现技术进步。当技术领先地区选择自主创新为主的技术进步路径，落后地区选择模仿创新为主的技术进步路径时，各地区所负责的产业之间存在着技术势差和知识溢出。通过上下游的产业关联，垂直知识溢出可以将自主创新地区的新技术扩散至各关联产业部门，从而使整个产业链实现技术的进步和转型升级。当新技术通过扩散效应应用到落后地区的中低技术生产中时，可以快速提高行业生产率，实现产业链中创新要素的优化配置，达到帕累托最优状态。具体来讲，新技术的垂直溢出不仅提升了产品生产的整体技术水平，还

能通过产业关联效应带动各产业核心竞争力和盈利能力的提升，从而促进产业的转型升级。

现实中，地区间的知识溢出往往会受到众多阻力的影响。例如，进行自主创新的地区和企业为了获得超额垄断利润，会采用知识产权保障措施对新技术进行封锁，但是即便在没有知识流动的情况下，技术仍然在缓慢扩散（Weil and Basu，2000），并且落后地区可以购买利用新技术生产的商品，并对其进行学习和模仿，逐步实现技术的突破。

二、依照地区比较优势选择适宜性技术进步路径伴随着协同创新效应

多样性的技术进步路径间的协同创新效应对产业转型升级的正向促进作用已经得到了学者的证实（郝添和邓晓丹，2014；朱富强，2020）。其主要观点认为，模仿创新和自主创新两者间的作用效果会随着对方强度的提升而增加。当各地区间采用适合本地区创新生产比较优势的技术进步路径时，通过不同技术进步路径之间协同效应的发挥，实现要素的资源互补和整合，从技术构思协同、研发协同、创新生产协同、技术成果转化协同四个方面，促进产业创新能力的提升，引领产业的转型升级。

自主创新地区和技术引进地区的协同系统主要包括创意构思、研发、创新生产、成果转化四个方面的协同。创意构思的协同主要是指在实现产业转型升级的过程中，多种思维路径之间的相互整合和互补；研发是将创意构思实际化的过程，通过在研发阶段实现协同创新，可以更好地提升研发的效率；创新生产阶段是产生新产品和新专利的过程，对产业转型升级起着决定性的作用，因此创新生产阶段的协同也尤为重要；创新成果的转化关系到研发活动价值的实现，在转化过程中需要考虑结合消费者的需求偏好等。通过这四个方面的连续协同过程，自主创新和模仿创新通过整合互补，相互配合最终实现"1 + 1 > 2"的协同效果，实现生产中的技术进步，促进从产业的转型升级。

三、依照地区比较优势选择适宜性技术进步路径时的市场竞争效应

政治经济学理论指出，市场竞争能够打破要素流动的壁垒，在市场机制的作用下，各要素为了谋求最大化收益，会流利润最高的部门，实现资源的最优配置，而各企业也会通过不断提升自身的实力，吸引要素的流入。余静文（2018）在研究中指出，市场竞争效应的存在，能够激发企业不断进行升级革新，转变传统的单纯依靠要素投入的粗放型发展形式，进而转向通过技术创新在竞争中获取优势和竞争份额。企业在进行研发创新的过程中，根据自身的要素禀赋情况，可以选择自主创新或者模仿创新两种技术进步路径，这两种技术进步路径均能够实现原有技术的突破，有利于产业的转型升级。

当各地区按照创新生产中的比较优势选择适宜性技术进步路径时，利润的存在往往能够激发技术要素在创新生产中的市场竞争能力。自主创新技术进步路径往往能够占领技术高地，而技术引进一般滞后于自主创新活动，是一种技术跟随式的路径，当各地区按照比较优势选取适合本地区创新发展的自主创新技术进步路径或者模仿创新技术进步路径时，只要市场不是完全分割的状态，技术差和利润差的存在会激发起竞争效应。在竞争效应的作用下，当前采用模仿创新技术进步路径的地区会通过不断的技术引进、消化、吸收，实现知识要素的积累，提升创新生产效率，试图通过后发优势赶超先进地区，以期获得更多的利润和市场份额，而当前采用自主创新技术进步路径的地区为了保证自身的创新优势和高昂利润，会进行不断的创新和突破，防止被追赶，逐步实现向价值链高端的攀升。可见当各地区按照比较优势选用不同的技术进步路径时，由技术势差和利润差额所引发的竞争效应能够同时促进先进地区和落后地区竞争力的提升，不断向价值链高端迈进，从而实现产业的转型升级。

第四节　计量模型、变量和数据

一、计量模型的设定

根据前文的分析可知，各地区根据比较优势选择适宜的技术进步路径时能够对产业转型升级产生有利的有影响，可见适宜性技术进步路径的选择存在着基于地区比较优势的门槛，因而本章借鉴门槛效应检验方法，检验地区比较优势在影响技术进步路径与产业转型升级间的关系。

$$
\begin{aligned}
\ln ind\_q_{it} = {}& \ln ind\_q_{it-1} + \mu_i + \beta_1 \ln in_{it} \times I(RCA_{it} \geqslant \gamma) + \beta_2 \ln in_{it} \times I(RCA_{it} < \gamma) \\
& + \beta_3 \ln im_{it} \times I(RCA_{it} < \gamma) + \beta_4 \ln im_{it} \times I(RCA_{it} \geqslant \gamma) \\
& + \alpha Controls_{it} + \varepsilon_{it}
\end{aligned} \tag{10.1}
$$

$$
\begin{aligned}
\ln ind\_s_{it} = {}& \ln ind\_s_{it-1} + \mu_i + \beta_1 \ln in_{it} \times I(RCA_{it} \geqslant \gamma) + \beta_2 \ln in_{it} \times I(RCA_{it} < \gamma) \\
& + \beta_3 \ln im_{it} \times I(RCA_{it} < \gamma) + \beta_4 \ln im_{it} \times I(RCA_{it} \geqslant \gamma) \\
& + \alpha Controls_{it} + \varepsilon_{it}
\end{aligned} \tag{10.2}
$$

$$
\begin{aligned}
\ln ind\_w_{it} = {}& \ln ind\_w_{it-1} + \mu_i + \beta_1 \ln in_{it} \times I(RCA_{it} \geqslant \gamma) + \beta_2 \ln in_{it} \times I(RCA_{it} < \gamma) \\
& + \beta_3 \ln im_{it} \times I(RCA_{it} < \gamma) + \beta_4 \ln im_{it} \times I(RCA_{it} \geqslant \gamma) \\
& + \alpha Controls_{it} + \varepsilon_{it}
\end{aligned} \tag{10.3}
$$

式（10.1）至式（10.3）中，i 代表城市属性，t 为时期数。模型中的被解释变量为产业结构指标，本章综合考虑了产业结构高度化（$\ln ind\_q$）、产业结构合理化（$\ln ind\_s$）和出口技术复杂度（$\ln ind\_w$）三个指标，核心解释变量为技术进步路径，分为自主创新的技术进步路径（in）和模仿创新的技术进步路径（im），门槛变量为地区比较优势指数（RCA），$Controls$ 为控制变量。产业结构高度化、产业结构合理化和出口技术复杂度在时间维度上均具有惯性，因此本章在面板门槛模型中加入了被解释变量的滞后项。

二、变量说明

（一）被解释变量

本章从产业结构高度化、产业结构合理化、出口技术复杂度三个方面对产业结构升级进行多维表征。

产业结构高度化（ind_q）。产业结构高度化是从技术水平提升的维度衡量产业转型升级。本章借鉴袁航和朱承亮（2018）等的研究，将产业结构高度化定义为各产业全要素生产率的加权平均数，具体的计算公式为：

$$ind\_q = y_{1,it} \times tfp_{1,it} + y_{2,it} \times tfp_{2,it} + y_{3,it} \times tfp_{3,it} \qquad (10.4)$$

式（10.4）中，$y_{1,it}$、$y_{2,it}$、$y_{3,it}$分别表示地区i中各产业在t时期的产业增加值占 GDP 的比重，$tfp_{1,it}$、$tfp_{2,it}$、$tfp_{3,it}$分别表示地区i中各产业在t时期的劳动生产率。劳动生产率使用各产业的增加值与其从业人员数量的比值测算。如果ind_q的值越大，则表明该地区产业结构高度化的程度越高。

产业结构合理化（ind_s）。产业结构合理化是从资源配置效率的维度衡量产业转型升级。本章借鉴干春晖等（2011）、盛斌和赵文涛（2020）的研究，将泰尔指数进行拓展，引入产业结构合理性的测算中，具体的测算公式为：

$$I\_s = -\left[y_{1,it} \times \ln(lp_{1,it}/LP) + y_{2,it} \times \ln(lp_{2,it}/LP) + y_{3,it} \times \ln(lp_{3,it}/LP) \right]$$

$$(10.5)$$

式（10.5）的测算公式考虑了产业的相对重要性，同时还保留了结构偏离度的理论基础和经济含义，是产业结构结构合理性的较好度量方法。式（10.5）中等号右侧方括号内的值越大，表示经济越偏离均衡状态，因此在前面加上负号，从而保证I_s的值越大，产业结构越合理。

出口技术复杂度（ind_w）。产业结构合理化是国际竞争力提升的维度衡量产业转型升级。Lall 等（2005）认为一国出口的商品能够体现劳动技能、研发科技在生产链条中的情况，出口商品的技术复杂度越高，意味着该国在全球价值链中的地位也越高。本章借鉴 Xu 和 Lu（2009）的做法，以出口技术复杂度作为制造业价值链地位的衡量指标，具体的测算公式为：

$$ind\_we_{kt} = \sum_{i=1}^{n} \frac{x_{ik,t}/X_{i,t}}{\sum_i x_{ik,t}/X_{i,t}} Y_{i,t} \tag{10.6}$$

式（10.6）中，$x_{ik,t}$ 表示 i 地区 k 商品在 t 时期内的出口额，$X_{i,t}$ 表示 i 地区的出口总额，$x_{ik,t}/X_{i,t}$ 表示 i 地区 k 商品在时期 t 内的出口份额，$Y_{i,t}$ 是 i 地区的人均国内生产总值。

通过式（10.6）可以得到 i 地区第 k 种商品的出口技术复杂度，通过式（10.7）可以计算出地区内整体的出口技术复杂度：

$$ind\_we_{it} = \sum_k (x_{ik,t}/X_{i,t}) Ind\_we_{kt} \tag{10.7}$$

（二）核心解释变量：技术进步路径

区域创新理论指出，技术进步路径主要分为以自主创新为主的内源式技术进步路径和以技术引进与模仿创新为主的外援式技术进步路径。

自主创新的技术进步路径（in）。在创新生产活动中具有比较优势的地区，在经济发展水平、创新人员数量以及创新制度等方面具有较高的水平，从技术引进等技术后发优势中获取的收益已经开始低于自主创新获得的收益，成为我国实现技术赶超的先导区，从而形成我国技术进步和产业结构调整的雁行模式。本章借鉴余泳泽和张先轸的研究，选用自主创新活动中的 R&D 经费内部支出占 GDP 的比重作为自主创新技术进步路径的表征。

模仿创新的技术进步路径（im）。在创新生产活动中比较优势较低的地区，其在经济发展水平、技术创新能力和市场制度等方面与发达地区尚有一定的差距，这些地区如果不按照自身要素禀赋的情况走自主创新为主的内源式技术进步路径，一味地提升自主创新经费投入，上马"高精尖"项目，将会造成资源的错配，甚至会损失技术引进和消化吸收的费用，从而不利于技术进步和产业转型升级。参考已有研究，选取技术引进经费与消化吸收经之和占 GDP 的比重作为模仿创新路径的重要指标。

（三）门槛变量：地区比较优势

地区比较优势（RCA）。由前文分析可知区域在创新生产中的比较优势来源与地区的经济发展、技术创新水平、制度环境等多个方面有关，基于此，本章建立起与创新活动相关的比较优势的指标体系（见表10 - 7）。

表10 - 7　　创新生产活动中的地区比较优势综合评测指标体系

目标	准则层	具体指标	指标衡量方式	属性
创新生产活动中的地区比较优势	经济发展	产出水平	人均国内生产总值	+
		产出稳定性	经济增长率的标准差	-
		价格稳定性	居民消费价格指数	-
		就业稳定性	城镇登记失业率	-
	技术创新	创新人员	R&D 人员全时当量	+
			大学及以上学历人口/总人口	+
		创新成果	发明专利申请数/专利申请总数	+
			绿色技术专利/专利总数	+
			科技论文发表数	+
			技术市场成交合同额	+
		企业创新	规模以上工业企业新产品销售额	+
			高技术产品出口贸易额	+
	制度环境	市场环境	技术市场交易额/GDP	+
		创新政策	科技成果产业化计划项目数	+

注："属性"一列中"＋（－）"表示在设定的指标衡量方式下，该指标为正（负）向指标，越大（小）对技术比较优势的促进（抑制）作用越明显。

（四）控制变量

政府财政支出（gov），采用人均政府财政支出额表征；外商直接投资（fdi），以人均实际利用外商直接投资额表征外商直接投资水平；城镇化水平（urb），本章将城镇化水平纳入控制变量，以城镇人口占总人口的比重进行表征；市场化程度（mar），本章将市场化程度纳入控制变量，以非国有企业员工占国有企业员工的比重进行表征；固定资产投资（inv），将固定资产投资规模纳入控制变量，以人均固定资产投资额进行表征。

三、数据来源

本章的相关变量的数据年份为 2003～2020 年，来源于 2004～2021 年的《中国城市统计年鉴》《中国科技统计年鉴》《中国统计年鉴》、相关省份的统计年鉴、各城市国民经济和社会发展统计公报、国研网对外贸易数据库。所有数据均为城市层面，在考虑数据可得性和完成性的基础上，选取了 228 个地级城市的数据作为样本。

第五节　实证回归结果

一、门槛效应检验结果

本章利用 Stata 15.0 软件对地区比较优势在影响技术进步路径与产业转型升级关系中的门槛效应进行识别。表 10－8 报告了门槛效应自抽样检验及门槛值的估计结果。结果显示无论被解释变量是产业结构高度化、产业结构合理化还是出口技术复杂度，单门槛效应均是显著的。

表 10－8　　　　　　　　　门槛效应自抽样检验及门槛值估计结果

Panel A：因变量为产业结构高度化

	F 值	P 值	10%	5%	1%	估计值	95% 置信区间
单门槛效应	4.449**	0.026	1.271	2.551	6.336	—	—
门槛值	—	—	—	—	—	0.842	[0.712，0.894]

Panel B：因变量为产业结构合理化

	F 值	P 值	10%	5%	1%	估计值	95% 置信区间
单门槛效应	9.352**	0.010	4.365	7.480	12.569	—	—
门槛值	—	—	—	—	—	0.798	[0.504，0.983]

续表

Panel：因变量为出口技术复杂度

	F 值	P 值	10%	5%	1%	估计值	95% 置信区间
单门槛效应	23.058**	0.000	2.736	4.133	8.739	—	—
门槛值	—	—	—	—	—	0.851	[0.674，0.992]

注：*、**、*** 分别表示 10%、5% 和 1% 的显著性水平，临界值与 P 值均采取 Bootstrap 法模拟 1000 次得到，"—"表示此项为空。

资料来源：作者根据 Stata15.0 分析结果整理。

从表 10-9 可知，当被解释变量为产业结构高度化时，地区比较优势的门槛值估计结果为 0.842，LR 统计量的值小于 5% 显著性水平下的临界值，说明门槛模型的门槛值等同实际门槛值，因而可以将适宜性技术进步路径促进产业结构高度化过程中的地区比较优势水平分为两种类型，即低水平（$0 < RCA < 0.842$）以及高水平（$0.842 \leqslant RCA < 1$）。当被解释变量为产业结构合理化时，地区比较优势的门槛值估计结果为 0.798，LR 统计量的值位于原假设的接受域内，因而将适宜性技术进步路径促进产业结构合理化中的地区的比较优势划分为两种类型，即低水平（$0 < RCA < 0.798$）以及高水平（$0.798 \leqslant RCA < 1$）。当被解释变量为出口技术复杂度时，地区比较优势的门槛值估计结果为 0.851，LR 统计量显著，说明门槛模型的门槛值估计量与实际门槛值是无偏估计，可以将适宜性技术进步路径促进出口技术复杂度中的地区的比较优势划分为两种类型，即低水平（$0 < RCA < 0.851$）以及高水平（$0.851 \leqslant RCA < 1$）。

二、面板门槛模型的估计结果

上述检验结果表明地区比较优势的单门槛效应明显存在，因此可以估计面板门槛模型中各变量的参数值。本章在回归过程中，分别采用了 OLS、RE、FE、Diff-GMM、SYS-GMM 估计方法，从而验证模型的稳健性。

表 10-9 报告了因变量为产业结构高度化时的结果。从表 10-9 可知各估计方法的 F 值或者 wald 检验 P 值均通过了 1% 水平的统计性检验，并且 Diff-GMM 和 SYS-GMM 模型的 AR（1）检验的 P 值均小于 0.1，而 AR（2）

检验的 P 值大于 0.1，说明模型的残差项存在一阶自相关，但不存在二阶自相关，Sargan 检验的 P 值也均大于 0.1，表明至少在 1% 的水平下接受原假设，模型不存在过度识别问题。Diff – GMM 和 SYS – GMM 模型中被解释变量的滞后项（$\ln ind\_q_{t-1}$）的系数均为正，并且显著，说明产业结构高度化变量在时间维度上存在自我调节效应，当期的产业结构高度化水平能够对下一期产生影响。

表 10 – 9　　　　　　　　因变量为产业结构高度化时的估计结果

变量	OLS	RE	FE	Diff – GMM	SYS – GMM
$\ln ind\_q_{t-1}$	—	—	—	0. 203 *** （0. 084）	0. 229 *** （0. 035）
lnin1 （$RCA < 0. 842$）	− 0. 014 *** （0. 001）	− 0. 032 *** （0. 002）	− 0. 018 *** （0. 001）	− 0. 029 *** （0. 003）	− 0. 020 *** （0. 001）
lnin2 （$RCA \geqslant 0. 842$）	0. 021 *** （0. 005）	0. 033 *** （0. 001）	0. 028 *** （0. 010）	0. 017 *** （0. 001）	0. 024 *** （0. 003）
lnim1 （$RCA < 0. 842$）	0. 118 *** （0. 038）	0. 094 *** （0. 015）	0. 200 *** （0. 040）	0. 148 *** （0. 025）	0. 237 *** （0. 082）
lnim2 （$RCA \geqslant 0. 842$）	− 0. 201 *** （0. 044）	− 0. 085 *** （0. 013）	− 0. 070 *** （0. 028）	− 0. 087 *** （0. 014）	− 0. 073 *** （0. 017）
控制变量	是	是	是	是	是
R^2	0. 913	0. 825	0. 884	—	—
AR（1）	—	—	—	［0. 005］	［0. 012］
AR（2）	—	—	—	［0. 324］	［0. 270］
Sargan 检验	—	—	—	［0. 753］	［0. 636］
F 值/Wald 值	47. 315 ［0. 000］	48. 536 ［0. 001］	42. 935 ［0. 001］	31. 072 ［0. 000］	44. 310 ［0. 000］

　　注：（1）*、**、*** 分别表示在 10%、5%、1% 的显著性水平下拒绝参数不显著的原假设，圆括号里是系数估计标准差，方括号里是统计量的 P 值；（2）Sargan 检验统计量是 J-statistic，原假设为"过度识别的矩条件是有效的"，J-statistic 的 P 值不能拒绝原假设，说明过度识别的矩条件是有效的，也即模型所选择的工具变量是有效的，"—"表示此项为空。

　　资料来源：作者根据 Stata15. 0 分析结果整理。

从表 10-9 的估计结果可知，无论使用哪种估计方法，当地区比较优势值小于 0.842 时（$RCA < 0.842$），自主创新技术进步路径（lnin1）的回归系数显著为负，模仿创新技术进步路径（lnim1）的回归系数显著为正；当地区比较优势值大于等于 0.842 时（$RCA \geqslant 0.842$），自主创新技术进步路径（lnin2）的回归系数显著为正，而模仿创新技术进步路径（lnim2）的回归系数显著为负，并且上述结果具有稳健性。上述回归结果的经济含义为，当地区比较优势的值小于 0.842 时，该地区选择模仿创新为主的技术进步路径有利于产业结构的高度化发展。具体地，从 Diff-GMM 的回归结果可知，当地区比较优势的值小于 0.842 时，地区用于模仿创新的经费增加 1% 时，能够促进产业结构向高度化方向发展 0.029%，地区用于自主创新的经费增加 1% 时，反而会对产业结构的高度化发展产生 0.087% 的负向影响。当某地区比较优势的值大于且等于 0.842 时，该地区用于自主创新的经费增加 1% 时，能够促进产业结构向高度化方向发展 0.017%，当该地区用于模仿创新的经费增加 1% 时，反而会在对产业结构的高度化发展产生 0.087% 的负向影响。由此可见，各城市应该按照创新发展的地区比较优势选择适宜的技术进步路径，这样才不会造成资源的浪费，实现技术进步和产业结构的高度化发展。

表 10-10 报告了因变量为产业结构合理化时的估计结果。由估计结果可知，各种类型估计方法下的 F 检验或者 wald 检验的 P 值均通过了 1% 水平下的统计性检验，并且 Diff-GMM 和 SYS-GMM 模型中 AR（1）检验的 P 值小于 0.1，而 AR（2）检验的 P 值大于 0.1，说明 Diff-GMM 和 SYS-GMM 模型的残差项存在一阶自相关性，但不存在二阶自相关性，Sargan 检验的 P 值也均大于 0.1，说明 Diff-GMM 和 SYS-GMM 模型不存在过度识别问题，由此可知 GMM 估计方法是适宜的。此外，Diff-GMM 和 SYS-GMM 模型中被解释变量滞后项（$lnind\_s_{t-1}$）的回归系数均显著为正，说明各地区的产业结构合理化水平存在惯性，当期的产业结构高度化水平能够对下一期的产生影响，存在向上的"棘轮效应"。

表 10 – 10 因变量为产业结构合理化时的估计结果

变量	OLS	RE	FE	Diff – GMM	SYS – GMM
$\ln ind\_q_{t-1}$	—	—	—	0.436 *** (0.052)	0.367 *** (0.077)
$\ln in1$ ($RCA < 0.798$)	– 0.074 *** (0.001)	– 0.038 *** (0.001)	– 0.019 *** (0.001)	– 0.018 *** (0.002)	– 0.013 *** (0.001)
$\ln in2$ ($RCA \geqslant 0.798$)	0.050 *** (0.002)	0.058 *** (0.011)	0.056 *** (0.010)	0.064 *** (0.021)	0.060 *** (0.012)
$\ln im1$ ($RCA < 0.798$)	0.109 *** (0.024)	0.013 *** (0.001)	0.055 *** (0.009)	0.168 *** (0.015)	0.074 *** (0.022)
$\ln im2$ ($RCA \geqslant 0.798$)	– 0.053 *** (0.001)	– 0.049 *** (0.013)	– 0.038 ** (0.015)	– 0.067 *** (0.014)	– 0.025 *** (0.006)
控制变量	是	是	是	是	是
R^2	0.948	0.857	0.832	—	—
AR（1）	—	—	—	[0.027]	[0.030]
AR（2）	—	—	—	[0.156]	[0.222]
Sargan 检验				[0.543]	[0.421]
F 值/Wald 值	53.265 [0.000]	29.227 [0.000]	47.906 [0.000]	48.215 [0.002]	68.546 [0.000]

注：（1） *、**、***分别表示在10%、5%、1%的显著性水平下拒绝参数不显著的原假设，圆括号里是系数估计标准差，方括号里是统计量的 P 值；（2） Sargan 检验统计量是 J-statistic，原假设为"过度识别的矩条件是有效的"，J-statistic 的 P 值不能拒绝原假设，说明过度识别的矩条件是有效的，也即模型所选择的工具变量是有效的，"—"表示此项为空。

资料来源：作者根据 Stata15.0 分析结果整理。

从表 10 – 10 的估计结果可知，当地区比较优势值小于 0.798 时（$RCA <$ 0.798），自主创新技术进步路径（$\ln in1$）的回归系数显著为负，模仿创新技术进步路径（$\ln im1$）的回归系数显著为正；当地区比较优势值大于等于 0.798 时（$RCA \geqslant 0.798$），自主创新技术进步路径（$\ln in2$）的回归系数显著为正，且回归结果具有稳健性。面板门槛模型中技术进步路径变量回归结果的经济含义为，当地区比较优势的值小于 0.798 时，该地区选择模仿创新为主的技术进步路径有利于产业结构向合理化发展，选择自主创新为主的技术

进步路径反而不利于产业结构高度化发展。具体地，从 Diff – GMM 的回归结果可知，当地区比较优势的值小于 0.798 时，地区用于模仿创新的经费增加 1% 时，能够促进产业结构向高度化方向发展，0.107% 的地区用于自主创新的经费增加 1% 时，反而会在对产业结构的高度化发展产生 0.158% 的负向影响。

表 10 – 11 报告了因变量为出口技术复杂度时的结果。从表 10 – 12 的估计结果可知，各估计方法下的 F 检验或者 wald 检验的 P 值均通过了 1% 水平下的统计性检验，核心解释变量回归结果的方向和显著性水平均没有发生明显变动，可见回归结果是稳健的。Diff – GMM 和 SYS – GMM 的检验结果也是适宜的，不存在过度识别问题。此外，Diff – GMM 和 SYS – GMM 模型中被解释变量滞后项（$\ln ind\_w_{t-1}$）的回归系数均显著为正，说明当期的出口技术复杂度水平受到上年度出口技术复杂度的影响。

表 10 – 11　　　　　　　因变量为出口技术复杂度时的估计结果

变量	OLS	RE	FE	Diff – GMM	SYS – GMM
$\ln ind\_w_{t-1}$	—	—	—	0.623 *** (0.074)	0.877 *** (0.059)
$\ln in1$ （$RCA < 0.798$）	– 0.142 *** (0.013)	– 0.107 *** (0.008)	– 0.163 *** (0.005)	– 0.131 ** (0.063)	– 0.158 *** (0.011)
$\ln in2$ （$RCA \geqslant 0.798$）	0.431 *** (0.005)	0.404 *** (0.025)	0.362 ** (0.017)	0.314 *** (0.026)	0.299 *** (0.040)
$\ln im1$ （$RCA < 0.798$）	0.128 *** (0.004)	0.134 *** (0.001)	0.123 *** (0.043)	0.128 ** (0.051)	0.107 *** (0.022)
$\ln im2$ （$RCA \geqslant 0.798$）	– 0.065 *** (0.003)	– 0.052 *** (0.001)	– 0.037 ** (0.013)	– 0.049 *** (0.004)	– 0.053 *** (0.007)
控制变量	是	是	是	是	是
R^2	0.898	0.864	0.853	—	—
AR（1）	—	—	—	[0.015]	[0.009]
AR（2）	—	—	—	[0.232]	[0.318]

变量	OLS	RE	FE	Diff-GMM	SYS-GMM
Sargan 检验	—	—	—	[0.413]	[0.572]
F 值/Wald 值	78.261 [0.000]	65.902 [0.001]	80.251 [0.000]	77.384 [0.000]	85.746 [0.000]

注：（1）*、**、***分别表示在10%、5%、1%的显著性水平下拒绝参数不显著的原假设，圆括号里是系数估计标准差，方括号里是统计量的P值；（2）Sargan检验统计量是J-statistic，原假设为"过度识别的矩条件是有效的"，J-statistic的P值不能拒绝原假设，说明过度识别的矩条件是有效的，也即模型所选择的工具变量是有效的，"—"表示此项为空。

资料来源：作者根据Stata15.0分析结果整理。

从面板门槛模型中技术进步路径的估计结果可知，当地区比较优势值小于0.851时（RCA<0.798），自主创新技术进步路径（lnin1）的回归系数为-0.131，并且通过了1%的显著性检验，模仿创新技术进步路径（lnim1）的回归系数为0.128，且在1%的统计水平下显著；当地区比较优势值大于等于0.851时（RCA≥0.798），自主创新技术进步路径（lnin2）的回归系数为0.314，且显著为正，而模仿创新技术进步路径（lnim2）的回归系数为-0.049，并且通过了1%水平下的显著性检验。面板门槛模型中技术进步路径变量回归结果的经济含义为，当地区比较优势的值小于0.851时，地区用于模仿创新的经费增加1%时，能够促进出口技术复杂度提高0.128%，地区用于自主创新的经费增加1%时，反而对出口技术复杂度产生0.131%的负向影响；当某地区比较优势的值大于且等于0.851时，该地区用于自主创新的经费增加1%时，能够促进出口技术复杂度提升0.314%，当该地区用于模仿创新的经费增加1%时，反而会在对地区的出口技术复杂度产生0.049%的抑制作用。各城市应该按照创新发展中的地区比较优势选择适宜的技术进步路径，促进我国产业出口国际竞争力的提升。

第六节　国际经验借鉴

从国际经验来看，技术后发地区在实现自主创新的过程中大多是根据技术比较优势的实际情况，经历了从技术引进、模仿创新为主的技术进步路径再到自主创新为主的技术进步路径演变，最终实现了技术的赶超。本部分内容通过梳理、学习日本、新加坡和深圳市在创新发展过程中技术进步路径演变的经验，积极探索我国各地区如何选择适宜的技术进步路径，提高技术水平，从而促进产业的转型升级。

一、日本技术进步路径选择的经验

日本的创新发展，特别是制造业的创新发展历程是一部技术赶超史。日本在不同经济发展时期选用了不同的技术进步路径，在某些时期还交叉使用几种技术进步路径，这种方式对日本产业的创新发展和经济增长产生了深远的影响。在技术引进和模仿方面，日本的战略是先将美国等发达国家的先进技术本土化，然后在此基础上加入本国的核心附加值，实现一种渐进性的、持续性的增量式的技术进步。具体来看，日本的技术进步路径选择上具有以下特点：

第一个阶段，日本在第二次世界大战之后，经济跌入谷底，生产技术落后美国等发达国家 20～30 年，生产效率很低。然而，只花费了十数年的时间，日本就跃居到世界技术先进国行列。在 1950～1980 年，日本共引进了 38 000 件（项）技术和设备，为此花费了 133 亿美元（郭晓君，1997）。引进先进技术使得日本在短时间内学习和吸收了发达国家的先进技术，使其用短短的十几年时间就走完了美国等发达国家半个世纪的技术进步里程，享受了先进技术的成果。据调查数据显示，日本在 1955～1970 年几乎引进并吸收了全世界的全部先进技术，而日本可以通过技术引进并实现技术进步的根源在于企业对引进技术的深入学习和吸收，日本在技术学习、消化吸收上的花费高达技术引进费用的 5 倍之多。《战后日本崛起的思考》一书中数据显示，1950～1970 年，日本用于消化、引进、吸收上的费用增长了 73 倍，而技术引进经费却只增加了 14 倍。甚至，日本各产业部门技术引进花费与技术消化吸收经费的平均比为 1：7，即日本各产业部门平均每花费 1 美元引进技术，就要花费 7 美元对该技术进行研究与吸收。例如，索尼电气公司、三菱、三井等在引进的技术基础上，又通过模仿创新创造出了数十种新产品。上述过程具体如图 10 - 8 所示。

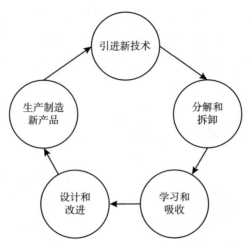

图 10 - 8　日本技术引进路径下的流程

第二个阶段，随着日本与发达国家技术差距的逐步缩小，其技术进步路径开始转向自主创新。从 1980 年开始，日本开始逐步加大自主创新力量，特别是 1990 年之后，开始了"技术立国战略"，科技发展更加倾向于自主研发，但是仍然会在少数技术落后的领域进行技术引进。1980 年以后，日本的 R&D 投入强度一直保持在 2.5% 以上，更加强调"基础研究"，加强高精尖技术的自主研发；此时的技术引进更加强调"知识集约型"，其中高精尖技术的引进比重在 1980 ~ 1984 年从 17.6% 上升到 35.2%。虽然技术引进缩短了自主研发周期和成本，但是日本的各产业并没有满足单纯的引进和模仿，而是接受美国等原创技术带来红利的同时，尽可能地增加产品的"本土附加值"，提高产品的功能质量，使得创新能力大大提升。

可见，日本通过技术引进、消化吸收、模仿创新、自主创新的技术进步路径，改变了战后科技落后的困境，实现了"技术引进大国"到"技术强国"的转变。

二、新加坡技术进步路径选择的经验

1965 年，新加坡独立之初受要素资源和人口的限制，技术基础薄弱。而如今，新加坡已经实现以创新驱动为基础的产业多元化经济发展，成为亚洲重要的金融中心、亚洲创新枢纽、世界电子产品的制造中心、国际物流中心。新加坡共通过四次技术战略和产业结构转型，使得产业发展逐步获得竞争力，第一次是从传统的转口贸易转向进口替代，第二次是从进口导向工业化转向出口导向工业化，第三次是从传统的劳动密集型产业逐渐转向技术密集型产业，第四次是从效率驱动转向创新驱动，其中的第四次转型成功将产业结构升级到生物科技、数字传媒、信息产业等技术知识密集型方向，使得新加坡从单一的制造业经济转向多元化的技术型经济，稳固了新加坡的出口国际竞争力。

在第四次转型以前，新加坡高技术制造业的迅猛发展主要依靠的是跨国企业的投资引进、模仿和改进现有技术。截至 2001 年底，新加坡电子产业已经占新加坡制造业总产出的 45%，占私人研发部门总支出的 63%，成为新加坡的主导产业，并产生了巨大的产业关联效应和技术扩散效应。在吸引外资的过程中，新加坡主要采用了税收优惠、培育本土人力资本、宽松的政策环境和高效率的制度环境等，吸引高技术跨国企业落户，并逐渐发展成为东南亚的电子产业、IT 产业和商业中心。

进入 21 世纪，新加坡实施了第四次转型战略。第四次转型以提升城市竞争力为目标，发展"全球化、创新化和多元化"的创新经济，更加关注对新技术的研发，强调自主创新为主的技术进步路径。与之前的创新战略相比，这一时期的创新政策更多地考虑了长期收益，不仅局限于高技术制造业，还关注了知识密集型的服务业创新，尤其是创意产业[①]；从原来的以技术应用为主转向新技术研发为主，不断加大基础研发的投入；不仅对大型国有企业进行创新政策倾斜，更将中小企业作为重点的帮扶对象；在重视 R&D 投入的同时，更加注重对企业家精神的培育。新加坡的这一套创新政策，涵盖了创新人才培养，创新动力激励、产业转型升级、中小企业发展等各方面，而不仅是增加 R&D 投入。

2000 年以后，新加坡一直将创新作为产业政策的核心，始终将自主创新以及其衍生的人才培养、金融服务、资源服务、IT 服务贯穿至高技术制

---

① 在新加坡，创新产业的定义是指"由文化与艺术创造性形成知识产权，从而可能创造经济价值的产业"，包含艺术与文化产业、媒体产业、设计业、计算机服务业四类。

造业、知识密集型服务业和创意产业的发展全过程。此外，新加坡发展"效率基础设施"和"创新技术设施"建设，为自主创新搭建基础支撑平台。所谓"效率基础设施"是指为了提高经济运行效率而发展起来的交通系统、公共服务、电信系统、低税率政策等；"创新基础设施"是指为促进城市基础设施活动而发展起来的，包含"软"和"硬"两种形式。新加坡在知识产权保护、风险投资便利、创新设备等"硬"基础设施和企业家精神、教育、医疗、休闲娱乐、公共空间、文化园区的等"软"基础设施方面均投入了巨大的经历，不断提高城市的竞争力和比较优势，吸引了众多国际人才和高技术跨国企业入驻。

第七节　本　章　小　结

本章聚焦于探究地区比较优势、适宜性技术进步路径与产业转型升级这一动态链接背后的理论影响机制和影响效应。主要研究结论和政策建议如下：

第一，创新资源禀赋在地区间呈现出非均衡分布的特征。我国经济在取得举世瞩目成就的同时也面临着经济发展差距东部、中部和西部地区间不断扩大的态势，而创新资源在趋利性特征的支配下，也会流向经济发展条件较好，投资获益高的东部地区，在区域间呈现出非均衡分布的态势。地区间创新资源禀赋的差距又进一步加剧了区域经济和产业发展的非均衡性，在循环累积因素的作用下，最终形成了创新资源禀赋非均衡分布的"马太效应"。这种创新要素禀赋在城市间非均衡分布的特征使得我国在促进产业转型升级的过程中，各地区间的技术进步路径不能采取"一刀切"式的方法，而是要根据地区的实际情况选取与地区创新发展相匹配的技术进步路径。

第二，各地区应该按照创新生产活动中的比较优势选择适宜的技术进步路径。对于创新生产活动中地区比较优势较低的地区，其经济基础、创新基础、市场环境等还无法满足自主研发活动和竞争优势等对生产要素质量的需求，需要采用技术引进和模仿创新为主的技术进步路径。如果这些地区也采取自主创新的技术进步路径，不切实际地加大自主研发投入，上马"高精尖"项目,则会对地区技术进步"拔苗助长",造成资源的浪费,不利于经济和产业发展。对于已经等在创新生产中地区比较优势高的地区,其经济基础、创新基础和城市基础等已经具备开展自主创新活动的条件,因此需要在竞争优势战略下开展自主创新的技术进步路径促进经济发展和产业转型升级。因此,我国创新资源禀赋分布的非均衡特征使得我国在产业转型升级过程中要形成技术引进和自主创新的分层级技术进步路径战略。

第三,地区比较优势是动态变化的,因而各城市在促进产业转型升级中的技术进步路径也是随着经济水平、创新基础、制度环境等不断发展动态变化的,各城市的比较优势处于变化之中。一方面那些原本没有越过采用自主创新技术进步路径"门槛条件"的城市,可以通过不断的知识、技术积累和城市制度环境的优化,缩小与发达地区间的技术差距,逐步越过"门槛条件",从而步入自主创新城市行列。此外,即便是越过"门槛条件"的城市,如若不继续发挥竞争优势,完善区域制度,开展自主创新,发挥竞争优势,也会被挤出越过"门槛条件"的城市行列,或者陷入"比较优势陷阱"中,不利于产业转型升级。另一方面,技术先发城市在开展自主创新的过程中会向技术后发国家进行知识溢出,使得技术差距具有动态性。因此,在促进产业转型过程中,技术进步的路径转换是动态的,各地区需要根据地区比较优势的动态变化,选用适宜的技术进步路径。

第十一章

全体人民共同富裕视域下
科技创新活动的逻辑转向

全体人民共同富裕的实现离不开科技创新的有效支撑。本章旨在考察科技创新在促进全体人民共同富裕过程中所面临的失序风险以及如何进行逻辑转向和防范。研究发现，科技创新过程所引致的区域创新差距、就业转型、数字技术鸿沟、创新成果转化不畅等存在破坏共同富裕分配公平、机会公平、竞争公平的风险。因此，在共同富裕视域下，科技创新活动的发展逻辑需要朝包容性方向发展，并且要更加重创新成果的分配公平性、创新活动的社会效益以及创新活动的系统性。基于共同富裕视域下，我国科技创新活动面临的失序风险和需要进行的逻辑转向，本章提出了防范化解这些失序风险的对策建议，为使科技创新更好地增进人民福祉，推进实现全体人民共同富裕提供有益参考。

第一节　文　献　综　述

科技创新是保证经济高质量发展的内生动力，因而也成为实现全体人民共同富裕的重要支撑力量。然而，在科技创新促进共同富裕的同时，也会面临一些失序风险，从而可能会导致共同富裕的目标受到影响。习近平总书记在中央财经委员会第十次会议上指出，"新一轮科技革命和产业变革有力推动了经济发展，也对就业和收入分配带来深刻影响，包括一些负面影响，需要有效应对和解决"①。因此，深入分析科技创新在促进共同富裕过程中可能产生的失序风险，提前做到了然于胸、趋利避害，对于我国充分发挥出科技创新对共同富裕的正向促进作用，全面建成社会主义现代化强国具有重要的意义。

一、科技创新与共同富裕关系的研究

学界关于科技创新与共同富裕之间关系的研究还主要聚焦于科技创新对共同富裕的正向促进作用视角，大体从科技创新促进经济增长、优化资源配置、提高人民生活水平三条路径论证科技创新对共同富裕的积极影响。在科技创新促进经济增长、做大"蛋糕"方面，Romer（1990）率先提出了"新经济增长理论"，并且利用数理模型推到出了创新与经济增长的关系，研究发现技术创新是保证经济增长的内生动力；Knowles 和 Wilson（2009）通过实证研究发现，科技创新是促进经济增长的关键因素。在科技创新有助于优化资源配置效率方面，Autor（2015）在研究中指出，科技创新可以改变生产要素的相对价格，从而引导资源从低效率部门向高效率部门流动，从而优化资源配置，除此之外，科技创新还可以促进产业结构的升级和转型，提高经济增长的质量，这些均有利于共同富裕的实现。在科技创新提高人民生活水平方面，孟猛（2018）研究发现，科技创新对我国农村贫困地区的减贫作用显著，李政和杨思莹（2018）在研究中指出，科技创新可以带动产业结构升级，创造更多就业机会，提高劳动者收入水平，促进共同富裕。

二、科技创新自身存在不稳定因素的研究

科技创新本身具有风险性高、周期长、不稳定性等特征。一是技术创新存在着不确定性。已有研究表明，技术创新的成功率受到多种因素的影响，如技术成熟度、市场需求、企业实力等（田丹等，2022）。此外，梁睿昕和李姚矿（2003）指出技术创新还受到政策、环境、竞争等因素的制约，这

---

① 本书编辑组．习近平谈治国理政（第 4 卷）［M］．北京：外文出版社，2022：142.

些因素的变化可能导致技术创新的失败或减缓其发展速度。二是创新成果的转化和应用比较困难。科技成果转化是科技创新的关键环节，但其转化过程充满挑战。研究发现，科技成果转化困难的主要原因是市场需求与科技成果之间的不匹配、科技成果的成熟度不足以及产学研各方的利益分配不均等，这些困难导致了科技成果难以实现商业化应用，进而影响科技创新的成效（李志国等，2023）。三是创新产业链不稳定，存在断链的风险。创新产业链的断裂会导致资源配置不合理、技术创新能力下降等问题（Knowles and Wilson，2009），这些问题使得科技创新在产业链中的传递和扩散受到阻碍，从而影响科技创新的整体效果。

还有一些学者从科技创新过程中面临的内部不稳定性和外部不稳定性两个方面进行研究。在内部因素方面，主要包括企业自身的技术实力、研发能力、管理水平和战略规划等，其对科技创新风险的影响主要体现在企业的技术研发能力、市场应对能力和风险管理能力等方面（Autor，2015）。在外部因素方面，外部因素主要包括市场环境、政策法规、社会文化等。外部因素对科技创新风险的影响主要体现在市场需求变化、政策变动和社会环境等方面（杨明海等，2018）。综上所述，可以看出科技创新活动自身存在着很强的不稳定性，而这些不稳定性在科技创新促进共同富裕的过程中都可能产生失序风险。

三、科技创新影响共同富裕过程中可能出现风险因素的研究

虽然，学界关于科技创新与共同富裕关系的研究大多聚焦于科技创新对共同富裕的正向促进作用方面，但是也有一些研究表明，科技创新在影响共同富裕的过程中，可能会出现加剧收入不平等、加剧区域发展不平衡、带来新的污染源、影响数据安全、泄露个人隐私、科技伦理保护等风险因素，从而影响共同富裕的实现。在加剧收入不平等风险方面，Knowles 和 Wilson（2009）认为，科技创新带来的产业升级和结构转型可能导致劳动力市场的不平衡，从而进一步加剧收入差距；Autor（2015）在研究中指出，科技创新导致的技能偏向型技术进步可能会使得高技能劳动者收益增加，而低技能

劳动者收入下降，从而加剧收入不平等。在加剧区域发展不平衡风险方面，杨明海等（2018）发现，地区间科技资源禀赋和创新水平的不均衡，可能会导致一些发展水平较低的地区在科技创新方面处于劣势，从而影响经济增长和共同富裕。在加剧新污染源风险方面，魏冬和冯采（2021）的研究发现，科技创新对环境的影响具有双重性质：一方面，科技创新可以提高资源利用效率，有助于减少污染和环境破坏；另一方面，科技创新可能带来新的污染源和资源消耗，加剧环境污染和资源短缺问题。在数据安全和个人因素风险方面，科技创新在改变生产方式和生活方式的同时，也可能对社会伦理和价值观产生影响，例如，随着人工智能、大数据等技术的发展，隐私保护、数据安全等伦理问题日益凸显（王申和许恒，2022）。此外，丁明磊等（2016）的研究发现，科技创新可能导致一些传统行业的就业机会减少，从而影响社会稳定和谐。在科技伦理风险方面，鲁晓和王前（2023）的研究指出，科技创新带来的伦理和治理问题也是影响共同富裕的重要因素，例如在基因编辑、生物科技等领域，科技创新可能导致伦理道德争议和治理难题。

第二节　面向共同富裕的科技创新失序风险

科技创新自身存在的不稳定性因素，加之制度设计、市场结构、技术应用等方面的不完善或失衡，可能导致科技创新成果不能公平、有效惠及全体人民，与实现共同富裕的目标背道而驰。具体来说，这些失序风险主要体现在以下五个方面。

一、科技创新成果的受益不均衡存在破坏共同富裕分配公平的风险

自熊彼特提出"创新"概念以来，学界和社会对创新的认知长期停留在"精英阶层的精英行为"层面，使得科技创新在推动经济增长和社会进

步的同时，往往将低收入群体排斥在外，加剧了贫富间的不平等。当科技创新的成果主要集中于少数企业或个人时，如果缺乏有效的机制促进成果共享，就可能加剧贫富差距。例如，一些高科技创新可能仅仅使企业所有者或高级管理层受益，而未能提高广大员工的收入水平，从而扩大收入差距。在短期中，科技创新的受益者往往是那些经济条件较好、基础设施较完善的地区和受教育水平高的人群，他们能够更快地适应新技术，利用科技创新提高生产效率，提高生活质量。长此以往，虽然随着时间的推移，科技创新的影响会逐渐扩散到其他地区和人群，并且政府和社会组织通常会通过政策引导和资源投入，推动科技发展的成果惠及更广泛的群体，但是不同人群受教育水平的差距会形成不同的科技理解和应用能力，从而影响科技创新成果的受益程度。因此，无论是从短期看、还是从长期看，科技创新均具有受益不均衡的风险，可能会影响全体人民共同富裕。

二、科技创新引致的区际发展差距存在危害共同富裕区域公平的风险

科技创新往往在经济发展水平较高的地区集中，如果没有相应的政策来促进技术的扩散和地区间的均衡发展，就会加大区域发展的不平衡，这与共同富裕的理念相悖。科技创新的区域发展差距风险来源主要表现在以下四个层面：一是科技创新资源在区间的分布不均衡。科技创新资源通常集中在一线城市和发达地区，这些地区拥有优质的教育、科研和人才资源，有利于科技创新的发展；然而，对于欠发达地区来说，科技创新资源的分配可能相对不足，在马太效应下，创新资源更容易向这些创新环境好的一线城市和发达城市集中，从而导致地区间科技创新能力的差距进一步扩大。二是科技成果转化与应用能力差异。在不同地区，科技成果的转化和应用能力存在差距，例如，北京等一些地区具备较强的科技成果转化能力，能够将创新成果迅速转化为生产力，推动经济增长，而另一些地区由于缺乏相应的产业基础和市场环境，科技成果的转化和应用能力相对较弱，从而会影响地区经济的整体发展水平。三是区域创新产业的发展不平衡。在科技创新产业的布局和发展方面，不同地区之间存在一定的差距，一些地区具备较强的创新产业集聚效

应，例如深圳和合肥，而其他地区可能仍然停留在传统产业阶段，这会导致地区间经济发展水平的差异。四是区域创新能力存在差异。例如我国东部沿海地区通过加大研发投入、优化创新环境等手段，不断提升创新能力，而其他地区在创新能力提升方面可能相对滞后，在循环累积效应下，科技人才会继续向这些城市流入，从而不断加剧区域发展不平衡。综上所述，可以看到科技创新具有增加区域发展差距的风险。

三、科技创新伴随的产业替代与就业转型存在弱化共同富裕竞争公平的风险

科技创新推动的产业升级可能会替代一些传统就业岗位，而新的就业机会又有不同的技能要求，因而随着科技创新的发展，如果劳动力不能及时进行技能转换，就可能造成结构性失业，拉大收入差距并影响社会稳定。首先，科技创新伴随着产业的转型升级，从而使传统行业可能会面临技术替代和生产方式的转变，甚至会导致一些岗位的消失。例如，自动化和人工智能技术的应用使得制造业和客服等行业的部分工作可以由机器和 AI 智能替代，从而对这些领域的就业产生影响。其次，新兴科技产业的发展往往需要与之相匹配的技能人才，如果教育和培训体系未能及时响应，提供足够数量的掌握新技术的人才，就会形成产业升级与人才供给之间的不匹配，导致就业结构的不稳定，进而影响共同富裕的实现。最后，就业转型风险还体现在工作性质的改变上。随着科技的发展，越来越多的工作要求具备更高的创新能力、学习能力和适应能力，这对于从业人员的个人素质和能力提出了新的要求，增加了低技能劳动力的失业风险。

四、科技创新中数字技术鸿沟存在危害共同富裕机会公平的风险

科技创新特别是数字技术的发展，在提高生产效率的同时，也存在着加大数字鸿沟，从而影响居民机会公平的风险。数据鸿沟指的是不同群体在获取和利用数据资源方面的不平衡现象，这可能导致一部分人群难以享受到科

技创新带来的便利和福利，从而加大贫富差距。科技创新的数据鸿沟与贫富差距风险主要表现在三个方面：一是由于城乡、地区之间的网络覆盖和信息技术普及程度不同，部分人群难以享受到科技创新带来的便利。二是高素质人才、高收入群体更容易获取和利用数据资源，而低收入、受教育程度较低的人群则难以享受到同等机会，从而导致收入阶层间的差距进一步扩大。三是由数字技能禀赋差异带来的贫富差距。例如，受教育水平较低人群、老年人以及残疾人群等特殊群体在数字技能方面可能相对欠缺，使得他们在信息获取和利用方面处于劣势，往往置身于不完全信息的情境中，无法享受到数字技术带来的便利，从而加剧贫富差距，影响共同富裕。除此之外，在数字经济发展过程中，大量个人信息和数据的收集和使用可能引发数据安全与隐私保护的问题，若处理不当，可能会导致公民权益受损，进而影响社会的和谐与稳定。

五、科技成果转化与应用不畅存在影响共同富裕共享公平的风险

科技创新的成果应该惠及各个领域和层面，这样才有利于全体人民共同富裕的实现。然而，在实际过程中，科技成果的转化与应用可能受到诸多因素制约，如技术成熟度、政策环境、市场需求等，从而可能导致科技创新的成果未能充分应用于生产实践，影响共同富裕的实现。具体来看，这种风险主要表现在以下三个方面：一是我国科技成果转化率相对较低，部分科研成果难以实现产业化，使得研发成果很难被居民实际应用，影响了科技创新对居民生活福祉的增进。二是即使一些科技成果能够成功转化，但在实际应用过程中可能面临技术适应性、市场需求、政策环境等多种因素的制约，导致科技成果无法正常应用，充分发挥其价值。三是创新链与产业链脱节，当前研究机构、企业、产业园区等创新主体之间的协同不足，产学研创新主体三者间存在脱节，从而也导致了创新链与产业链之间存在脱节，影响了科技创新与经济发展和居民生活的融合程度，不利于促进共同富裕。

■ 第三节　共同富裕视域下科技
创新的逻辑转向

面向共同富裕的科技创新逻辑转向，实际上是指在科技创新过程中，需要更加注重技术的普惠性和公平性，更加重视科技创新的社会效益，以实现经济社会的整体协调发展。这一逻辑转向体现了我国社会主义现代化建设的本质要求，也是中国式现代化的重要特征。以下四个方面具体阐述了这一逻辑转向的内涵。

一、共同富裕视域下科技创新需更加重视技术的普惠性

科技创新的普惠性意味着要让技术发展成果更好地惠及所有人，减少社会不平等，推动实现全体人民的共同富裕。为了实现这一目标，科技创新需要有以下逻辑转向：一是高度重视民生领域的科技创新，在全体人民共同富裕的视域下，科技创新应该紧密围绕满足人民日益增长的美好生活需要，特别是在教育、医疗、养老、住房等民生领域，推动科技创新成果的应用，提高人民生活质量。二是要强化科技成果的转化应用，鼓励企业、高校和研究机构加强合作，将科技成果转化为实际生产力，促进经济发展和社会进步，使科技创新成果更好地惠及人民群众。三是要高度重视并支持中小企业创新，中央和国有大型企业往往肩负着核心技术攻关和重点技术的研发责任，这些创新活动往往具有周期长、见效慢等特点，在共同富裕视域下，中小企业成为普惠性科技创新的重要力量，支持中小企业开展惠及民生的研发创新活动，并促进科技成果的转化应用，可以使居民享受更多的创新成果。四是要推动科技资源的均衡配置，按照技能—岗位—区域相匹配的原则，促进科技资源流动到与之适宜的地区，提高这些地区的科技创新能力，推动区域协调发展，缩小地区发展差异。五是注重科技人才的培训，避免因科技进步带来的失业，尤其是在数字经济等新兴领域，充分发挥科技人才在推动共同富裕中的关键作用，通过他们的工作促进技术创新和产业升级。六是发展包容

性创新，提高创新的包容性和普惠性。开展面向全体人民的研发创新项目，要关注低收入群体和数字能力较弱的人群，为他们提供必要的技能培训和资源共享，避免出现数字技能鸿沟，使他们也能享受到科技发展带来的红利。

二、共同富裕视域下科技创新需更加重视创新成果分配的公平性

在共同富裕视域下，科技创新活动的开展需更加注重公平性。首先，科技创新的成果应该惠及全体人民，科技创新的成果不仅是为了提高生产力，更应该是为了改善人们的生活质量，促进社会公平，在共同富裕视域下，科技创新的成果应该普及到社会的每一个角落，无论是城市还是农村，无论是富裕地区还是贫困地区，都应当享受到科技创新带来的便利。其次，科技创新的机会应该平等分配，无论是个人还是企业，无论是大型企业还是小型企业，都应该有平等的机会参与科技创新，因此政府应通过各种手段，如提供科技创新基金、提供科技创新指导等，来帮助弱势群体和创新型企业参与科技创新，从而保证科技创新的公平性。最后，科技创新的规则也应该公平。无论是科技创新的知识产权保护，还是科技创新的市场准入，都应该有公平的规则来保证，只有这样，才能够保证科技创新的健康发展，才能够让科技创新真正成为推动社会进步的重要力量。事实上，科技创新的规则公平和机会公平是相辅相成的，都是推动科技创新成果惠及全体人民的重要保障。具体来看，规则公平可以保障科技创新的健康有序进行，防止不正当竞争和资源浪费，同时机会公平可以保障各种科技创新主体都有平等的机会参与创新，从而最大限度地激发各主体科技创新的活力，促进全体人民共同富裕。

三、共同富裕视域下科技创新需更加重视创新活动的社会效益

在共同富裕视域下，经济社会发展从单一的注重经济效益转向经济与社会并重的目标使命，也即技术创新不仅是为了提高社会的经济效益，更应该

关注其对社会的整体影响，包括提高人们的生活质量、促进经济发展、保护环境、提升社会公平性等方面。例如，在共同富裕视域下，科技创新就需要从以营利为目标的项目转向医疗健康、清洁能源、智慧交通、智慧教育等方面，从而提升人们的生活质量。除此之外，共同富裕背景下，企业科技竞争需要从传统的追求市场份额和利益最大化转向价值共生，注重与合作伙伴共同创造价值，实现共赢发展，创造更多的社会效益。具体来讲，一是创新主体应与各类合作伙伴共同构建创新生态圈，形成以企业为核心，涵盖供应商、客户、合作伙伴等多方的创新生态系统，共同推动科技创新社会效益的生成；二是各创新主体应建立开放式创新体系，鼓励内部员工和外部合作伙伴共同参与创新，形成创新成果共享的创新文化，注重人才培养与交流，与合作伙伴共同开展人才培训和交流活动，提高员工的综合素质和技能水平，为企业的持续创新提供人才支持，在取得创新成果的同时也为社会培养了人才，取得了社会效益；三是创新主体间应加强技术交流与合作，共同开展技术研究，推动技术成果的转化与应用，从而实现价值共生，创造出更多的社会效益。

四、共同富裕视域下科技创新需更加重视创新活动的系统性

共同富裕视域下的科技创新不仅要依赖于企业家、研究者的个人力量，或者创新共同体的努力，而且要进行系统性、全局性的规划和布局。具体而言，面向共同富裕的科技创新需要统筹大学、研究机构等科技联合体，以及各类性质的企业和消费者群体，共同形成全社会的创新合力。首先，在物质和精神的协调方面，共同富裕视角下的科技创新不能只关注技术创新和产品创新，更要注重社会整体的精神追求，满足人们的高层次需求和对美好生活的向往。其次，在资源的系统性配置方面，需要协调技术创新、制度创新、产品服务创新、商业模式创新等多种类型的创新模式，更高效地配置整体创新资源，提高创新的普适性和效用。再次，在区域间的系统性方面，各地区需要根据自身优势，发展特色科技产业，形成区域科技创新体系，推动区域创新的系统、协调发展。最后，在科技创新产业链的系统性方面，应该从研发、生产、销售到售后服务，形成完整的产业体系，推动科技创新成果转化

为实际生产力，为全体人民共同富裕提供动力支撑。

第四节　共同富裕视域下科技创新失序风险的防控进路

在共同富裕的视域下，科技创新被视为推动经济社会发展、促进人民生活水平提升的关键动力。然而，通过上述分析可知，科技创新在促进共同富裕的过程中也存在着失序的风险，主要包括科技创新的受益不均衡破坏共同富裕分配公平的风险、科技创新的区际发展差距危害共同富裕区域公平的风险、科技创新的产业替代与就业转型弱化共同富裕竞争公平的风险、科技创新伴随的数字技术鸿沟危害共同富裕起点公平的风险、科技成果转化与应用不畅影响共同富裕共享公平的风险，这些失序风险可能会导致发展的不平衡不充分，进而影响共同富裕的实现。为了防控这些风险，以下是一些建议的进路。

一、深化科技体制改革，破解科技创新成果分配不公平的风险

进一步深化科技体制改革，营造有益于共同富裕的公平分配环境，是推动我国科技创新和经济社会持续健康发展的重要举措。为了实现这一目标，可以从以下几个方面着手：第一，进一步提高科技创新活动的包容性，各级政府应该制定出相关政策，鼓励企业、高校和科研机构等开展针对"金字塔底层人员"的包容性创新活动，例如可以让"金字塔底层人员"参与创新成果商业化过程中的低技术制造环节，为弱势群体和边缘人群提供更多的机会，使其可以享受到创新产业链条中某一环节带来的收益。第二，优化科技创新成果评价体系，改变以往过分注重论文数量、项目数量等量化指标的评价方式，转向注重科技成果的质量、效益和影响力的评价方式，对于科技成果转化取得显著成效的科研人员，给予相应的奖励和认可，以评价体系的改变促进科研收益的按贡献分配，从而促进科技创新成果的分配公平。第

三，建立一套科学、合理的包容性创新评价体系，对创新项目的社会效益、经济效益和环境效益等进行综合评价，以激励各方积极参与包容性创新，以包容性创新的发展促进分配公平。

二、优化科技资源配置，破解科技创新活动引致的区域发展差距风险

优化科技资源在区际间的合理配置，是共同富裕视域下开展科技创新活动的重要前提，具体需要做到以下三点：第一，加强区域间的创新合作，通过促进不同地区之间的科技合作，建立科技合作平台、组织科技交流活动、促进科技成果共享等加强区域间创新活动的合作和交流，缩小区域创新差距。第二，加大我国中部和西部地区的科技创新投入，包括提供更多的科研经费、优化科技创新政策、给予更多的创新成果商业化的税收优惠等措施，并帮助其建立科技创新基地，对这些地区科技成果的转化和产业化推广提供指导，从而有助于提升其科技实力，缩小区域间的发展差距。第三，优化创新环境，各地区应该加强知识产权保护、推动科研机构改革、优化创新生态等，并且充分发挥市场在科技资源配置中的决定性作用，为吸引创新要素的流入提供良好的创新环境，缩小区域间因创新环境差异导致的创新要素分布不均衡。

三、加大低技术劳动力的技能培训力度，破解科技创新水平提升伴随的失业风险

随着科技的快速发展，许多传统行业正在经历深刻的变革，劳动力市场对高技能人才的需求日益增长，从而使得低技术劳动力面临着失业的风险，因此加大低技术劳动力的技能培训力度，是解决科技创新伴随失业风险的重要措施。第一，从顶层设计上进行规划，制定全面针对低技能劳动力群体的培训计划、培训课程，包括新兴行业的技能培训和传统行业的转型升级培训等方面，使其适应科技进步带来的岗位技能需求。第二，设立针对低技能人才培训的专项基金，提供培训资金支持，低技能劳动力受限于收入等各方

面，在培训上自愿出资的意愿不高，所以通过专项资金为低技能劳动力提供免费或补贴的培训机会，减轻他们的经济负担，降低他们的失业风险。第三，基层政府应该定期为低技能人群提供就业指导服务，帮助他们了解市场需求和就业前景，选择适合自己的培训课程和职业发展方向，最大限度破解科技创新伴随的失业风险，促进经济和社会的可持续发展。

四、增加中西部地区的数字基础设施建设，破解数字技术鸿沟造成的贫富差距

增加中、西部地区的数字基础设施建设，是破解数字技术鸿沟造成的贫富差距问题的重要手段，具体需要从以下三个方面入手：第一，加大对中部、西部地区数字基础设施建设的扶持力度，政府和企业应加大对中、西部地区宽带网络、数据中心、人工智能等数字基础设施的投资，以缩小中部和西部地区与东部地区之间的数字鸿沟，使得中部、西部地区的居民也能便捷地利用数字技术享受科技创新的成果。第二，进一步优化数字基础设施建设的空间布局，特别是中部和西部地区的数字基础设施建设布局，要确保其覆盖面广、服务质量高，以提高这些地区居民享受数字技术和数字服务的效率，降低由于数字鸿沟造成的贫富差距。第三，针对农民、老人、受教育程度低等的特殊群体，开展定制化的数字技术培训，帮助他们更好融入数字化社会，享受数字技术带来的便利和机会，破解数字技术鸿沟造成的贫富差距。

五、完善科技成果转化机制，推动科技成果转化为实际生产力

推动科技创新成果的顺利商业化，是保证全体人民共享科技创新成果的前提。具体来看，第一，要建立以需求为导向的科技成果转化机制，通过调研深入了解市场需求，引导科技创新的方向，实现科技供给与市场需求的紧密对接，提高科技成果的转化效率，让更多的人能享受到科技创新的成果。第二，完善科技成果转移转化支撑服务体系，一方面，构建线上线下相结合、专业化、市场化的国家技术交易网络平台，为科技成果的转化提供便捷

通道；另一方面，开展科技成果信息的汇交与发布，定期发布一批能够促进产业转型升级、投资规模与产业带动作用大的重大科技成果，推动市场化的科技成果产业化路径。第三，充分发挥地方在推动科技成果转移转化中的重要作用，要建设一批国家科技成果转移转化示范区，在示范区内进一步完善政策、服务、金融支持等方面的政策和具体做法，探索可复制、可推广的经验与模式。

参 考 文 献

[1] 白俊红，卞元超．要素市场扭曲与中国创新生产的效率损失 [J]．中国工业经济，2016（11）：39 – 55.

[2] 白俊红，江可申，李婧．中国区域创新系统创新效率综合评价及分析 [J]．管理评论，2009，21（9）：3 – 9.

[3] 白俊红，江可申，李婧．中国区域创新效率的收敛性分析 [J]．财贸经济，2008（9）：119 – 123.

[4] 白俊红，蒋伏心．协同创新、空间关联与区域创新绩效 [J]．经济研究，2015，（7）：174 – 187.

[5] 白俊红，王林东．创新驱动是否促进了经济增长质量的提升？[J]．科学学研究，2016（11）：1725 – 1735.

[6] 白俊红，王钺，蒋伏心，李婧．研发要素流动、空间知识溢出与经济增长 [J]．经济研究，2017，52（7）：109 – 123.

[7] 白俊红，王钺．研发要素的区际流动是否促进了创新效率的提升 [J]．中国科技论坛，2015（12）：27 – 32.

[8] 白俊红．中国的政府 R&D 资助有效吗？来自大中型工业企业的经验数据 [J]．经济学（季刊），2011（4）：1375 – 1400.

[9] 毕先萍．劳动力流动对中国地区经济增长的影响研究 [J]．经济评论，2009，（1）：48 – 53.

[10] 蔡昉，都阳．中国地区经济增长的趋同与差异——对西部开发战略的启示 [J]．经济研究，2000（10）：30 – 37.

[11] 蔡昉．中国二元经济与劳动力配置的跨世纪调整——制度、结构与政治经济学的考察 [J]．浙江社会科学，2000（5）：18 – 22.

[12] 蔡绍洪，俞立平．创新数量、创新质量与企业效益 [J]．中国软

科学，2017（5）：30 - 37.

［13］操龙升，赵景峰．专利制度对区域技术创新绩效影响的实证研究［J］．中国软科学，2019（5）：97 - 103.

［14］陈爱贞，刘志彪．自贸区：中国开放型经济"第二季"［J］．学术月刊，2014，46（1）：20 - 28.

［15］陈傲，柳卸林，程鹏．空间知识溢出影响因素的作用机制［J］．科学学研究，2011，29（6）：883 - 889.

［16］陈冬，樊杰．区际资本流动与区域发展差距［J］．地理学报，2011，66（6）：723 - 731.

［17］陈逢文，张沁怡，王鲜云．企业家精神、外资依存度与区域经济增长［J］．管理世界，2018（2）：178 - 179.

［18］陈刚.R&D溢出、制度和生产率增长［J］．数量经济技术经济研究，2010（10）：64 - 77，115.

［19］陈继勇，盛杨怿，外商直接投资的知识溢出与中国区域经济增长［J］．经济研究，2008（12）：39 - 49.

［20］陈凯华，官建成，寇明婷，康小明．网络DEA模型在科技创新投资效率测度中的应用研究［J］．管理评论，2013，25（12）：3 - 14.

［21］陈琪，刘卫．建立中国（上海）自由贸易试验区动因及其经济效应分析［J］．科学发展，2014（2）：43 - 50.

［22］陈向东，王磊．基于专利指标的中国区域创新的俱乐部收敛特征研究［J］．中国软科学，2007（10）：76 - 85.

［23］陈晓光．教育、创新与经济增长［J］．经济研究，2006（10）：18 - 29.

［24］陈岩．中国对外投资逆向技术溢出效应实证研究：基于吸收能力的分析视角［J］．中国软科学，2011（10）：61 - 72.

［25］池仁勇，唐根年．基于投入与绩效评价的区域技术创新效率研究［J］．科研管理，2004（4）：23 - 27.

［26］池仁勇，虞晓芬，李正卫．我国东西部地区技术创新效率差异及其原因分析［J］．中国软科学，2004（8）：128 - 131.

［27］戴魁早．中国高技术产业研发投入对生产率的影响［J］．研究与

发展管理，2011，23（4）：66－74.

[28] 邓明，钱争鸣. 我国省际知识存量、知识生产与知识的空间溢出 [J]. 数量经济技术经济研究，2009（5）：43－53.

[29] 丁明磊，陈宝明，周密. 以科技创新开启就业"新空间"的思路与对策 [J]. 中国科技论坛，2016（6）：18－23.

[30] 董栓成. 人口流动与区域经济发展的实证分析 [J]. 市场与人口分析，2004，10（5）：23－32.

[31] 樊士德，姜德波. 劳动力流动与地区经济增长差距研究 [J]. 中国人口科学，2011（2）：27－38.

[32] 符淼. 地理距离和技术外溢效应——对技术和经济集聚现象的空间计量学解释 [J]. 经济学（季刊），2009，8（4）：1549－1566.

[33] 符正平，刘金玲. 新时代粤港澳大湾区协同发展研究 [J]. 区域经济评论，2021（3）：51－57.

[34] 傅超，张泽辉. 国内外科技创新中心发展经验借鉴与启示 [J]. 科技管理研究，2017，37（23）：57－64.

[35] 干春晖，郑若谷，余典范. 中国产业结构变迁对经济增长和波动的影响 [J]. 经济研究，2011（5）：4－6，31.

[36] 高丽娜，蒋伏心. 创新要素集聚与扩散的经济增长效应分析——以江苏宁镇扬地区为例 [J]. 南京社会科学，2011（10）：30－36.

[37] 官汝凯. 分税制改革、土地财政和房价水平 [J]. 世界经济文汇，2012（8）：90－104.

[38] 谷卿德，石薇，王洪卫. 产业结构对房地产价格影响的实证研究田 [J]. 商业研究，2015（2）：44－52.

[39] 官建成，何颖. 基于 DEA 方法的区域创新系统的评价 [J]. 科学学研究，2005，23（2）：256－272.

[40] 官建成，刘顺忠. 区域创新机构对创新绩效影响的研究 [J]. 科学学研究，2003，21（2）：210－214.

[41] 郭金龙. 王宏伟. 中国区域间资本流动与区域经济差距研究 [J]. 管理世界，2003（7）：45－58.

[42] 郝添，邓晓丹. 技术进步路径与产业结构的"升级陷阱" [J].

北华大学学报（社会科学版），2014，15（5）：50-53.

［43］何江，张馨之. 中国区域经济增长及其收敛性：面板数据分析［J］. 南方经济，2006（5）：44-52.

［44］何一峰，付海京. 影响我国人口迁移因素的实证研究［J］. 浙江社会科学，2007（2）：47-51.

［45］侯新烁，张宗益，周靖祥. 中国经济结构的增长效应及作用路径研究［J］. 世界经济，2013（5）：88-111.

［46］黄群慧.“双循环”新发展格局：深刻内涵、时代背景与形成建议［J/OL］. 北京工业大学学报（社科版）. Http：//Kns. Cnki. Net/Kcms/Detail/11. 4558. G. 20200917. 1255. 002. Html.

［47］蒋天颖，谢敏，刘刚. 基于引力模型的区域创新产出空间联系研究——以浙江省为例［J］. 地理科学，2014，34（11）：1320-1326.

［48］金培振，殷德生，金桩. 城市异质性、制度供给与创新质量［J］. 世界经济，2019，42（11）：99-123.

［49］李宏彬，李杏，姚先国，等. 企业家的创业与创新精神对中国经济增长的影响［J］. 经济研究，2009，44（10）：99-108.

［50］李晶，汤琼峰. 中国劳动力流动与区域经济收敛的实证研究［J］. 经济评论，2006（3）：65-70.

［51］李婧，管莉花. 区域创新效率的空间集聚及地区差异——来自中国的实证［J］. 管理评论，2014，26（8）：127-134.

［52］李婧，谭清美，白俊红. 中国区域创新生产的空间计量分析——基于静态与动态空间面板模型的实证研究［J］. 管理世界，2010（7）：43-55.

［53］李林，丁艺，刘志华. 金融集聚对区域经济增长溢出作用的空间计量分析［J］. 金融研究，2011（5）：113-123.

［54］李律成，李明. 科技创新成果转化推进机制研究［J］. 管理现代化，2016，36（6）：88-91.

［55］李沐阳. 创新链与产业链深度融合：产业创新服务体系视角［J］. 求索，2023（5）：175-183.

［56］李瑞茜，白俊红. 政府R&D资助对企业技术创新的影响——基于门槛回归的实证研究［J］. 中国经济问题，2013（3）：11-23.

［57］李小平，陈勇．劳动力流动、资本转移和生产率增长——对中国工业"结构红利假说"的实证检验［J］．统计研究，2007（7）：22－28．

［58］李政，杨思莹．科技创新的城乡二元收入结构效应及其传导机制［J］．经济问题探索，2018（1）：23－29，154．

［59］李志国，蔡华，马青原．跨区域科技成果转化与产业转移新模式——基于扎根理论的探索性研究［J］．技术经济，2023，42（7）：65－76．

［60］梁睿昕，李姚矿．政府创新政策对数字企业技术创新激励效应研究［J］．统计研究，2023，40（11）：40－52．

［61］林伯强，黄光晓．梯度发展模式下中国区域碳排放的演化趋势——基于空间分析的视角［J］．金融研究，2011（12）：35－46．

［62］林光平，龙志和，吴梅．我国地区经济收敛的空间计量实证分析：1978－2002［J］．经济学（季刊），2005（4）：67－82．

［63］林光平，龙志和，吴梅．中国地区经济 Σ 收敛的空间计量实证分析［J］．数量经济技术经济研究，2006（4）：14－21．

［64］林炜．企业创新激励：来自中国劳动力成本上升的解释［J］．管理世界，2013（10）：95－105．

［65］林毅夫，蔡昉，李周．比较优势与发展战略——对"东亚奇迹"的再解释［J］．中国社会科学，1999（5）：4－20．

［66］林毅夫，蔡昉，李周．中国经济转型时期的地区差距分析［J］．经济研究，1998（6）：3－10．

［67］林毅夫．发展战略、自生能力和经济收敛［J］．经济学（季刊），2002（1）：269－300．

［68］林毅夫，刘明兴．中国的经济增长收敛与收入分配［J］．世界经济，2003（8）：3－14，80．

［69］刘斌，王乃嘉．房价上涨挤压了我国企业的出口能量吗［J］．财经研究，2016，42（5）：53－65．

［70］刘继生，陈彦光．分形城市引力模型的一般形式和应用方法——关于城市体系空间作用的引力理论探讨［J］．地理研究，2000，20（6）：528－533．

［71］刘甲炎，范子英．中国房产税试点的效果评估：基于合成控制法

的研究 [J]. 世界经济, 2013 (11): 117 – 135.

[72] 刘生龙. 中国跨省人口迁移的影响因素分析 [J]. 数量经济技术经济研究, 2014 (4): 83 – 98.

[73] 刘顺忠, 官建成. 区域创新系统创新绩效的评价 [J]. 中国管理科学, 2002 (1): 75 – 78.

[74] 刘思明, 张世瑾, 朱惠东. 国家创新驱动力测度及其经济高质量发展效应研究 [J]. 数量经济技术经济研究, 2019, 36 (4): 3 – 23.

[75] 刘霆, 谭晓萍. 跨区域流动要素对区域经济发展的影响 [J]. 经济地理, 2009 (4): 595 – 599.

[76] 刘霎. 区域间知识溢出的创新效应研究——基于中国 1985—2011 年专利引用数据 [J]. 科技管理研究, 2018, 38 (8): 1 – 7.

[77] 刘晓光, 张勋, 方文全. 基础设施的城乡收入分配效应: 基于劳动力转移的视角 [J]. 世界经济, 2015 (3): 145 – 170.

[78] 刘修岩, 李松林. 房价、迁移摩擦与中国城市的规模分布——理论模型与结构式估计 [J]. 经济研究, 2017 (7): 65 – 78.

[79] 刘毅, 任亚文, 马丽等. 粤港澳大湾区创新发展的进展、问题与战略思考 [J]. 地理科学进展, 2022, 41 (9): 1555 – 1565.

[80] 柳卸林, 胡志坚. 中国区域创新能力的分布与成因 [J]. 科学学研究, 2002 (5): 550 – 556.

[81] 龙小宁, 朱艳丽, 蔡伟贤, 李少民. 基于空间计量模型的中国县级政府间税收竞争的实证分析 [J]. 经济研究, 2014 (8): 41 – 53.

[82] 鲁晓, 王前. 科技伦理治理中"科技"与"伦理"的深度融合问题 [J]. 科学学研究, 2023, 41 (11): 1928 – 1931.

[83] 陆铭, 陈钊. 城市化、城市倾向的经济政策与城乡收入差距 [J]. 经济研究, 2004 (6): 50 – 58.

[84] 罗军, 陈建国. 研发投入门槛、外商直接投资与中国创新能力——基于门槛效应的检验 [J]. 国际贸易问题, 2014 (8): 135 – 146.

[85] 马金龙, 李莉. 人口流动与区域经济发展关系的实证分析——以宁夏固原市为例 [J]. 西北人口, 2006 (2): 19 – 25.

[86] 马飒. 生产要素国际流动: 规律、动因与影响 [J]. 世界经济研

究, 2014 (1): 3 - 9.

[87] 迈克尔·波特. 国家竞争优势 [M]. 李明轩, 邱如美译. 北京: 华夏出版社, 2002.

[88] 孟猛. 科技创新与中国农村贫困地区的减贫研究 [J]. 科技进步与对策, 2018, 35 (10), 114 - 122.

[89] 牛欣, 陈向东, 张古鹏. 技术的空间维度溢出与经济追赶——基于省份专利数据和空间计量的验证 [J]. 管理学报, 2012, 9 (4): 535 - 541.

[90] 潘文卿, 李子奈, 刘强. 中国产业间的知识溢出效应: 基于 35 个工业部门的经验研究 [J]. 经济研究, 2011 (7): 18 - 29.

[91] 彭国华. 中国地区收入差距全要素生产率及其收敛分析 [J]. 经济研究, 2005 (9): 19 - 29.

[92] 任晓红, 张宗益, 余元全. 中国省际资本流动影响因素的实证分析 [J]. 经济问题, 2011 (1): 31 - 35.

[23] 单豪杰. 中国资本存量 K 的再估算: 1952~2006 年 [J]. 数量经济技术经济研究, 2008 (10): 17 - 31.

[94] 沈坤荣, 马俊. 中国经济增长的"俱乐部收敛"特征及其成因研究 [J]. 经济研究, 2002 (1): 33 - 39.

[95] 沈能, 李富有. 技术势差、进口贸易溢出与生产率空间差异——基于双门槛效应的检验 [J]. 国际贸易问题, 2008 (9): 108 - 117.

[96] 盛斌, 赵文涛. 地区全球价值链、市场分割与产业升级——基于空间溢出视角的分析 [J]. 财贸经济, 2020, 41 (9): 131 - 145.

[97] 盛斌. 中国自由贸易试验区的评估与展望 [J]. 国际贸易, 2017 (6): 7 - 13.

[98] 宋跃刚, 杜江. 制度变迁、OFDI 逆向技术溢出与区域技术创新 [J]. 世界经济研究, 2015 (9): 60 - 73, 128.

[99] 苏方林. 中国省域 R&D 溢出的空间模式研究 [J]. 科学学研究, 2006, 24 (5): 698 - 701.

[100] 孙建. 中国区域创新能力收敛性研究 [J]. 科学学与科学技术管理, 2010 (2): 113 - 117.

［101］孙凯，李煜华．我国各省市创新效率分析与比较［J］．中国科技论坛，2007（11）：8 - 11.

［102］孙灵燕，李荣林．融资约束限制中国企业出口参与吗？［J］．经济学（季刊），2012，11（1）：231 - 252.

［103］孙文杰，沈坤荣．人力资本积累与中国制造业技术创新效率的差异性［J］．中国工业经济，2009（3）：81 - 91.

［104］孙早，刘李华，孙亚政．市场化程度、地方保护主义与R&D的溢出效应——来自中国工业的经验证据［J］．管理世界，2014（8）：78 - 89.

［105］谭娜，周先波，林建浩．上海自贸区的经济增长效应研究——基于面板数据下的反事实分析方法［J］．国际贸易问题，2015（10）：14 - 24，86.

［106］滕建州，梁琪．中国区域经济增长收敛吗？——基于时序列的随机收敛和收敛研究［J］．管理世界，2006（12）：32 - 39.

［107］田丹，吕文栋，刘凯丽．内部控制对创新风险的作用机制——基于风险缓和模型的研究［J］．财贸经济，2022，43（5）：129 - 144.

［108］王朝云．创新效率与组织规模的动态适应性分析［J］．统计与决策，2010，（1）：175 - 177.

［109］王春杨，翁菠．中国区域创新差距演变及其影响因素分析［J］．地域研究与开发，2015，34（5）：7 - 12.

［110］王利辉，刘志红．上海自贸区对地区经济的影响效应研究——基于"反事实"思维视角［J］．国际贸易问题，2017（2）：3 - 15.

［111］王玲，Szirmai A．高技术产业技术投入和生产率增长之间的关系研究［J］．经济学（季刊），2008，7（3）：913 - 932.

［112］王敏，黄滢．限购和房产税对房价的影响：基于长期动态均衡的分析［J］．世界经济，2013（1）：141 - 159.

［113］王申，许恒．数据善用与数据安全共治机制研究［J］．当代财经，2022（11）：100 - 112.

［114］王曙光．互联网金融带来的变革［J］．中国金融家，2013（12）：95 - 96.

［115］王文春，荣昭．房价上涨对工业企业创新的抑制影响研究［J］．

经济学（季刊），2014（2）：465 - 490.

［116］王贤彬，聂海峰. 行政区划调整与经济增长［J］. 管理世界，2010（4）：42 - 53.

［117］王钺，白俊红，张煜晖. 研发人员的流动是否促进了地区创新的收敛［J］. 情报杂志，2016，35（3）：195 - 202.

［118］王钺，白俊红. 资本流动与区域创新的动态空间收敛［J］. 管理学报，2016（9）：1374 - 1382.

［119］王钺，刘秉镰. 创新要素的流动为何如此重要？——基于全要素生产率的视角［J］. 中国软科学，2017（8）：91 - 101.

［120］魏冬，冯采. 空气污染对地区科技创新水平的影响研究——基于专利授权大数据的证据［J］. 南方经济，2021（8）：112 - 134.

［121］魏守华，姜宁，吴贵生. 内生创新努力、本土技术溢出与长三角高技术产业创新绩效［J］. 中国工业经济，2009（2）：25 - 34.

［122］魏守华，吴贵生，唐方成. 中国区域科技差距及其成因研究［J］. 科学学研究，2008（2）：287 - 293.

［123］温军，冯根福. 异质机构、企业性质与自主创新［J］. 经济研究，2012，47（3）：53 - 64.

［124］吴和成，刘思峰. 基于改进 DEA 的地域 R&D 相对效率评价［J］. 研究与发展管理，2007，19（2）：108 - 128.

［125］吴延兵. R&D 存量、知识函数与生产效率［J］. 经济学（季刊），2006，5（4）：1129 - 1156.

［126］吴延兵. R&D 与生产率：基于中国制造业的实证研究［J］. 经济研究，2006（11）：60 - 71.

［127］吴延兵. 用 DEA 方法评测知识生产中的技术效率与技术进步［J］. 数量经济技术经济研究，2008（7）：67 - 79.

［128］吴玉鸣，何建坤. 研发溢出、区域创新集群的空间计量空间计量经济分析［J］. 管理科学学报，2008（8）：59 - 66.

［129］夏怡然，陆铭. 城市间的"孟母三迁"——公共服务影响劳动力流向的经验研究［J］. 管理世界，2015（10）：78 - 90.

［130］项歌德，朱平芳，张征宇. 经济结构、R&D 投入及构成与 R&D

空间溢出效应 [J]. 科学学研究, 2011, 29 (2): 206-214.

[131] 谢渡婴. 软件和信息技术服务业十大发展重点 [J]. 信息技术与标准化, 2012 (Z1): 8.

[132] 徐浩. 制度环境影响技术创新的典型机制: 理论解读与空间检验 [J]. 南开经济研究, 2018 (5): 133-154.

[133] 徐现祥, 舒元. 物质资本、人力资本与中国地区双峰趋同 [J]. 世界经济, 2005 (1): 47-57.

[134] 许治, 师萍. 政府科技投入对企业 R&D 支出影响的实证分析 [J]. 研究与发展管理, 2005, 17 (3): 22-26.

[135] 严成樑, 龚六堂. R&D 规模、R&D 结构与经济增长 [J]. 南开经济研究, 2013 (2): 3-19.

[136] 杨博旭. 科技创新支撑共同富裕: 理论基础、现实挑战和战略路径 [J]. 山东财经大学学报, 2023, 35 (6): 15-25.

[137] 杨朝峰, 赵志耘, 许治. 区域创新能力与经济收敛实证研究 [J]. 中国软科学, 2015 (1): 88-95.

[138] 杨明海, 张红霞, 孙亚男, 李倩倩. 中国八大综合经济区科技创新能力的区域差距及其影响因素研究 [J]. 数量经济技术经济研究, 2018, 35 (4): 3-19.

[139] 杨省贵, 顾新. 区域创新体系间创新要素流动研究 [J]. 科技进步与对策, 2011, 28 (23): 60-64.

[140] 杨新洪. 关于文化软实力量化指标问题研究 [J]. 统计研究, 2008 (9): 44-48.

[141] 杨幽红. 创新质量理论框架: 概念、内涵和特点 [J]. 科研管理, 2013 (S1): 320-325.

[142] 杨志江, 罗掌华. 自主研发、技术引进与专利产出——基于 2001-2008 年省际面板数据分析 [J]. 情报杂志, 2011, 30 (9): 29-33.

[143] 义旭东. 论要素流动对新型区域发展之推动效应 [J]. 现代经济, 2011, 31 (2): 28-45.

[144] 余静文. 汇率冲击与企业生产率——基于市场竞争传导机制的分析 [J]. 统计研究, 2018 (2): 75-84.

[145] 余泳泽, 刘大勇. 我国区域创新效率的空间外溢效应与价值链外溢效应——创新价值链视角下的多维空间面板模型研究 [J]. 管理世界, 2013 (7): 6-20, 70.

[146] 余泳泽, 张先轸. 要素禀赋、适宜性创新模式选择与全要素生产率提升 [J]. 管理世界, 2015 (9): 13-31, 187.

[147] 虞晓芬, 李正卫, 池仁勇, 等. 我国区技术创新效率: 现状与原因 [J]. 科学学研究, 2005, 23 (2): 258-264.

[148] 喻忠磊, 唐于渝, 张华, 等. 中国城市舒适性的空间格局与影响因素 [J]. 地理研究, 2016, 35 (9): 1783-1798.

[149] 袁航, 朱承亮. 国家高新区推动了中国产业结构转型升级吗 [J]. 中国工业经济, 2018 (8): 60-77.

[150] 岳书敬. 中国区域研发效率差异及其影响因素——基于省级区域面板数据的经验研究 [J]. 科研管理, 2008, 29 (5): 173-179.

[151] 韵江, 马文甲, 陈丽. 开放度与网络能力对创新绩效的交互影响研究 [J]. 科研管理, 2012, 33 (7): 8-15.

[152] 曾淑婉. 财政支出、空间溢出与全要素生产率增长——基于动态空间面板模型的实证研究 [J]. 财贸研究, 2013, (1): 101-109.

[153] 张海洋. R&D 两面性、外资活动与中国工业生产率增长 [J]. 经济研究, 2005 (5): 107-117.

[154] 张焕明. 我国经济增长地区性趋同路径的实证分析 [J]. 财经研究, 2007 (1): 76-87.

[155] 张军, 吴桂英, 张吉鹏. 中国省际物质资本存量估算: 1952—2000 [J]. 经济研究, 2004 (10): 35-44.

[156] 张辽. 要素流动、产业转移与经济增长——基于省区面板数据的实证研究 [J]. 当代经济科学, 2013, 35 (5): 96-105, 128.

[157] 张倩肖, 冯根福. 三种 R&D 溢出与本地企业技术创新——基于我国高技术产业的经验分析 [J]. 中国工业经济, 2007 (11): 64-72.

[158] 赵伟, 汪全立. 人力资本与技术溢出: 基于进口传导机制的实证研究 [J]. 中国软科学, 2006 (4): 66-74.

[159] 赵祥, 曹佳斌. 地方政府 "两手" 供地策略促进产业结构升级

了吗—基于 105 个城市面板数据的实证分析 ［J］. 财贸经济, 2017 (7)：64 - 77.

［160］赵彦云, 甄峰. 我国区域自主创新和网络创新能力评价与分析 ［J］. 中国人民大学学报, 2007 (4)：59 - 65.

［161］赵勇, 白永秀. 知识溢出：一个文献综述 ［J］. 经济研究, 2009 (1)：144 - 156.

［162］郑万腾, 赵红岩, 陈羽洁, 谢敏. 技术扩散能否成为区域创新效率提升的新动能——研发要素流动视角 ［J］. 科技进步与对策, 2020, 37 (21)：56 - 63.

［163］中国科学技术发展战略研究院. 国家创新指数报告 (2016 - 2017) ［M］. 北京：科技文献出版社, 2017.

［164］朱富强. 发展中国家如何推进产业升级：技术进步路径的审视 ［J］. 天津社会科学, 2020 (4)：103 - 107.

［165］朱国忠, 乔坤元, 虞吉海. 中国各省经济增长是否收敛? ［J］. 经济学 (季刊), 2014, 13 (3)：1171 - 1194.

［166］朱美光, 韩伯棠, 徐春杰, 孙长森. 知识溢出与高新区科技人力资源流动研究 ［J］. 科学学与科学技术管理, 2005 (5)：100 - 104.

［167］朱平芳, 徐伟民. 上海大中型工业行业专利产出滞后机制研究 ［J］. 数量经济技术经济研究, 2005 (9)：136 - 142.

［168］朱平芳, 徐伟民. 政府的科技激励政策对大中型工业企业 R&D 投入及其专利产出的影响——上海市的实证研究 ［J］. 经济研究, 2003 (6)：45 - 53, 94.

［169］朱有为, 徐康宁. 研发资本累积对生产率增长的影响——对中国高技术产业的检验 (1996 - 2004) ［J］. 中国软科学, 2007 (4)：57 - 67.

［170］Abadie A. , Diamond A. , Hainmueller J. Synthetic Control Methods for Comparative Case Studies：Estimating the Effect of California's Tobacco Control Program ［J］. *Journal of The American Statistical Association*, 2010, 105 (490)：493 - 505.

［171］Abadie A. , Gardeazabal J. The Economic Costs of Conflict：A Case Study of the Basque Country ［J］. *American Economic Review*, 2003, 93 (1)：

112 – 132.

[172] Acemoglu D. , Johnson S. , Robinson J. A Institutions as A Funda- mental Cause of Long – Run Growth [J]. *Handbook of Economic Growth*, 2005 (1): 385 – 472.

[173] Acemoglu D. Training and Innovation in an Imperfect Labor Market [J]. *The Review of Economic Studies*, 1997, 64 (3): 445 – 464.

[174] Acs Z. J. , Anselin L. , Varga A. Patents and Innovation Counts as Measures of Regional Production of New Knowledge [J]. *Research Policy*, 2002, 31 (7): 1069 – 1085.

[175] Almeida P. , Kogut B. Localization of Knowledge and the Mobility of Engineers in Regional Networks [J]. *Management Science*, 1999, 45 (7): 905 – 916.

[176] Anderson J. E. A Theoretical Foundation for the Gravity Equation [J]. *The American Economic Review*, 1979, 69 (1): 106 – 116.

[177] Anderson J. E. , Van Wincoop E. Gravity with Gravitas: A Solution to the Border Puzzle [J]. *The American Economic Review*, 2003, 93 (1): 170 – 192.

[178] Anselin L. , Gallo J. L. , Jayet H. *The Econometrics of Panel Data: Fundamentals and Recent Developments in Theory and Practice* [M]. Berlin: Springer Verlag, 2008.

[179] Anselin L. , Raymond J. G. , Sergio J. R. *Advances in Spatial Econo- metrics: Methodogy, Tools and Applications* [M]. Berlin: Springer Verlag, 2004.

[180] Anselin L. *Spatial Econometrics: Methods and Models* [M]. Dor- drecht, Kluwer Academic Publishers, 1988.

[181] Anselin L. , Varga A. , Acs Z. Local Geographic Spillovers between University Research and High Technology Innovations [J]. *Journal of Urban Eco- nomics*, 1997, 42 (3): 422 – 448.

[182] Archibugi D. , Pianta M. Aggregate Convergence and Sectoral Spe- cialization in Innovation [J]. *Journal of Evolutionary Economics*, 1994, 4 (1): 17 – 33.

[183] Audretsch D. B. , Feldman M. P. Knowledge Spillovers and the Geography of Innovation [J]. *Handbook of Urban and Regional Economics*, Amsterdam: North Holland Publishing, 2004, 4: 2713 – 2739.

[184] Audretsch D. B. , Feldman M P. R&D Spillover and the Geography of Innovation and Production [J]. *American Economic Review*, 1996, 86 (3): 630 – 640.

[185] Auer P. Is a Stable Workforce Good for Productivity? [J]. *International Labor Review*, 2005, 144 (3): 319 – 343.

[186] Autor D. H. The Role of Science, Engineering, and Technology in Economic Growth [J]. *American Economic Review*, 2015, 105 (3): 374 – 399.

[187] Barro R. J. , Sala – I – Martin X. , Blanchard O. J. , Et Al. Convergence Across States and Regions [J]. *Brookings Papers on Economic Activity*, 1991 (1): 107 – 182.

[188] Barro R. J. , Sala – I – Martin X. Convergence [J]. *Journal of Political Economy*, 1992, 100 (2): 223 – 251.

[189] Blomström M. , Kokko A. , Mucchielli J. L. *The Economics of Foreign Direct Investment Incentives* [M]. Springer Berlin Heidelberg, 2003.

[190] Bloom N. , Van J. R. Patents, Real Options and Firm Performance [J]. *Economic Journal*, 2002, 112 (478): 97 – 116.

[191] Bode E. The Spatial Pattern of Localized R&D Spillovers: An Empirical Investigation for Germany [J]. *Journal of Economic Geography*, 2004, 4 (1): 43 – 64.

[192] Broekel T. , Graf H. Structural Properties of Cooperation Networks in Germany: From Basic to Applied Research [R]. Jena Economic Research Papers, 2010.

[193] Canils M. C. J. , Verspagen B. Barriers to Knowledge Spillovers and Regional Convergence in an Evolutionary Model [J]. *Journal of Evolutionary Economics*, 2001, 11 (3): 307 – 329.

[194] Carlino G. A. , Mills L. O. Are US Regional Incomes Converging? A Time Series Analysis [J]. *Journal of Monetary Economics*, 1993, 32 (2):

335 – 346.

[195] Chaney T. , Sraer D. , Thesmar D. The Collateral Channel: How Real Estate Shocks Affect Corporate Investment [J]. *American Economic Review*, 2012, 102 (6): 2381 – 2409.

[196] Chen K. H. , Guan J. C. Measuring the Effciency of China's Regional Innovation System: An Application of Network DEA [J]. Regional Studies, 2012, 46 (3): 355 – 377.

[197] Chen Y. , Hsu P. H. , Podolski E, Veeraraghavan M. in the Mood for Creativity: Weather – Induced Mood, Inventor Productivity, and Firm Value [R]. SSRN Working Paper, 2018.

[198] Coe D. T. , Helpman E. International R&D Spillovers [J]. *European Economic Review*, 1995, 39 (5): 859 – 889.

[199] Criscuolo P. , Verspagen B. Does It Matter Where Patent Citations Come from? Inventor Vs Examiner Citations in European Patents [J]. *Research Policy*, 2008, 37 (10): 1892 – 1908.

[200] Crozet M. Do Migrants Follow Market Potentials? An Estimation of a New Economic Geography Model [J]. *Journal of Economic Geography*, 2004, 4 (4): 439 – 458.

[201] Dehaan E. , Madsen J. , Piotroski J. D. Do Weather – Induced Moods Affect the Processing, of Earnings News [J]. *Journal of Accounting Research*, 2017, 55 (3): 509 – 550.

[202] Devarajan S. , Swaroop V. , Zou H. F. The Composition of Public Expenditure and Economic Growth [J]. *Journal of Monetary Economics*, 1996, 37 (2): 313 – 344.

[203] Diamond R. The Determinants and Welfare Implication of US Workers' Diverging Location Choice by Skill: 1980 – 2000 [J]. *American Economic Review*, 2016 (3): 479 – 524.

[204] Duguet E. , Macgarvie M. How Well Do Patent Citations Measure Flows of Technology? Evidence from French Innovation Surveys [J]. *Economics of Innovation and New Technology*, 2005, 14 (5): 375 – 393.

［205］ Elhorst J. P. Unconditional Maximum Likelihood Estimation of Linear and Log – Linear Dynamic Models for Spatial Panels ［J］. *Geographical Analysis*, 2005, 37 （1）: 85 – 106.

［206］ Fallick B. , Fleischman C. A, Rebitzer J B. Job Hopping in Silicon Valley: Some Evidence Concerning the Micro – Foundations of a High – Technology Cluster ［R］. Working Paper, National Bureau of Economic Research Entrepreneurship Workshop, 2003.

［207］ Fare R. , Grosskopf S. , Lovell C. A. K. *Production Frontier* ［M］. Cambridge: Cambridge University Press, 1994.

［208］ Feldstein M. , Horioka C. Domestic Saving and International Capital Flow ［J］. *The Economic Journal*, 1980, 90 （358）: 316 – 329.

［209］ Fujita M. , Henderson J. , Kanemoto Y, Mori T. Spatial Distribution of Economic Activities in Japan and China ［J］. *Handbook of Regional and Urban Economics*, 2003, 4: 2911 – 2977.

［210］ Gan J. Collateral, Debt Capacity, and Corporate Investment: Evidence from a Natural Experiment ［J］. *Journal of Financial Economics*, 2007, 185 （3）: 709 – 734.

［211］ Garfinkel M. Quality in R&D ［J］. Proceedings of Symposium on Managing for Quality in Reasearch and Development ［C］. Juran Institute, CT, 1990.

［212］ Gómez M. A. Duplication Externalities in an Endogenous Growth Model with Physical Capital, Human Capital and R&D ［J］. *Economic Modelling*, 2011, 28 （1）: 181 – 187.

［213］ Goto A. , Suzuki K. R&D Capital, Rate of Return on R&D Investment and Spillover of R&D in Japanese Manufacturing Industries ［J］. *Reviews of Economics and Statistics*, 1989, 21 （4）: 555 – 564.

［214］ Griffith D. A. A Linear Regression Solution to the Spatial Autocorrelation Problem ［J］. *Journal of Geographical Systems*, 2000, 2 （2）: 141 – 156.

［215］ Griliches Z. Patents Statistic as Economic Indicators: A Survey ［J］. *Journal of Economic Literature*, 1990, 28 （4）: 1661 – 1707.

［216］ Grossman G. M. , Helpman E. Endogenous Innovation in The Theory of Growth ［J］. *Journal of Economic; Perspective*, 1994, 8 (1): 23 – 44.

［217］ Guan J. C. , Chen K. H. Modeling Macro – R&D Production Frontier Performance: An Application to Chinese Province – Level R&D ［J］. *Scientometrics*, 2010, 83 (1): 165 – 173.

［218］ Hall B. H. , Jaffe A, Trajtenberg M. Market Value and Patent Citations ［J］. *Rand Journal of Economics*, 2005, 36 (1): 16 – 38.

［219］ Haner U. Innovation Quality – A Conceptual Framework ［J］. *International Journal of Production Economics*, 2002, 80 (1): 331 – 371.

［220］ Hanson G. H. 2005, Market Potential, Increasing Returns and Geographic Concentration ［J］. *Journal of International Economics*, 2005, 67, (1): 1 – 24.

［221］ Head C. K. , Ries J. C. , Swenson D. L. Attracting Foreign Manufacturing: Investment Promotion and Agglomeration ［J］. *Regional Science and Urban Economics*, 1999, 29 (2): 197 – 218.

［222］ Helpman E. , Krugman P. *Market Structure and Foreign Trade: Increasing Returns, Imperfect Competition, and the International Economy* ［M］. MIT Press, 1985.

［223］ Hepple L. W. The Econometric Specification and Estimation of Spatio – Temporal Models ［A］. in Time and Regional Dynamics ［C］. Edited by Carlstein T, Parkes D, Thrift N. London: Edward Arnold, 1978.

［224］ Higdon R. , Van Belle G, Kolker E. The Effect of Pollution on Labor Supply: Evidence from a Natural Experiment in Mexico City ［J］. *Journal of Public Economics*, 2015, 122 (10): 68 – 79.

［225］ Hu A. G. Z. , Jefferson G H, Jincheng Q. R&D and Technology Transfer: Firm – Level Evidence from Chinese Industry ［J］. *Reviews of Economics and Statistics*, 2005, 87 (4): 780 – 786.

［226］ Jaffe A. B. , Trajtenberg M. , Henderson R. Geographic Localization of Knowledge Spillovers as Evidenced by Patent Citations ［J］. *The Quarterly Journal of Economics*, 1993, 63 (3): 577 – 598.

[227] Joshua J. L. , Hendrik V. B. A Gravity Model of Immigration [J]. *Economics Letters*, 2008, 99 (1): 164 – 167.

[228] Jungmittag A. Innovation Dynamics in the EU: Convergence or Divergence? A Cross – Country Panel Data Analysis [J]. *Empirical Economics*, 2006, 31: 313 – 331.

[229] Juran J. M. *On Quality by Design: The New Steps for Planning Quality into Goods and Services* [M]. New York: Free Press, 1992.

[230] Kapoor R. , Lim K. The Impact of Acquisitions on the Productivity of Inventors at Semiconductor Firms: A Synthesis of Knowledge – Based and Incentive – Based Perspectives [J]. *Academy of Management Journal*, 2007, 50 (5): 1133 – 1155.

[231] Kelejian H. H. A Spatial J – Test for Model Specification Against a Single or a Set of Non – Nested Alternatives [J]. *Letters in Spatial and Resource Science*, 2008, 1 (1): 3 – 11.

[232] Kelejian H. H. , I. R. Prucha. A Generalized Spatial Tow – Stage Least Squares Procedure for Estimating a Spatial Autoregressive Model With Autoregressive Disturbances [J]. *The Journal of Real Estate Finance and Economics*, 1998, 17 (1): 99 – 121.

[233] Keller W. Geogrephic Localization of International Technology Diffusion [J]. *American Economic Review*, 2002, 92 (1): 120 – 142.

[234] Kim Y. K. , Lee K. , Park W. G. Appropriate Intellectual Property Protection of Development [J]. *Research Policy*, 2012, 41 (2), 358 – 375.

[235] Kleinknecht A. , Et Al. Flexible Labor, Firm Performance and the Dutch Job Creation Miracle [J]. *International Review of Applied Economics*, 2006, 20 (2): 171 – 187.

[236] Knowles S. , Wilson N. Technology and the Wealth of Nations [J]. *The Economic Journal*, 2009, 119 (538): 45 – 61.

[237] Krugman P. *Geography and Trade* [M]. Boston: MIT Press, 1991.

[238] Lahr M. L. Regional Science, Regional Scientists, and State Policy [J]. *International Regional Science Review*, 2009, 32 (4): 495 – 508.

［239］Lall S. , Weiss J. , Zhang J. K. The "Sophistion" of Exports: A New Measure of Product Characteristics ［C］. Tokyo: ADB Institute, 2005.

［240］Lee E. S. A Theory of Migration ［J］. *Demography*, 1966, 3 (1): 47 – 57.

［241］Lerner J. The Importance of Patent Scope: An Empirical Analysis ［J］. *The Rand Journal of Economics*, 1994, 25 (2): 319 – 332.

［242］Lesage J. P. , Pace R. K. Introduction to Spatial Econometrics ［C］. Chapman and Hall CRC Press, 2009.

［243］Lesage J. P. , Pace R. K. Spatial Econometric Modeling of Origin – Destination Flows ［J］. *Journal of Reginal Science*, 2008, 48 (5): 941 – 967.

［244］Li L. , Wu X. Housing Price and Entrepreneurship in China ［J］. *Journal of Comparative Economics*, 2014, 42 (2): 436 – 449.

［245］Liu X. L. , Steven W. An Exploration into Regional Variation in Innovation Activity in China ［J］. *International Journal of Technology Management*, 2001, 21 (1 – 2): 114 – 129.

［246］Ljungwall C. , Tingvall P. G. Is China Different? A Meta – Analysis of the Growth – Enhancing Effect from R&D Spending in China ［J］. *China Economic Review*, 2015, 36: 271 – 228.

［247］Lloyd R. , Clark N. T. *The City as an Entertainment Machine* ［M］. Bingley: Emerald Group Publishing Limited, 2001.

［248］Loeb P. , Lin V. Research and Development in the Pharmaceutical Industry: A Specification Error Approach ［J］. *Journal of Industrial Economics*, 1977, 36 (1): 45 – 51.

［249］Los B. , B. Verspagen. R&D Spillovers and Productivity: Evidence from U. S. Manufacturing Microdata ［J］. *Empirical Economics*, 2000, 25 (1): 127 – 148.

［250］Lucas R. E. On the Mechanics of Economic Development ［J］. *Journal of Monetary Economics*, 1988, 22 (1): 3 – 42.

［251］Martin P. , Roger C. A. Industrial Location and Public Infrastructure ［J］. *Journal of International Economics*, 1995, (39): 335 – 351.

［252］ Miao J. , Wang P. Sectoral Bubbles, Misallocation and Endogenous Growth ［J］. *Journal of Mathematical Economics*, 2014, 53 (8): 153 – 163.

［253］ Nasierowski W. , Arcelus F. J. On the Efficiency of National Innovation Systems ［J］. *Socio – Economic Planning Sciences*, 2003, 37 (3): 215 – 234.

［254］ OECD. Low – Wage Jobs: Stepping Stones to a Better Future or Traps? ［A］. OECD Publishing. Employment Outlook ［C］. Paris: OECD, 2009.

［255］ Oort F. G. V. *Urban Growth and Innovation: Spatially Bounded Externalities in the Netherlands* ［M］, Gower Publishing, 2004.

［256］ Paelinck J. H. P, Klaassen L. L. H. *Spatial Econometrics* ［M］. Saxon House, 1979.

［257］ Pakes A. , Griliches Z. Patents and R&D at the Firm Level: A Firstlook. Inz. Griliches (Ed), *R&D Patents and Productivity* ［M］. Chicago: University of Chicago Press, 1984.

［258］ Pass T. and T. Schlitte. Regional Income Inequality and Covergence Processes in the EU – 25 ［C］. ERSA Conference Papers, 2006.

［259］ Patel P. , Pavitt K. Uneven (And Divergent) Technological Accumulation Among Advanced Countries: Evidence and a Framework of Explanation ［J］. *Industrial and Corporate Changes*, 1994, 3 (3): 759 – 787.

［260］ Peck J. Struggling with The Creative Class ［J］. *International Journal of Urban and Regional Research*, 2010, 29 (4): 740 – 770.

［261］ Porter M. *Competition Advantage of Nations* ［M］, New York: The Free Press, 1990.

［262］ Prescott E. C. Needed: A Theory of Total Factor Productivity ［J］. *International Economic Review*, 1998: 525 – 551.

［263］ Rabc B. , Taylor M. P. Differences in Opportunities? Wage, Employment and House – Price Effects on Migration ［J］. *Oxford Bulletin of Economics and Statistics*, 2012, 74 (6): 831 – 855.

［264］ Ramsey E. A Mathematical Theory of Saving ［J］. *Journal of Economics*, 1928, 38 (152): 543 – 559.

［265］ Reilly W. J. The Law of Retail Gravitation ［C］. Knickerbocker

Press, 1931.

[266] Romer P. M. Endogenous Technological Change [J]. *Journal of Political Economy*, 1990, 98 (5): 71 – 102.

[267] Romer P. M. Increasing Returns and Long – Run Growth [J]. *The Journal of Political Economy*, 1986, 94 (5): 1002 – 1037.

[268] Rondé P. , Hussler C. Innovation in Regions: What Does Really Matter? [J]. *Research Policy*, 2005, 34 (8): 1150 – 1172.

[269] Roy J. R. *Interaction Modeling: A Regional Science Context* [M]. New York: Springer – Verlag Berlin Heidelberg. 2004.

[270] Sachs J. D, Warner A. M. Sources of Slow Growth in African Economies [J]. *Journal of African Economies*, 1997, 6 (3): 335 – 376.

[271] Saint – Paul G. Fiscal Policy in An Endogenous Growth Model [J]. *Quarterly Journal of Economics*, 1992, 107 (4): 1243 – 1259.

[272] Schumpeter J. A. *The Theory of Economic Development: An Inquiry into Profits, Capital, Credit, Interest, and the Business Cycle* [M]. Transaction Publishers, 1934.

[273] Sequeria T. N. R&D Spillover in an Endogenous Growth Model with Physical Capital, Human Capital, and Varieties [J]. *Macroeconomic Dynamics*, 2011, 15 (2): 223 – 239.

[274] Shang Q. , J. P. H. Poon, and Q. Yue. The Role of Regional Knowledge Spillovers on China's Innovation [J]. *China Economic Review*, 2012, 23 (4): 1164 – 1175.

[275] Sharma S. , Thomas V. J. Inter – Country R&D Efficiency Analysis: Application of Data Envelopment Analysis [J]. *Scienometrics*, 2008, 76 (3): 483 – 501.

[276] Shibata A. , Shintanib M. Capital Mobility in the World Economy: An Alternative Test [J]. *Journal of International Money and Finance*, 1998, 17 (5): 741 – 756.

[277] Shioji E. Composition Effect of Migration and Regional Growth in Japan [J]. *Journal of The Japanese and International Economies*, 2001, 15 (1):

29 – 49.

[278] Siotis G. Foreign Direct Investment Strategies and Firms' Capabilities [J]. *Journal of Economics and Management Strategy*, Blackwell Publishing, 1999, 8 (2): 251 – 270.

[279] Sjaastandz L. A. The Costs and Returns of Human Migration [J]. *Journal of Political Economy*, 1962, 70 (5): 80 – 93.

[280] Solow R. M. A Contribution to the Theory of Economic Growth [J]. *Quarterly Journal of Economics*, 1956, 70 (1): 65 – 94.

[281] Temple J. The New Growth Evidence [J]. *Journal of Economic Literature*, 1999, 37 (1): 112 – 156.

[282] Tiiu P. , Friso S. Regional Income Inequality and Convergence Processes in the EU – 25 [J]. *Science Regional*, 2007, (12): 98 – 107.

[283] Todaro M. A Model of Labor Migration and Urban Unemployment in Less Developed Countries [J]. *American Economic Review*, 1969, 59 (1): 138 – 148.

[284] Trajtenberg M. *Patents, Citations, and Innovations* [M]. Cambridge: MIT Press, 2002.

[285] Weil D. N, Basu S. Appropriate Technology and Growth [J]. *Quarterly Journal of Economics*, 2000, 113 (4): 1025 – 1054.

[286] Witt S. F. , Witt C. A. Forecasting Tourism a Review of Empirical Research [J]. *International Journal of Forecasting*, 1995, 11 (3): 447 – 475.

[287] Xu B. , Lu J. Y. Foreign Direct Investment, Processing Trade, and The Sophistication of China's Exports [J]. *China Economic Review*, 2009, 20 (3): 425 – 439.

[288] Zipf G. K. The P1 P2/D Hypothesis: On the Intercity Movement of Persona [J]. *American Sociological Review*, 1946, 11 (6): 677 – 686.